高等职业教育"十四五"规划学前教育专业"互联网+"创新型教材

U0756359

学前儿童科学教育

XUEQIAN ERTONG KEXUE JIAOYU

主　　编◎王先达　肖英娥

副 主 编◎蔡佳佳　李　娟　赵　真

　　　　　尹清清　李　栋　何春月

编写人员◎王先达　肖英娥　赵　真　蔡佳佳

　　　　　李　娟　尹清清　李　栋　王和平

　　　　　何春月　陈倩娜　毛春平　陈彩霞

　　　　　林　峰

华中科技大学出版社
http://press.hust.edu.cn
中国·武汉

图书在版编目（CIP）数据

学前儿童科学教育/王先达，肖英娥主编．—武汉：华中科技大学出版社，2022.12
ISBN 978-7-5680-9067-4

Ⅰ．① 学… Ⅱ．① 王… ② 肖… Ⅲ．① 学前儿童-科学教育学-幼儿师范学校-教材 Ⅳ．① G613

中国国家版本馆 CIP 数据核字（2023）第 004151 号

学前儿童科学教育   王先达   肖英娥   主编
Xueqian Ertong Kexue Jiaoyu

策划编辑：李承诚   袁文娣
责任编辑：张汇娟   肖唐华
封面设计：廖亚萍
责任监印：周治超
出版发行：华中科技大学出版社（中国·武汉）   电话：（027）81321913
              武汉市东湖新技术开发区华工科技园   邮编：430223
录　　排：华中科技大学出版社美编室
印　　刷：武汉市籍缘印刷厂
开　　本：889mm×1194mm   1/16
印　　张：16.75   插页：1
字　　数：470 千字
版　　次：2022 年 12 月第 1 版第 1 次印刷
定　　价：49.90 元

前 言

进入 21 世纪的二十余年来，我国出台了规范和促进学前教育发展的一系列指导性文件，从制度层面保障了我国学前教育事业的快速发展。2010 年以来，伴随着《国家中长期教育改革和发展规划纲要（2010—2020 年）》《国务院关于当前发展学前教育的若干意见》等国家政策法规的颁布，我国学前教育事业进入快速发展期。为进一步提高学前教育的质量，教育部于 2012 年 9 月颁布了《3～6 岁儿童学习与发展指南》，有效帮助幼儿园教师和家长了解幼儿学习与发展的基本特点和规律，并为幼儿园课程改革带来新的活力；2016 年为加强幼儿园的科学管理，规范办园行为，提高保育和教育质量，促进幼儿身心健康发展，教育部修订了《幼儿园工作规程》。2018 年《中共中央 国务院关于学前教育深化改革规范发展的若干意见》进一步指出，要"为幼儿提供更加充裕、更加普惠、更加优质的学前教育"。自此，促进学前教育质量实现内涵式优质发展成为我国幼儿园教育改革与发展的基本取向。

为了保障培养出来的师资能充分满足一线幼儿园教育改革与发展的需求，国家同步出台了与学前师资培养有关的多部法规或政策文件，以此来确保幼儿园师资队伍的培养质量。本书编写团队深入贯彻《中共中央 国务院关于全面深化新时代教师队伍建设改革的意见》、教育部《教师教育课程标准（试行）》等文件精神，对照《幼儿园教师专业标准（试行）》《学前教育专业认证标准》《学前教育专业师范生教师职业能力标准（试行）》有关教师的培养要求，落实幼儿园教师资格证考试改革制度，并遵照《幼儿园教育指导纲要（试行）》《3～6 岁学前儿童学习与发展指南》《幼儿园保育教育质量评估指南》精神，编写了这本《学前儿童科学教育》专业教材，确保职前培养内容贴合一线教育实际，并充分满足幼儿园教育教学改革需求。

作为学前教育专业教材，本书可作为高校学前教育专业参考用书，用于教师教学或学生自主学习，同时也可作为对学前教育或幼儿园科学教育感兴趣的人员的阅读材料，亦可供家长及其他社会人士参考。作为具有创新性的幼儿园科学教育教材，全书在撰写时立足培养和造就符合新时代要求、具有合格专业素养、能够在幼儿园等学前教育机构开展高质量幼儿园科学教育的新型幼儿园教师，重点在以下三个方面进行了创新探索。

1. 立德树人，综合育人

学高为师，身正为范。本教材坚持立德树人的根本任务，注重培养具有扎实学识和良好科学素养的新时代幼儿园教师。教材在撰写时注重结合并渗透《学前教育专业认证标准》和《幼儿园教师专业标准（试行）》等文件精神，通过"科学精神、科学方法、科学知识"三个方面合一的育人思路，将幼儿园科学教育活动要兼顾"情感目标、能力目标和认知目标"的要求进行有机融合，实现综合育人，全面提升学前教育专业师范生的科学素养。

2. 创新体系，螺旋上升

本教材的撰写打破了传统幼儿园科学教育教材编写体系，将全书8章内容按逻辑划分为三篇。上篇为"什么是幼儿园科学教育"，主要介绍了幼儿园科学教育的特性和价值取向、科学教育的目标与内容、科学教育的原则与方法，帮助读者系统了解幼儿园科学教育的基本理论知识。中篇为"如何开展幼儿园科学教育"，主要阐述的是通过什么途径、采用什么样的组织形式开展科学教育，以及如何设计与指导不同类型的幼儿园科学教育活动；通过学习与实践，读者能基本掌握如何在幼儿园开展科学教育活动。下篇是"怎样更好地开展幼儿园科学教育"，重点介绍了如何设计与指导不同内容的科学教育活动，以及如何通过科学评价来促进科学教育质量的提升，帮助读者更好地掌握开展幼儿园科学教育活动的技巧与方法。本教材逻辑线索明晰，努力体现学科领域的内在逻辑和读者学习心理序列的统一，将有关科学教育教材原有的逻辑体系改造成为与幼儿园科学教育实际相接近且更适合读者学习的课程体系。对传统科学教育教材体系的打破与重组，是本教材的一大创新。

3. 理实一体，案例丰富

为了让学习者能更快地了解本教材核心内容、厘清知识逻辑，并能有效将理论知识与教育实践紧密结合，书中既有全面的幼儿园科学教育基本理论与知识介绍，还配有丰富的来自幼儿园一线教师的科学教育案例和实操范例，并配有相应的点评或分析，努力体现课堂教学生态环境营造和课外教学资源拓展的统一。通过理论联系实际，有效拓展读者学习和能力锻炼的空间。

全书具体内容如下：

上篇为"什么是幼儿园科学教育"，包括三章。第一章幼儿园科学教育的基本问题，阐述了科学教育的内涵、幼儿学科学的认知特点、幼儿园科学教育的特性和价值取向。第二章探讨幼儿园科学教育的目标与内容，阐述了科学教育的总目标和具体科学教育活动目标的制定，以及幼儿园科学教育内容的划分、幼儿园科学教育内容的选编方法。第三章探讨幼儿园科学教育的原则和方法，介绍了开展科学教育的主要原则、幼儿学科学的具体方法以及幼儿园教师开展科学教育的教学方法。

中篇为"如何开展幼儿园科学教育"，包括三章。第四章为幼儿园科学教育的基本途径和组织形式，阐述了实施科学教育的四个重要途径以及多样化的科学教育活动组织形式。第五章为幼儿园科学教育活动的设计与指导基本策略，主要内容包括幼儿园科学教育活动设计的基本要素、幼儿园科学教育活动设计与指导难点的突破，以及专门性和随机性的科学教育活动的设计与指导。第六章是不同类型幼儿园科学教育活动的设计与指导，这章主要从科学教育活动采用的方法角度来分类，主要阐述了如何设计与指导四大类型的科学教育活动，包括观察类、实验类、制作类和交流讨论类科学活动的设计与指导。

下篇是"怎样更好地开展幼儿园科学教育"，包括两章。区别于第六章从方法角度来区分幼儿园科学教育活动，第七章侧重介绍不同主题内容的幼儿园科学教育活动的设计与指导要求，包括人体教育、动植物与环境保护、自然科学现象、材料工具和科技产品科学教育活动的设计与指导策略；不同主题内容的科学教育活动在目标、方法、形式等方面自然就有所不同，第七章内容旨在让幼儿园教师能更具有针对性地开展科学教育活动。第八章为借助科学评价提升幼儿园科学教育的质量，介绍了幼儿园科学教育评价的内容与方法、幼儿园科学教育活动的具体评价策略，实现以评促改、以评提质。

本教材的编写由诸多高校的学前教育专业教师分工合作、共同完成，参编人员来自福建幼儿师范高等专科学校、保定幼儿师范高等专科学校、闽江师范高等专科学校、闽西职业技术学院、厦门兴才职业技术学院、集美大学诚毅学院等多所院校，高校教师重点负责编写教材的理论知识模块。本教材还采用了一线幼儿园的大量实践案例，主要由福建幼儿师范高等专科学校附属幼儿园、福州市蓓蕾幼儿园、江西新余高新区实验幼儿园、江西南昌西湖区迪启博幼儿园、福州长乐区潭头中心幼儿园等幼儿园园长和教师提供优秀实操案例；案例类型多样，既有文本资源，也有依托福建幼儿师范高等专科学校学前教育专业教师与幼儿园教师共同研发的幼儿园科学教育公开观摩活动视频，读者可直接扫码观看。同时，为方便本教材的阅读及知识理解，还提供了福建幼儿师范高等专科学校在校二年级学生的模拟教学实录视频，对学生参加教师资格证面试考试、幼儿园教师公开招聘考试等都有很好的参考与借鉴作用。

本教材的撰写具体分工如下：王先达主编拟订全书编写框架及体例，撰写部分章节，并负责全书最后的统稿，编写字数约 10 万字。肖英娥主编协助完善编写框架及体例，撰写部分章节，参与全书统稿，编写字数约 12 万字。蔡佳佳、李娟、赵真、尹清清、李栋、何春月作为副主编，分别完成部分章节的撰写与统稿工作，撰写 5 万字的为蔡佳佳，撰写 3 万～4 万字的有李娟、赵真、尹清清、李栋、何春月，撰写 2 万～3 万字的有王和平、陈倩娜，撰写 1 万～2 万字的有毛春平、陈彩霞、林峰。

本教材在撰写过程中，参考引用了国内外学者的一些著述和学前教育一线教师的实践案例，在此向他们表示由衷的感谢。本教材的出版还得到华中科技大学出版社编辑的大力支持，在此也表示诚挚的谢意。本教材是福建幼儿师范高等专科学校承担教育部卓越幼儿园教师培养计划改革项目的阶段成果，是福建幼儿师范高等专科学校首批国家级职业教育教师教学创新团队项目（编号 YB2020140103）成果，还是福建省优秀科普基地——福建省少儿人工智能科普教育基地（福建幼儿师范高等专科学校）项目研究成果。由于笔者水平有限，书中难免存在不足之处，希望各位同仁和读者不吝赐教，笔者不胜感激，以期持续完善。

王先达　肖英娥
2022 年 4 月写于长安山

目 录
Contents

中篇　如何开展幼儿园科学教育

下篇　怎样更好地开展幼儿园科学教育

上篇　什么是幼儿园科学教育

　　本篇为全书的上篇"什么是幼儿园科学教育",包括三章。第一章幼儿园科学教育的基本问题,阐述了科学教育的内涵、幼儿学科学的认知特点、幼儿园科学教育的特性和价值取向。第二章探讨幼儿园科学教育的目标与内容,阐述了科学教育的总目标和具体科学教育活动目标的制订,幼儿园科学教育内容的划分、幼儿园科学教育内容的选编方法。第三章探讨幼儿园科学教育的原则和方法,介绍了开展科学教育的主要原则、幼儿学科学的具体方法以及幼儿园教师开展科学教育的教学方法。

第一章　幼儿园科学教育的基本问题

▶ 学习目标

1. 理解科学、科学教育、幼儿园科学教育的基本概念。
2. 掌握幼儿园科学教育的基本特性与价值取向。
3. 初步知晓幼儿园科学教育的目标与内容。
4. 能应用幼儿园科学教育的原则与方法分析科学教育活动。

核心知识

科学教育、幼儿园科学教育、科学教育的价值取向、幼儿园科学领域教育总目标、科学教育具体活动目标、科学教育的内容、科学教育的原则、幼儿探究科学的方法、教师科学教育的教学方法。

本章导学

本章概要

本章作为全书的第一章阐述的是幼儿园科学教育的基本问题。"科学"是指系统化的知识体系。科学的内涵应该包括科学态度、科学的过程与方法、科学知识三个基本要素。幼儿园科学教育是获得自然科学最粗浅的感性认识和经验的启蒙教育。幼儿学习科学表现为两个显著特点即好奇好问、好探索。幼儿在科学探索过程中易受到各种因素影响，与材料相互作用，感性的、试误性的探索较多，在探索过程中获得满足和成功体验。幼儿学习科学的认知特点表现为探索过程中的有意性逐渐发展、依赖于直觉行动和具体形象、逐渐趋于客观。现代科学教育的特点表现为在教育目标上以科学素养为中心、在教育内容上强调现代科技与日常生活相结合、在教学过程中强调实践性。幼儿园科学教育的基本特性包括启蒙性、操作性、体验性、生活性、互动性、应用性。幼儿园科学教育的核心宗旨就是对幼儿进行科学素养的早期培养。幼儿园科学教育的价值取向主要是"求真"的科学态度、"扬善"的科学道德、"达美"的人文素养。

 案例导入

幼儿有科学吗?

衡岳是某学校学前教育专业一年级学生,有一次在下园见习当中,听到一些家长在谈论自己孩子的一些"破坏"行为,比如君君就很好奇地问妈妈"电视里面很多人,他们是怎么进去的?"想让妈妈把电视拆开,看看电视里面怎么装得下这么多人。小武则对家里闹钟定时发出铃声好奇,他用锤子多次敲打想看看里面怎么样导致闹钟最后都坏了不能用。还有其他妈妈说孩子经常问一些稀奇古怪的问题。衡岳听到幼儿园李老师给家长解释,说孩子的这些表现是正常的,是他们在探索世界,是他们探究科学的正常行为,是幼儿的科学探索。有的家长表示有疑问,认为这不是科学。你认为幼儿有科学吗?为什么?请结合你的成长经历及相关知识,与同学交流。

在科技蓬勃发展的今天,大家对地球村的说法已司空见惯。如今,地球村的概念变得越来越小,国际竞争日趋激烈。在当前,中国特色社会主义进入了新时代,这是我国发展新的历史方位。习近平总书记在党的二十大报告中指出,"我们要以科学的态度对待科学、以真理的精神追求真理""实现高水平科技自立自强""建成教育强国、科技强国、人才强国""必须坚持科技是第一生产力、人才是第一资源、创新是第一动力,深入实施科教兴国战略、人才强国战略、创新驱动发展战略"。这些重要论断,表明在新时代社会主义建设当中,与科学、科技、创新密不可分的科学教育显得尤为重要。在当前新时代中国特色社会主义的背景下,提升国民的科学文化素养和创新能力显得非常重要,科学教育的重要性也日益深入人心。

学前教育阶段包括0~3岁早期教育和3~6岁的幼儿教育,处于人生发展早期的儿童期教育。学前儿童科学教育主要探讨的是学前儿童阶段如何开展科学教育,这里的学前儿童包括处于托育阶段的0~3岁儿童,也包括处于幼儿园教育阶段的3~6岁儿童。本书重点阐述的是幼儿园科学教育,因此在文中有些地方直接采用幼儿园科学教育这一表述,说明阐述的内容适合幼儿园的科学教育。学前儿童科学教育除了幼儿园这个科学教育主渠道以外,还包括家庭和社会的科学教育,本教材重点讨论的是幼儿园科学教育。幼儿园科学教育是科学教育的重要组成部分,这是培养年轻一代科学素养的重要时期。人们意识到儿童科学教育对青少年儿童发展和社会发展所具有的独特价值和意义。

Note

第一节　科学与科学教育的内涵

在我国，机构里的学前教育主要指向幼儿园教育。我国出台的一些法律法规和政策文件，有的地方采用的是"学前教育"表述，有的则直接使用"幼儿园"表述。新中国成立后，中共中央国务院于 2018 年 11 月 15 日印发的《关于学前教育深化改革规范发展的若干意见》，被誉为学前教育发展历史上的重要里程碑性文件，使用的学段名字是"学前教育"，里面涉及的机构使用"幼儿园"称呼，涉及孩子时使用"幼儿"的表述。教育部出台的几个重要文件，均以"幼儿园"表述为主。根据教育部出台的《幼儿园教育指导纲要（试行）》和《3～6 岁儿童学习与发展指南》，通常将幼儿园教育分为五大领域教育。因此，在文中大多数表述使用的是"幼儿园科学教育"。科学教育作为幼儿园领域教育的一部分，与中小学的科学教育有相同点和不同点。相同点就是科学教育有其自身的知识体系和发展规律，不同点就是作为幼儿园科学教育来说，更多的是通过观察、比较、测量、操作等亲身感知的方式来学习，通过游戏的形式与手段来开展，寓教于乐，体现了幼儿的具体形象思维；而中小学科学教育更多的是通过课堂为主、教师讲授传授为主的方式来学习，更多的是反映学生的抽象逻辑思维。

一、科学、科学教育的基本概念

（一）什么是科学?

1. 科学的概念

案例"幼儿有科学吗?"里面提到的情景在幼儿园、家庭里还是比较常见的，关于幼儿是否有科学，不同的人有不同的看法。当然，从严格意义的角度来说，很多幼儿的言行可能算不上真正的科学探索，但这种启蒙性的"科学探索"是真正科学探索的萌芽。没有小时候的探索精神与兴趣，成年后就难以在科学领域取得更大的成就。

科学是有层次性的，对于幼儿与成人来说，自然有不同的含义。有些人认为科学很高深、很抽象。其实不然，科学就在我们的身边。人们出行要看看是否会下雨、是否出太阳，农业生产要看看在最初阶段是否适合种植，培育过程中温度、湿度是否适宜，去市场买牛肉要看肉是否检疫过，得了感冒要看感冒是风寒类还是热感而购买不同的药……我们的生活一刻也离不开科学。

同样，幼儿也生活在科学的世界里面。让我们来看看幼儿提出的一些问题：

"天空为什么这么蓝?""小狗为什么也要吃东西?""小金鱼死了，它会去哪里?""家里阳台的盆景浇水太多，盆景会死掉，为什么?"……

幼儿所关心的这些问题和现象都和科学有关，属于最基本的科学问题。

"幼儿的科学"是幼儿用他们独特的理解方式创造出的一片独特的天空，它既体现出科学的探究精神，又充满着孩童的稚气，完全不同于成人所理解的科学。

微视频：
科学是什么？

"指南针"为什么总是指着南边？小朋友说："指南针只能转到小猫（指南针上的南边画了小猫），它喜欢小猫。"我们如果给小朋友说，"指南针指向南边，是因为地球存在磁场的问题"，这种解释大多数孩子听了会有云里雾里的感觉。小朋友用小猫来解释，这就是"幼儿的科学"：幼儿表现出好奇、提出问题、进行探索、寻求解释，尽管他最后并没有得出在成人看来"正确的"结论。但是，这种探索的过程对培养幼儿的动手操作能力、独立思考和解决问题的思维能力是非常有益的。

说到这儿，我们先要明白什么是科学。对于科学，不同时期、不同角度、不同人物有着不同的理解。"科学"是指系统化的知识体系，这是大多数词典、工具书的常见解释。其实，从今天的角度来看，科学具有丰富的内涵，对其解释具有多重性。

2. 科学的内涵

前面说的科学概念，更多是知识体系的概念，是学科层次的理解。对于科学教育来说，科学的内涵包括三个方面：

第一，把科学理解为知识体系。既然科学是一种知识体系，那么，对儿童开展科学教育自然就要有相对完整的、有计划的、比较连贯的教育，这就要求突出教师的主导作用。

第二，把科学理解为认识活动。既然它是一种活动，就自然包括活动过程和活动结果。相对成人的科学来说，幼儿的科学也许只有过程没有结果。因此，幼儿园的科学，更多体现在科学的过程与方法当中。由于幼儿是活动的主体，这就要求尊重幼儿的主体性。

第三，把科学理解为行事态度。既然它是一种态度，也就自然包括儿童对环境的情感和态度，有时也直接称之为"情感与态度"。人们常说的实事求是、客观、全面、具体问题具体分析，体现的就是一种科学态度。

由此可见，科学的内涵应该包括科学态度、科学的过程与方法、科学知识三个基本要素。

（二）幼儿园科学教育的概念

从整体上说，科学知识应包括关于自然、社会和思维的知识体系，如 1982 年出版的《简明社会科学辞典》就持此种观点。在很多场合，科学是指自然科学。本章所讲的"科学"及"学前儿童科学教育"，也都是指自然科学和自然科学教育。《幼儿园教育指导纲要（试行）》（以下简称《纲要》）把数学归并到科学里面，但由于数学有相对较独立的体系，本书在行文上两块内容相对独立。《3～6 岁儿童学习与发展指南》则把科学领域教育目标与内容划分为两大模块，一是科学探究，二是数学认知。科学探究更多的是指自然科学，数学是作为第二个独立模块的内容。因此，本书中涉及的科学教育，主要指科学探究模块的内容。本书中有关学前儿童科学教育或幼儿园科学教育的概念或提法，有可能不完全适用于幼儿数学教育这个模块的内容。

另外，还需要说明的是，本章中"儿童"的年龄范围是 0～18 岁，"幼儿"为 3～6 岁，"婴儿"为 0～3 岁，"学前儿童"为 0～6 岁。

Note

学前儿童科学教育是一个大的概念。从其对象来看，包括 0～6 岁的儿童；从其实施机构来看，包括教育机构（如幼儿园、托儿所、早教中心、托育机构等）、家庭、社会机构（如科普中心、天文馆、少年宫等）开展的各种类型的科学教育活动。本章所出现的幼儿园科学教育活动，限定为自然科学领域为主的幼儿园科学教育，或称幼儿园科学领域教育（不含数学部分）。

微视频：
何为科学教育？

基于以上概念的界定或理解，幼儿园科学教育是指引导幼儿主动地与环境相互作用，通过操作、观察、尝试错误、发现等，亲历科学活动的探究过程，感受和体验科学的探究、求实精神，获得自然科学最粗浅的感性认识和经验的启蒙教育。

科学教育是幼儿园教育的一个重要领域。从以前的常识教育到今天的科学教育，从以前的流行分科教学，到今天的领域教育，体现了科学教育的时代特点和丰富内涵。

作为一门学科，对一个学习者来说，幼儿学科学必然有它的一些规律或者说特点存在。不同于成人思维的严密、学习的自觉、经验的丰富，幼儿还是一个不成熟的个体，他们的认知发展特点决定了他们学习科学的特殊性。

二、幼儿学习科学及其认知发展特点

幼儿学科学不同于中小学的学科教学。幼儿在学科学的过程中，更多地体现兴趣性的激发与培养。从幼儿认知发展的特点来看，幼儿的认知表现出明显的无意性和形象性，如表现为无意注意为主，有意注意逐步发展，更多通过感性的、具体的操作来实施。

（一）幼儿学习科学的兴趣特点

幼儿在学习科学上日常表现为两个非常显著的特点，即好奇好问、好探索，这是他们学习科学的一种宝贵品质。我们必须加以小心呵护。

1. 好奇好问

很多人把幼儿称为"天生的科学家"。难道不是吗？让我们来看看他们所提的问题：小草为什么会死？小狗为什么不会飞？我是从哪里来的？人为什么要吃饭？飞机是怎样飞上天的……

这些问题都可以归结为科学问题，从本质上说，幼儿所关心的问题与科学家要探讨和解决的问题并无多大差异，只不过是程度深浅、内容难易不同而已。

好奇心是儿童学科学的内在动机和原动力。对幼儿来说，更是如此。如果教师能激发幼儿的好奇心，则科学教育活动的价值将得到极大提升；否则，教育的效果将大打折扣。

2. 好探索（探究）

与好奇好问紧密相关的是幼儿好探索。幼儿常常先是很好奇，然后问个不停，接下来还可能捣鼓不停（探索）。当然，也可能是幼儿不问而直接探索。儿童的探索大部分需要通过活动来进行，幼儿学科学的好探索特点，也可理解为好活动，如看、听、闻、动手做，等等。

Note

（二）幼儿科学探索过程的特点

幼儿的科学探索呈现多样性，他们的探索容易受到各种因素影响，离不开与物质材料相互作用，其探索大多是感性的、试误性的，与他们兴趣相关的，他们常常在探索过程中获得满足和成功体验，而对结果可能不太关注。

1. 容易受到各种因素影响

幼儿的探索受到各种因素的影响。同样看到草地上的一条毛毛虫，有的幼儿异常兴奋，问："它从哪里来的？""为什么我的手一碰它就好痛？""它会睡觉吗？""它会吃饼干吗？"……有的幼儿则看了两眼就走开了，还有的幼儿说要把它放在班上养起来，也有的说它好丑好怪，不要碰它。

碰到各种各样的科学现象或问题，幼儿是否去探索？用什么样的方式去探索？探索多久？探索到什么程度？等等，这些都取决于两方面的因素，一是客观因素，二是主观因素。

客观因素主要体现在对象或者说刺激物的特点，如颜色、形状、大小、质地、活动性，与周围背景的区别，等等，这些都会影响到幼儿的探索欲望。刺激物越奇特、新颖，与周围其他事物或对象差别越大，越容易引起幼儿的关注和探索。

主观因素主要体现在幼儿的兴趣、爱好、知识经验、情绪与情感状态、专注力、认真态度、对活动目标的明确程度，等等。一个人的兴趣爱好越多，知识经验越丰富，心情越愉悦，参加活动的态度越积极认真，对活动的目标越明确，则他的探索欲望越强烈，探索的程度越深、范围越广、时间越长，得到的收获也越大。

2. 是与材料相互作用的过程

幼儿的探索不是凭空产生的，他们的探索建立在与物质材料相互作用的基础上。成人可以进行很抽象的逻辑推理、分析，甚至完全可以凭头脑进行探究，幼儿则无法像成人一样，他们的探索过程就是与物质材料相互作用的过程。因此，我们在很多幼儿园都能看到这样的经典画面：幼儿园搜集了各种废旧材料、自然物等，有的家长开玩笑说，幼儿园就像个收破烂的废品收购店。这些看似废旧物的材料，孩子在与其打交道、互动过程中才能对科学活动有真正的兴趣，激发探究欲望。

3. 感性的、试误性的探索较多

幼儿的探索是感性的，这是由其心理特点（认知）决定的。幼儿的认知（感知、记忆、想象、思维等）具有两大显著特点，一是不随意性（无意性），二是具体形象性。这就决定了幼儿在最初的探索时往往没有明确的目标，对事物或现象的认识大多是感性的、具体的、表面的、非本质的，同时，幼儿的这种探索是在不断地猜想、尝试错误中进行的。因此，我们看到很多幼儿园在开展科学活动时，都有设置猜想环节或猜一猜、做一做，这样可以快速了解幼儿对某一科学知识或技能的掌握程度。

4. 在探索过程中获得满足和成功体验

一般而言，成人的科学探索追求的是结果，结果比过程更重要。对幼儿的探索来说，这种情况

与成人的探索具有很大不同。有时候，幼儿进行了几天的探索，可能最终什么结果也没有，但幼儿却在这几天的探索中获得了无比的快乐，满足于探索的过程。在大多数情况下，幼儿对过程更感兴趣，在探索的过程中得到成功的体验。

（三）幼儿学习科学的认知特点

幼儿科学探索表现出以上几方面的特点，这是与幼儿学科学的认知特点相联系的。如前所述，幼儿的认知（感知、记忆、想象、思维等）具有两大显著特点，一是不随意性（无意性），二是具体形象性。在这样的情形下，幼儿对科学的认识往往以自我为中心，具有主观性的特点，而不是以客体为中心，更多的是主观性表述。

幼儿期思维的主要特点是具体形象性。幼儿末期，抽象逻辑思维开始萌芽。3～5岁的幼儿往往只能直接、简单、表面化地认识事物，他们通过对事物的大量感知积累经验，这些经验是幼儿今后进一步理解周围事物及相互关系的基础。5～6岁的幼儿在感知大量单个事物的基础上，逐渐能够整理、加工已有的知识经验，初步理解事物之间的联系，且语言在认知活动中的作用明显增强。幼儿对周围世界的探索主要通过对物体的看、听、摸、闻、尝等操作活动进行，它与"玩"往往是同一过程，其活动的目的性、顺序性、细致性、有意性均较差。

幼儿学习科学的认知特点具体表现为如下几点：

1. 探索过程中的有意性逐渐发展

幼儿最初的探索往往是无意的，事先没有想到，没有预定目的。幼儿的探索与幼儿注意的发展密切相关。3岁前，儿童注意基本上都属于无意注意，因此，0～3岁婴儿的探索基本上都是无意探索。幼儿期虽然仍以无意注意为主，但与婴儿期相比，无意注意有了高度发展。从客观因素来说，鲜明、新颖、具体形象的刺激以及刺激的突然、显著的变化，强大的声音刺激等刺激物的各种物理特性都是引起幼儿无意注意的主要因素。电视、电影、闹钟、多变的彩云、流星、飞鸟，等等，都有可能引起幼儿的探索。从主观因素来说，与幼儿兴趣、需要密切相关的事物或现象容易引起幼儿的探索。

随着年龄的增长和在成人教育的影响下，幼儿的有意注意逐步发展。有经验的教师都知道，建立必要的制度和行为规则，提出明确、具体的要求，这是幼儿有意注意不断发展的主要条件。游戏是幼儿期活动的主要形式，游戏也是发展幼儿有意注意的良好手段。与此同时，幼儿的探索伴随着幼儿有意注意的发展，其探索的有意性逐步增强。如幼儿在选定探索对象之后，会自己主动地想出多种办法，能够较长时间地进行探索，这体现了幼儿探索的有意性增强。

2. 依赖于直觉行动和具体形象

幼儿的认知表现出明显的直觉行动和具体形象特点，特别是在感知、记忆、思维方面。0～3岁的婴儿为典型的直觉行动思维，这种思维的进行离不开婴儿自身对物体的直接感知，思维常常需要借助动作的帮助。到了幼儿园阶段，幼儿的思维以具体形象思维为主，而具体形象正是儿童的直觉行动在思维中重复、浓缩而成的表象，离开动作和行动，幼儿的思维将大受影响。幼儿的逻辑思维虽然在逐渐发展，但水平很低，他们还无法像成人一样凭借对事物的内在本质和关系的理解，凭借概念、判断和推理来进行思维。因此，这时期幼儿的学科学常常依赖于直觉行动和具体形象的支持。

2 加 3 等于几

　　岳岳的妈妈给老师说了他儿子的一件小事，他不明白儿子为何有不同的表现。有一次，他买了几斤橘子，让儿子分给奶奶几个。儿子先拿了 2 个，爸爸说太少；儿子第二次又拿了 3 个橘子给奶奶。看到橘子变少了，爸爸突然想考考儿子，就问："岳岳，你说说看，2 加 3 等于几？"儿子说不知道。爸爸说让他想想，把问题又重复了一遍。儿子还是说不知道。爸爸这下火了，说："你先给奶奶拿了 2 个橘子，后来又拿了 3 个橘子，你总共给奶奶拿了几个橘子？"儿子脱口而出："5 个。"儿子怕说错，又扳着手指头数了数，然后说："没错，是 5 个。"

（案例来源：江西省南昌市西湖区迪启博幼儿园陈彩霞）

　　上面的例子说明了幼儿的认知具有直觉行动性与具体形象性的典型特点。问幼儿 2 加 3 等于几？这是典型的抽象逻辑思维的提问方式，用数学术语来说，这是属于四则运算中的加法运算题。对幼儿来说，要直接说出答案而不凭借实物或形象，要用到抽象逻辑思维。而爸爸第三次的问法，则提示了幼儿凭借头脑中的形象来思考问题，幼儿在头脑中或在现场用橘子作为中介（凭借物），用的是具体形象思维。岳岳怕算错，又扳着手指头在数，说明幼儿利用手指头在点数，这也体现了幼儿初期思维还带有直觉行动性的特点。也就是说，在很多时候，幼儿还是需要依靠动作或行动来思考。

3. 逐渐地趋于客观

　　从幼儿认知发展的核心——思维的形式来看，幼儿的概念、判断和推理的发展特点使得幼儿学科学逐渐地趋于客观。

　　概念是反映事物本质属性的一种思维形式。幼儿掌握概念水平的高低取决于其思维概括的水平。与幼儿的三种不同思维方式相对应，幼儿的概括水平可以分为动作概括水平（用动作来概括）、形象概括水平（用标志某种或某些实物或形象外部特征的语词来概括）、本质抽象概括水平（用能够表示物体主要特征或本质特征的语词来概括）。

　　由于幼儿处于形象概括的水平，他们所掌握的概念大多是日常生活中接触到的具体概念。比如，问幼儿什么是猫，幼儿说"我家的花花就是猫""有嘴巴、有眼睛、有毛的就是猫""抓老鼠的就是猫"。随着幼儿年龄的增长和教育的影响，幼儿才逐渐知道猫是一种动物，根据不同的分类标准猫可以分为很多不同类型的猫。

　　幼儿的判断和推理，从方式上看，是从直接到间接的。直接判断和推理多是感知形式，间接判断和推理往往要考虑事物之间的因果、条件、时空等关系，更具有抽象性；从判断和推理的内容上看，从反映事物的表面联系到反映事物的本质联系。如对乒乓球能浮在水上，鸡蛋、铁珠却沉到水里，幼儿的说法种种："乒乓球是圆的，鸡蛋不圆""乒乓球很光滑""铁珠太小了，所以沉下去了"；从判断和推理的依据上看，从以自我为中心到以客体为中心。例如，一个小班幼儿认为三条腿的椅子倒下去是因为"它不乖，它不愿意站"。这是幼儿根据平常自己的体会或经验，不想站就坐下去、倒（躺）下去。于是，认为椅子倒下去是因为不愿意站，所以就不乖。

科学教育对于发展幼儿的认知能力、提高他们的思维水平具有特别重要的意义。一个人在幼儿期形成的对周围世界的探究兴趣及解决问题的能力会使他们终身受益。

实训操练

请扫码观看本节教材中的两个微课视频"科学是什么？""何为科学教育？"，阐述一下你的观点或看法。

课外拓展

请上网搜索纪录片《幼儿园》，观看其中小朋友因为"抓空气"导致同伴冲突的案例，结合案例说说幼儿学科学的特点。

纪录片《幼儿园》
"抓空气"片段视频

真题再现

1. 小红知道，9 颗花生吃掉 5 颗，还剩 4 颗，却算不出 9－5＝＿＿，这说明小红的思维具有（　　）。

A. 具体形象性　　　　B. 抽象逻辑性　　　　C. 直观动作性　　　　D. 不可逆性

2. 下列不宜作为幼儿科学领域学习方式的是（　　）。

A. 直接感知　　　　B. 实际操作　　　　C. 亲身体验　　　　D. 概念解释

过关练习

1. 幼儿的科学教育应密切联系幼儿的（　　）进行，利用身边的事物与现象作为科学探索的对象。

A. 实际生活　　　　B. 图书阅读

C. 幼儿园生活　　　　D. 想象活动

2. 简述幼儿学习科学的认知特点。

本节参考
答案与解释

第二节　幼儿园科学教育的特性与价值取向

幼儿园科学教育是科学教育的最基础阶段，科学教育开展得好，幼儿是非常喜欢的。要想开展好适宜的、让幼儿感兴趣的幼儿园科学教育，就要遵循幼儿园科学教育的诸多特性，同时在开展科学教育过程中要注意一些事项，这样才能充分发挥科学教育的价值。

一、现代科学教育的特点

现代科学教育不再像以前注重知识教育而相对忽视能力与情感、兴趣的培养，呈现新的特点，如强调科学素养的培养，注意在生活中教育，强调动手操作等。

（一）在教育目标上以科学素养为中心

有人认为，科学教育就是教给孩子很多的科学知识。这种看法是狭隘的科学教育观，也就是注重知识的传授。现代科学教育强调科学教育的核心是提高人们的科学素养。所谓素养，是综合的、多维角度，包括静态的科学知识，贯穿于科学探索过程中的方法，融合观察、记忆、想象与思维等方面的认知能力，操作与实验等技能，以及体现儿童科学探究精神的态度。如果用公式来描述，可以用这样的公式表述：知识＋方法＋认知能力＋技能＋态度……＝科学素养。

（二）在教育内容上强调现代科技与日常生活相结合

如今科技产品、科学技术在生活中处处能见到影子，如电器、手机等是常见的科技产品代表。因此，科学教育的内容要来源于生活，科学教育的应用也要体现在生活中。简言之，科学教育内容要生活化，当然科学教育的内容来源于生活，又要高于生活，在生活中应用。

（三）在教学过程中强调实践性

做中学、玩中学是科学教育的重要特点。德国等西方国家非常注重儿童动手能力的培养，在科学观察、科学实验、科学制作活动中，强调儿童的亲身感受和实践操作。因此，在开展科学教育的过程中，要让儿童亲身参与，如进行观察、实验、制作等实践活动，减少教师直接给儿童传授科学知识与原理的做法，让儿童有更多体验，更多实操。

二、幼儿园科学教育的基本特性

幼儿园科学教育与现代科学教育一样，具有如下这些基本特点：在教育目标上，以培养科学素养为核心，而不是以知识教育为主；在教育内容上，趋向生活化和生成性，根据孩子兴趣和发展需要灵活选择相应内容；在教育过程中，强调基于问题的主动探究，而不是机械传授，重视幼儿的操作和主动探究；在教育组织形式上，兼顾集中教育活动、小组活动、个别活动，在方法上多采用游戏方式、情境教学、启发式提问等。除此之外，根据幼儿的年龄特点，幼儿园科学教育还具有如下明显的基本特性[①]。

---

① 王先达. 幼儿园科学教育探究［M］. 长春：吉林人民出版社，2021：8-10.

（一）启蒙性——幼儿建构的经验多是具体的、粗浅的

幼儿教育属于启蒙教育，幼儿科学领域教育更是如此。《纲要》中指出："幼儿园的科学教育应以萌发幼儿的兴趣和探索欲望为主要目标。"幼儿园科学教育是启蒙教育，是培养幼儿成为未来人的素质教育。既然是启蒙，那么科学教育的内容不应该是深奥、抽象、难懂的，而应该是浅显、具体、易懂、生活化的内容。

（二）操作性——幼儿在动手操作探究中学科学

蒙台梭利有一句名言："听了，我就忘记了；看了，我就记住了；做了，我就理解了。"这句话形象地说明了动手操作在幼儿学科学中的重要性。所以，有人说幼儿"学科学"，实质上是幼儿"做科学"。我国许多中小学、幼儿园在开展科学教育时，借鉴了法国"做中学"的科学教育做法，有效增强了儿童的求知欲、学习兴趣和对科学探索的积极性。本教材提供的很多案例也体现了操作性的活动特点。

（三）体验性——多感官多方式亲力亲为体验科学

幼儿园科学教育不是抽象的，不能停留在口头上。幼儿已有的生活经验是探索未知的基础，因此，要在科学活动中提供幼儿日常生活中经常碰到的、感知过的或触摸过的材料，激发和保持幼儿对材料的探索欲望。引导幼儿利用多种感觉器官，通过听、看、说、想、做等方式来学科学、体验科学。如幼儿往往会对江河里的旋涡产生疑问，水怎么会在那里打转呢？水下有神奇的东西吗？成人不妨抓住机会，在大的容器（浴缸、水桶）里面放满水，提供小木棒之类的辅助材料，引导孩子做产生旋涡的实验，让孩子通过亲身体验发现产生旋涡的科学原理，从而解除心中的疑惑。

（四）生活性——教育内容、手段、途径与幼儿生活紧密相连

幼儿学习科学的对象主要是周围的物质世界，与所处的环境有密切联系。科学并不遥远，其实近在眼前。幼儿的科学教育应密切联系幼儿的实际生活进行，利用身边的事物与现象作为科学探索的对象，要通过生活化的幼儿园科学教育，激发幼儿对科学的兴趣，促进其探究问题的思维方式的发展，为幼儿的终身学习和发展奠定基础。

《纲要》强调："科学教育应密切联系幼儿的实际生活进行，利用身边的事物与现象作为科学探索的对象。"由此可见，科学教育内容应生活化，让幼儿学习身边的科学。科学教育内容生活化，让幼儿感受和体验到所探究和学习的内容是他们当前想要知道的东西和想要解决的问题，幼儿才能积极主动地投入到活动中。要利用各种机会随机灵活地对幼儿进行科学启蒙教育。例如，在绘画活动中，引导幼儿大胆地使用颜色，鼓励幼儿把绘画使用的颜色与所穿衣服的颜色、周围环境中的颜色进行比较，在比较中，幼儿不仅会对颜色形成较准确的区分，而且可以掌握认识事物的方法。又如，让幼儿注意树木的变化、天气的变化，或者让幼儿闭上眼睛，听一听有什么声音，再睁开眼睛看看声音是从哪里来的、怎么来的，从中了解一些有关的科学知识。

（五）互动性——与环境互动，与材料、同伴、成人互动

皮亚杰的发生认识论认为，人的认识既不来源于客体，也不来源于主体，而是发生于主客体之

间的相互作用。这种互动是多方面的，包括与环境（含材料）、同伴、成人等。活动是幼儿与环境互动的主要形式。如幼儿在探究如何滚得更快时，幼儿与同伴、教师共同讨论、交流在滚的过程中用到的材料、方法，等等。

《纲要》指出："关注幼儿在活动中的表现和反映，敏感地察觉他们的需要，及时以适当的方式应答，形成合作探究式的师生互动。"教师提供给幼儿工具与材料，根据幼儿的年龄特点、兴趣创设不同的目标环境。除了师生互动外，生生互动，幼儿与材料、环境互动，也是幼儿科学活动的重要特征。

经典案例

有趣的声音

在《有趣的声音》活动中，投放的材料是幼儿日常生活中常见、熟悉的物品，材料丰富且低结构，适合幼儿操作，可以促进幼儿积极尝试，进行多维探究。从听觉着手，播放日常生活中幼儿经常接触的各种声响（鸟叫、狗叫、公鸡叫、流水声、雷雨声、电话铃声、汽车喇叭声、门铃声等），引发幼儿对声音的兴趣，幼儿专注地从听→分辨→边听边模仿，能充分运用感官感知；再让幼儿自主选择材料，调动了幼儿自由操作、探索的积极性，幼儿积极大胆地尝试，用多种方法"制造"出了各种各样的声音。如：用筷子、鼓槌敲击罐子、瓶子、桌椅；将豆子、花生装在瓶罐中，摇动瓶罐或用筷子搅动豆子、花生；用手挤（抓）捏塑胶玩具、沐浴露瓶子、洗发水瓶子，搓塑料包装袋；用嘴吹口哨；摇晃拨浪鼓；用塑料小锤敲击桌面……探索的气氛活跃，幼儿从中获得了相应的体验。在这样的活动中，他们根本没有意识到自己是在学习，反而认为自己是在娱乐和享受，幼儿能不快乐吗？这样，幼儿运用各种感官与材料产生了共鸣，体验到了成功的乐趣。

（案例来源：福州市王庄第一幼儿园叶琴）

想一想

结合幼儿园科学活动"有趣的声音"案例，分析该科学活动体现了幼儿园科学教育的哪些基本特性。

（六）应用性——通过解决问题来应用科学

科学领域教育与其他领域教育相比，更突出幼儿在学科学的过程中通过解决问题来应用科学。如果幼儿感到所要学的内容就是自己当前想要知道的或想要解决的问题，那么，幼儿学习的兴趣和积极性就会大大增强。科学就在我们身边，幼儿学科学的过程也就是幼儿应用科学（解决问题）的过程。当然，幼儿应用科学（解决问题）可能不一定科学，所用的方法、措施甚至是错误的，但这并不影响幼儿学科学的应用性。

经典案例

分月饼

在"中秋月圆"的活动中，请每位幼儿都自带一个月饼，让幼儿介绍自己的月饼，相互比较其形状、大小，聊一聊月饼与中秋的话题。在分月饼时，教师故意制造一些情境：①月饼个数多于人数；②人数多于月饼数；③弟弟妹妹的月饼要比哥哥姐姐的大，等等，看幼儿如何解决。在这里，教师将科学教育寓于生活中的问题，让幼儿通过观察与比较、等分和不等分等多种方式或情形，通过幼儿的思考与讨论、操作，让其在完整的生活情境中获得经验，从而获得问题的解决办法。

（案例来源：江西省新余高新区实验幼儿园毛春平）

想一想

"分月饼"的科学活动案例，体现了幼儿园科学教育的什么特性？请结合案例进行分析。

以上所说的幼儿园科学教育的特性不是割裂开来的，它们往往同时存在。如上文所说的幼儿对旋涡产生疑问进而去尝试体验，就同时体现了启蒙性、操作性、体验性、生活性、互动性、应用性等特点。下面的这个"由黄豆生虫引发的活动"案例也同样体现了科学教育的多种特性。

经典案例

由黄豆生虫引发的活动

幼儿园每天都要磨豆浆。有一次，厨房阿姨把黄豆拿到太阳底下晒，一个孩子有了重大发现："老师，快来看，黄豆生虫了。"我走近一看，果然有许多小虫在爬。我立即把全班幼儿召集起来，问他们："生虫的黄豆和没有生虫的黄豆有什么不一样？""生虫的黄豆是空的。"他们说："我们怎样把生虫的和没有生虫的黄豆分开来呢？生了虫的黄豆还能发芽吗？"接着，我把黄豆分装在四个脸盆里，请孩子们想办法把生虫的和没有生虫的黄豆分开来。孩子们都专心致志地挑拣着。过了一会儿，有一个幼儿说："这样拣太费事了，我的奶奶不是这样拣的。她把黄豆放在水里，一下子就能把空黄豆捞出来了。"于是，我启示幼儿对此展开讨论，说出其中的道理，并提供材料让他们尝试、验证。后来，我又引导幼儿进行两种黄豆的发芽实验，让幼儿在自然角观察、探索。几天后，孩子们有了答案，他们在比较中进一步理解了两种黄豆的区别，提高了解决问题的能力。

（案例来源：枣矿八一煤矿幼儿园姚红霞）

Note

三、幼儿园科学教育的核心宗旨与价值取向

幼儿园的科学教育是幼儿园教育的一部分，幼儿园教育启蒙性的特点也是科学教育的特点。作为启蒙教育，科学教育的核心宗旨就是对幼儿进行科学素养的早期培养。

（一）幼儿园科学教育的核心宗旨

《纲要》指出："幼儿的科学是科学启蒙教育，重在激发幼儿的认识兴趣和探究欲望，尽量创造条件让幼儿参加探究活动，科学教育应密切联系幼儿的生活进行。""幼儿的科学"是经验层次的科学知识。它是直接的、具体的，而不是间接的、抽象的；是描述的，而不是解释性的。一旦要让学前儿童解释现象背后的因果关系，他们就显得无能为力了。

微视频：
科学教育的
核心宗旨

幼儿园科学教育是整个科学教育的起始阶段、基础环节。学前儿童处于人生的最初阶段，身心发展尚未成熟和完善，因此，幼儿园科学教育是一种科学启蒙教育，其宗旨就是对幼儿进行科学素养的早期培养。

（二）幼儿园科学教育的价值取向

在幼儿园科学教育中，我们要避免唯科学知识至上的价值取向。在一些家长和部分幼儿园教师的观念中，这种知识为主的价值取向仍然比较明显，其最大的弊端是忽略了对幼儿求真的科学态度、求善的科学道德、求美的人文素养的培养。这种以科学知识为主的片面的科学教育，无益于幼儿的身心健康发展，还会影响幼儿未来的可持续发展。改变这种现状，最重要的就是重新确定幼儿园科学教育的价值取向，在幼儿园科学教育中努力实现科学态度、科学道德、人文素养的合一，用三个词来描述就是"求真""扬善""达美"。[①]

1. 在幼儿园科学教育中培养幼儿求真的科学态度

以前，在幼儿园，我们见到的是"常识"这种称呼，在幼儿师范学校见到的是"常识教学法"表述，这里的"常识"更多地偏重知识教育，后面我们见到的词是"科学"，再到"科学领域"。幼儿园科学教育变化的不只是名称，更是教育观念。"科学领域教育"表述与"科学""常识教育"表述相比，摒弃了单纯的知识主义的价值观。科学知识要学，但不能摆在首要位置，更不能成为幼儿园科学教育的主要目标。

幼儿园科学教育作为素质教育的一部分，开展的主要是科学启蒙教育。因此，它的重点在于激发幼儿的认识兴趣和探究欲望，从而提升幼儿学习科学、探究科学的兴趣，提升幼儿探究科学真理的欲望，培养幼儿尊重规律、实事求是的科学态度。

Note

---

① 刘慧 . 幼儿园科学教育的价值取向［J］. 学前教育研究，2011（5）.

2. 在幼儿园科学教育中培养幼儿扬善的科学道德

"科学是人们对客观世界的一种正确认识和知识体系,同时也是人们探索世界、获取知识的过程,还是一种世界观,一种看待世界的方法和态度。"① 我们曾在电视或电影中看到这样的镜头,与普通人相比,高科技被坏人利用后可能产生更大的破坏作用。科学及其衍生出来的技术如果被老百姓用于改善生活,提高生活质量,就成为社会进步的力量;如果被坏人利用,就对社会产生很大的破坏作用。因此,科技就成为一把双刃剑,既可以用于消灭愚昧,改变落后,改善人们的生活,也可能被一小部分违法犯罪者用于摧毁美好的生活,伤害无辜的群众——关键要看手握这把剑的人将之用于什么目的。

在幼儿园阶段,幼儿科学教育要培养孩子善的态度,让幼儿认识到人与自然和谐相处的必要性与重要性,注重培养幼儿关爱地球、保护环境、珍惜生命、与人为善的情感,这些都是培养幼儿求善、扬善的科学道德。

3. 在幼儿园科学教育中培养幼儿达美的人文素养

在幼儿园科学教育中追求美的价值,就是要引导幼儿在科学探究活动中"获得美的熏陶和体验,进而提升审美感知力和表现力"②,能在感知中体验美、在探索中发现美、在创作中表现美、在评价中鉴赏美。

"达美"指的是幼儿在科学学习、科学研究过程中可以获得美的熏陶与体验,进而提升其审美感知力和表现力,"达美"主要是培养幼儿的审美感受能力和审美素质,这是与科学素养不同的人文或艺术素养。科学与艺术的完美融合可以给幼儿带来更深的探究体验与审美愉悦,在新时代,党中央国务院专门出台了重视和支持艺术教育(美育)的政策,这对科学教育也有重要的启示,通过科学中的美可以给孩子们留下更美好的印象,使人文素养与科学素养和谐统一。

四、开展幼儿园科学教育的注意事项

作为幼儿园五大领域的科学教育,要想取得好的效果,作为教师,在开展幼儿园科学教育时要注意以下几点,才能取得理想的教育效果。

(一)注意兴趣激发,不要过于强调知识或技能教育

幼儿教育虽然不属于义务教育,但也是基础教育的重要部分,是人终生教育的重要一环。人生早期教育,更多的在于兴趣激发,而不是知识教育或技能教育。因此,作为幼儿园教师,要多多激发幼儿的兴趣,可以采用多种方式、多种手段等,突出科学活动的趣味性,而不是机械地进行灌输教育。

---

① 张俊. 幼儿园科学教育 [M]. 北京:人民教育出版社,2004:11.
② 钟勇为. 科学教育的价值追求 [J]. 人民教育,2008(6).

（二）内容体现基础性，不宜过难，在内容与要求上循序渐进

幼儿教育属于启蒙教育，幼儿科学领域教育更是如此。作为还处在具体形象思维发展阶段的幼儿，他们的经验少，理解能力有限，因此，无论是在内容上还是在要求上，都要注意循序渐进，否则超出幼儿的接受能力和理解能力，学习效果是得不到保障的。

（三）在方式方法上要注意突出操作性、感受性、直观性教学

前面内容已经说到过，幼儿思维是以形象思维为主，抽象逻辑思维在逐步发展。因此，灌输式的教学、抽象逻辑思维为主的教学不符合幼儿的认知发展特点，自然效果不佳。因此，我们可以通过具体、直观、形象的教学方式与操作材料，运用与材料互动、交流讨论、实践验证等方式进行教学。这样，孩子就在寓教于乐中逐步掌握更多的科学知识与方法。

（四）科学教育要源于生活、高于生活

幼儿园科学教育不能脱离实际生活，在内容选择上应密切联系幼儿的实际生活来进行，利用身边常见的事物与现象作为科学探索的对象，做到"就地取材"，这就是体现"源于生活"。当然，教师可以结合科学教育特点和幼儿认知发展规律，作出一些必要的处理，以便于在幼儿园进行实际应用，体现"高于生活"。

实训操练

小调查：访谈周边朋友或幼儿园家长 5～10 人，让他们谈谈"幼儿学科学与科学家的科学研究有何差别"。可以采用手机录视频或录音方式记录，再整理分析，看大家的观点可以分几种类型，你是否认同，为什么？

课外拓展

通过网上搜索观看纪录片《小人国》，分析一下大李老师（园长）对孩子各种探索、探究活动的态度及做法，对你有哪些启发？

真题再现

1. 小班幼儿观察植物时，下列哪条目标最符合他们的发展水平？（　　　）

A. 能感知到周围植物的多种多样　　　　B. 会观察记录植物生长变化过程

C. 能察觉到植物外形特征与生存环境的反应关系　　D. 能发现不同种类植物之间差异

过关练习

本节参考
答案与解释

1. 幼儿的科学教育是科学启蒙教育，重在激发幼儿的（　　）。

A. 动手能力　　　　　　　　B. 认识能力和探究习惯

C. 学习科学知识的热情　　　D. 认识兴趣和探究欲望

2. 科学活动中，教育者要为幼儿提供丰富的可操作的材料，为每个幼儿都能运用多种（　　）多种方式进行探索提供活动的条件。

A. 感官　　　　　　B. 方法　　　　　　C. 感觉　　　　　　D. 途径

Note

第二章　幼儿园科学教育的目标与内容

▶ 学习目标

1. 理解、记忆《纲要》和《指南》中科学领域的目标，理解、把握幼儿园科学教育目标的价值取向。

2. 学习目标的三维结构和表述要求，学会制定科学教育活动目标。

3. 掌握幼儿园科学教育的内容范围和分类，根据幼儿园科学教育内容选择的要求选择适宜的教育内容。

4. 能够围绕一个科学主题以某种选编方式组织相关的科学经验。

核心知识

幼儿园科学教育目标、幼儿园科学教育总目标、目标的价值取向、幼儿园科学教育年龄阶段目标、认知目标、能力目标、情感目标、幼儿园科学教育内容、人体科学、生态环境、自然科学现象、科学技术、主题单元。

本章导学

本章概要

本章阐述的是幼儿园科学教育的目标和内容。依据《纲要》和《指南》两份文件，明确当前幼儿园科学教育目标的价值取向是强调核心素养，不是单纯追求知识的获得；强调幼儿的主动参与、主动建构；强调多感官参与，多途径学习。在拟订幼儿园科学教育活动目标时要注意，目标的结构包括认知、能力和情感三个维度，尽量从幼儿角度表述，遵循全面明确、具体、可操作、可评价、通顺简练的要求。幼儿园科学教育内容呈现了以人为中心、以"生态"和"科技"为载体的内容体系特征，它强调人与动植物、人与环境以及科学技术与人类生活的相互关系。根据《纲要》对科学领域的内容与要求的规定以及幼儿园科学教育的基本特点，幼儿园科学教育内容可以大致分为人体、生态与环境、自然科学现象、科学技术等四个方面的内容。在选择科学教育内容时，应符合科学性和启蒙性、广泛性、多样性和代表性、地方性和季节性、时代性和传统性等要求。科学教育内容的选编应关注到科学内容之间的内在关联，按照一定的逻辑由浅入深、由近及远进行合理的设计。

 案例导入

雨后散步引发的话题①

　　一次雨后户外散步时，幼儿在地上发现了一条蚯蚓，大家纷纷围到蚯蚓周围，你一言我一语地说着自己知道的关于蚯蚓的事情。突然，龙龙的一句"蚯蚓剪断了还能活"引起了大家的讨论。有的幼儿说："不可能，剪断了就死了。"有的说："壁虎的尾巴断了能重新长出来，它又不是壁虎。"有的说："试试，死了怎么办？"就这样，为蚯蚓剪断了是否能活的问题，幼儿争论不休，谁也不让谁。这时，小宇说："那咱们问问老师吧。"教师问："你们想试试吗？"有的说想，有的说不想。"那咱们举手表决吧。"大部分幼儿都想一探究竟。于是用小桶盛了一些潮湿的泥，把蚯蚓放在里面带回了班里。教师将装着蚯蚓的小桶放在了桌子上，幼儿团团围住了桌子。当教师请一名幼儿（他认为蚯蚓不会死）把蚯蚓剪成两段放回到小桶里时，幼儿发现蚯蚓并没有流血，断了的两段都还能活动，看到这样的情况，有的幼儿认为蚯蚓肯定不会死了，有的幼儿则认为是蚯蚓太疼了，它在挣扎。为了帮助幼儿揭开心中的疑惑，大家决定把蚯蚓养在班里，看看蚯蚓到底会发生什么变化。过了一段时间，幼儿惊奇地发现两段蚯蚓各自长出了头和尾。通过实际的观察和实验，幼儿了解到蚯蚓的再生能力。

思考

　　你认为该活动是否存在与幼儿园科学教育目标的价值取向相背离的情况？

　　作为一名教师，在开展幼儿园科学教育时，首先要考虑的是幼儿园科学教育的目标，特别是在开展具体的教育活动时。有了目标，就要考虑选择什么样的内容来完成设定的目标。本章主要阐述幼儿园科学教育的目标和内容，这是后面章节内容的基础。

① 朱继文.师幼互动理念指导下的园本课程［M］.北京：北京师范大学出版社，2010：46-47.

第一节　幼儿园科学教育的目标

幼儿园科学教育目标是教育者对幼儿在接受一定时间的科学教育后所达成最终状态的期望，在活动的设计和实施中起到导向作用。教育目标是教育活动的起始点，教育活动的评价也要回归教育目标。因此，制定适宜的目标对于教育活动的成败至关重要。

1932年颁布由陈鹤琴主持编制的《幼稚园课程标准》是我国最早的幼儿园课程标准，其中有关科学的课程被称作"社会和自然"，强调对自然环境、人与自然关系的认识。新中国成立后1952年颁发的《幼儿园暂行规程草案》中有关科学教育的目标体现在"智育"目标里："培养幼儿正确运用感官和语言的基本能力，增进其对于环境的认识，以发展幼儿的智力。"1981年教育部颁布了《幼儿园教育纲要（试行草案）》（通常称为"旧纲要"），其中有关科学教育的内容被涵盖在"常识"课中。从以上文件中能够看出，知识教育被放在首位，然后逐渐关注到科学技能如观察能力、表达能力对幼儿发展的重要性。直到2001年7月教育部颁布了《幼儿园教育指导纲要（试行）》（通常称为"新纲要"），确立了幼儿园五大领域课程，才明确了"科学"作为五大领域之一，规定了幼儿园科学教育的总目标。目前一般默认说的"纲要"，是指2001年的"纲要"。

幼儿园科学教育目标主要体现在两个幼教文件里面，一个是《幼儿园教育指导纲要（试行）》（以下简称《纲要》），另一个是《3～6岁儿童学习与发展指南》（以下简称《指南》）。相对来说，《纲要》更笼统，说的是幼儿园三年的总体目标；《指南》则更具体，表述了三个年龄段末期幼儿要达到的目标。

一、《纲要》中幼儿园科学领域教育的总目标

《纲要》中科学领域教育的总目标从情、能、知三个层面，向教育实施者传递当前科学教育的价值导向，帮助其建立正确的目标价值观。

（一）幼儿园科学领域教育的总目标

《纲要》中科学教育的总目标表述为：

（1）对周围的事物、现象感兴趣，有好奇心和求知欲；

（2）能运用各种感官，动手动脑，探究问题；

（3）能用适当的方式表达、交流探索的过程和结果；

（4）能从生活和游戏中感受事物的数量关系并体验到数学的重要和有趣；

（5）爱护动植物，关心周围环境，亲近大自然，珍惜自然资源，有初步的环保意识。

Note

（二）幼儿园科学领域教育总目标的价值取向

从传统的观点来看，幼儿园科学教育的目标涵盖三个方面，即知识、智力和情感。完整意义的科学包括三个方面的内涵，即：作为科学探究结果的科学知识、贯穿科学探究过程的科学方法和以科学探究态度为核心的科学精神。幼儿园科学教育的目标也应该体现这样的科学观。

《纲要》的科学领域目标共 5 条。除去第 4 条关于数学教育的目标外，还有 4 条目标。其中有两条（第 1 条和第 5 条）是关于科学情感、态度和价值观方面的目标；另外两条（第 2 条和第 3 条）是关于科学方法和过程方面的目标。

微视频：
学前儿童科学
教育目标的
价值取向

1. 兼顾科学知识、科学方法、科学情感和态度三方面的目标

一般而言，幼儿科学素质主要包括三个方面：科学概念的获得、科学方法的学习、科学情感和态度的培养。以此为依据，幼儿园科学教育目标可以分成三个方面：科学知识教育目标、科学方法教育目标、科学情感和态度教育目标。

2. 注重幼儿情感态度和探究解决问题的能力，与他人及环境积极交流、互动与和谐相处

在幼儿园科学教育中，情感方面的目标是非常重要的。强调情感的目标有两方面意义：

第一，情感目标体现了对科学内涵的完整把握。科学教育实质上体现了一种价值追求，是人类长期以来渴望了解自然、把握自然的情感的反应。这种追求就是我们所说的科学精神。科学教育要在幼儿身上重现这种精神，就必须把情感目标放到一个重要的位置上来。

第二，情感目标是促进幼儿的全面发展、培养完美个性的保证。从儿童发展的角度来看，幼儿园科学教育的目标不仅在于促进幼儿学习科学，而且在于促进幼儿素质的全面发展。科学教育的最终目的是要培养幼儿真善美的完美个性，而情感是通向这一目的的重要保证。

在幼儿园科学教育中，情感的目标非常广泛。《纲要》突出了其中四个方面：

（1）发展幼儿的好奇心、兴趣和求知欲。《纲要》科学领域的目标第 1 条就是，"对周围的事物、现象感兴趣，有好奇心和求知欲"。这一条目标的核心是培养理智感。其中最为重要的表现就是好奇心和学科学兴趣的培养。

（2）培养幼儿关爱环境的积极情感和态度。这主要表现在《纲要》科学领域的目标第 5 条中，"爱护动植物，关心周围环境，亲近大自然，珍惜自然资源，有初步的环保意识"。这一目标的核心是建立人与自然的和谐关系。在世界环境问题日益严重的今天，这一条目标具有重要的意义。

（3）培养学前儿童尊重事实的科学态度。科学是反映客观事实的学科，从事科学研究的人员必须具备实事求是的科学态度，不能靠主观想象臆断。相应地，开展学前儿童的科学探究活动也必须从客观现象观察入手，在提出合理的假设后，通过科学方法如实验来验证假设，得出结论，并进行对实验过程和结果的准确、客观描述。这一目标在现实生活中具有重要意义，任何事件的评判都需要基于对事件原貌的真实还原，尽量减少加入自身主观情感。只有这样我们才能接近真相，探寻真理。

（4）教会儿童尊重他人，乐于分享与合作。这一目标主要表现在《纲要》科学领域的目标第 3 条中，"能用适当的方式表达、交流探索的过程和结果"。社会性交往如分享、合作在科学探究活动中的作用不可忽视，分享有助于儿童交流观点、丰富经验，有助于幼儿了解到他人有与自己不同的

观点，学会倾听、尊重甚至接纳他人的想法，摆脱原有思维的束缚；同伴间的合作则有助于复杂问题的解决，有助于幼儿学会与人分工合作，感受团队活动的优势和快乐。

科学方法目标体现在《纲要》科学领域的第 2 条目标要求，"能运用各种感官，动手动脑，探究问题"。《纲要》揭示了科学方法的实质在于探究问题，而幼儿科学探究的实质就是通过他们的感官观察、动手操作和动脑思考，来寻求问题的答案。同时，《纲要》还特别强调表达、交流的重要性。科学领域第 3 条目标中提出，"能用适当的方式表达、交流探索的过程和结果"。这不仅因为表达交流本身也是一种科学过程与技能，而且它也反映了建构主义的学习理念。《纲要》中科学方法目标即能力目标突出了四个方面：

（1）观察发现问题。问题的发现始于观察，观察是认识和探究事物的基本方法，观察是获取直观信息的重要途径。皮亚杰 10 岁时发现了一只患有白化病的麻雀并发表文章在科学杂志上，正是基于细致的观察。幼儿阶段需要掌握以下几种观察方法：运用多种感官观察事物的特征；比较观察事物的相同与不同；使用工具如放大镜等进行细致观察。

（2）动脑思考。思维能力是科学能力当中最不容易被观测到和最难培养的能力，科学教育应该通过提出启发性的问题，引发幼儿的思考。幼儿的思维能力主要体现在比较分类、概括总结、合理猜测、迁移应用等环节，并综合展现于问题解决活动中。如在养蜗牛的活动中，幼儿发现蜗牛会拉出血色的便便，有的幼儿说："蜗牛是不是生病了？"有的幼儿注意到蜗牛昨天吃了草莓，于是猜测："蜗牛吃了红色的草莓拉出红色的便便，是不是蜗牛吃什么颜色的食物就会拉出什么颜色的便便呢？"从该活动中，我们能够看出幼儿结合回忆和自身已有经验做出的合理猜测，最终证明是正确的。

（3）动手操作。操作能力包括实验操作和技术制作两方面。实验操作是幼儿在科学发现活动中，以行动、操作或其他方式验证其发现、推论或预测是否正确的过程和方法。技术制作是指幼儿在科技制作活动中，运用工具或材料，对客观对象或材料进行操作加工或制作新产品的过程。[①] 幼儿操作能力的目标包括：能操作实验探究现象背后的原因；学会安全使用工具；学会利用工具和挑选材料制作简单的产品。

（4）表达交流。表达能力和表达的过程能够帮助幼儿回顾和理清探究的过程，发现探究中出现的问题，并学会用语言概括总结，不仅促使幼儿之间的分享交流，而且促进幼儿概括思维能力的提升。幼儿在科学活动中的表达能力主要表述为以下几个方面：能大胆表达观察到的现象和变化；能清楚、完整表达实验的过程和结果；能用准确的语言表达自己的想法；能用多种方式如符号、绘画、图表等记录自己的发现。

3. 弱化知识目标，强调知识的运用

《纲要》没有明确规定科学知识的目标，但是，作为科学探索过程的必然结果，知识的目标也已然蕴藏在其他的目标中。我们要强调学习的经验性，就不宜对幼儿应该获得哪些科学知识做具体的规定。《纲要》不专门列出具体的科学知识目标，还有利于纠正以往科学教育中"重知识"的错误观念，避免教育实践中片面追求知识的倾向。

当前的幼儿园科学教育实践中，在怎样对待知识目标的问题上，有两点是需要强调的：一是要注重幼儿科学经验的获得，而不能脱离幼儿的实际水平，片面强调概念化的知识。二是要让幼儿通

---

① 张俊. 幼儿园科学教育［M］. 北京：人民教育出版社. 2004：62.

过自己的探索活动过程自行获取科学经验，也就是要强调让每个孩子获取"自己"的科学知识，而不能由教师向他们灌输科学概念。

现代科学教育不再追求使幼儿获得一大堆僵化且无法应用的死知识，而是要让幼儿学会运用原有的经验去解决新问题，并引导幼儿体验到生活中需要科学、科学就在身边、科学就是我们每天所做的事。这不仅能使幼儿学会学习，而且能使幼儿真正理解科学的实际意义，激发其内在的学习动机。

以上总目标体现了三方面的价值取向：一是强调核心素养，不是单纯追求知识的获得；二是强调幼儿的主动参与、主动建构；三是强调多感官参与，多途径学习。

二、《指南》中幼儿园科学领域教育的总目标

《指南》中的目标包括学前儿童科学教育总目标和年龄阶段目标。《指南》的目标与《纲要》的精神一脉相承，都强调了情感态度目标的关键价值。同时，年龄阶段目标是对教育总目标的分解，比总目标更为具体化，体现了年龄段之间的差异性和幼儿发展的连续性。

（一）《指南》中幼儿园科学领域教育的目标要求

幼儿的科学学习是在探究具体事物和解决实际问题中，尝试发现事物间的异同和联系的过程。幼儿在对自然事物的探究和运用数学解决实际生活问题的过程中，不仅可以获得丰富的感性经验，充分发展形象思维，而且能够初步尝试归类、排序、判断、推理，逐步发展逻辑思维能力，为其他领域的深入学习奠定基础。幼儿科学学习的核心是激发探究兴趣，体验探究过程，发展初步的探究能力。成人要善于发现和保护幼儿的好奇心，充分利用自然和实际生活机会，引导幼儿通过观察、比较、操作、实验等方法，学习发现问题、分析问题和解决问题；帮助幼儿不断积累经验，并运用于新的学习活动，形成受益终身的学习态度和能力。

幼儿的思维特点是以具体形象思维为主，应注重引导幼儿通过直接感知、亲身体验和实际操作来进行科学学习，不应为追求知识和技能的掌握，对幼儿进行灌输和强化训练。

（二）《指南》中幼儿园科学领域教育的具体目标

在《指南》中，科学领域一共包括两个方面的子领域内容：一是科学探究，二是数学认知。而科学探究又包括三个目标：① 亲近自然，喜欢探究。② 具有初步的探究能力。③ 在探究中认识周围事物和现象。数学认知也包括三个目标：① 初步感知生活中数学的有用和有趣。② 感知和理解数、量及数量的关系。③ 感知形状与空间关系。

下面把科学探究部分目标列举如下，在理解的基础上进行横向比较，抓住不同年龄的表述差别或关键性目标表述内容，就相对容易记住不同年龄段的科学教育目标，如表 2-1-1、表 2-1-2、表 2-1-3 所示。

表 2-1-1　目标 1：亲近自然，喜欢探究

3～4 岁	4～5 岁	5～6 岁
1. 喜欢接触大自然，对周围的很多事物和现象感兴趣。 2. 经常问各种问题，或好奇地摆弄物品。	1. 喜欢接触新事物，经常问一些与新事物有关的问题。 2. 常常动手动脑探索物体和材料，乐在其中。	1. 对自己感兴趣的问题总是刨根问底。 2. 能经常动手动脑寻找问题的答案。 3. 探索中有所发现时感到兴奋和满足。

表 2-1-2　目标 2：具有初步的探究能力

3～4 岁	4～5 岁	5～6 岁
1. 对感兴趣的事物能仔细观察，发现其明显特征。 2. 能用多种感官或动作去探索物体，关注动作所产生的结果。	1. 能对事物或现象进行观察比较，发现其相同与不同之处。 2. 能根据观察结果提出问题，并大胆猜测答案。 3. 能通过简单的调查收集信息。 4. 能用图画或其他符号进行记录。	1. 能通过观察、比较与分析，发现并描述不同种类物体的特征或某个事物前后的变化。 2. 能用一定的方法验证自己的猜测。 3. 在成人的帮助下能制订简单的调查计划并执行。 4. 能用数字、图画、图表或其他符号记录。 5. 探究中能与他人合作与交流。

表 2-1-3　目标 3：在探究中认识周围事物和现象

3～4 岁	4～5 岁	5～6 岁
1. 认识常见的动植物，能注意并发现周围的动植物是多种多样的。 2. 能感知和发现物体和材料的软硬、光滑、粗糙等特性。 3. 能感知和体验天气对自己生活和活动的影响。 4. 初步了解和体会动植物和人们生活的关系。	1. 能感知和发现动植物的生长变化及其基本条件。 2. 能感知和发现常见材料的溶解、传热等性质或用途。 3. 能感知和发现简单物理现象，如物体形态或位置变化等。 4. 能感知和发现不同季节的特点，体验季节对动植物和人的影响。 5. 初步感知常用科技产品与自己生活的关系，知道科技产品有利也有弊。	1. 能察觉到动植物的外形特征、习性与生存环境的适应关系。 2. 能发现常见物体的结构与功能之间的关系。 3. 能探索并发现常见的物理现象产生的条件或影响因素，如影子、沉浮等。 4. 感知并了解季节变化的周期性，知道变化的顺序。 5. 初步了解人们的生活与自然环境的密切关系，知道尊重和珍惜生命，保护环境。

　　大目标细分为表格里面的很多小目标，可结合《指南》原文进行学习与领会。在《指南》每个领域后面专门列出了教育建议，这些建议我们要认真学习，把握《指南》精神。在教育建议的指导下，才能更好地达成科学教育目标，开创性地完成每一次的科学教育目标。

三、幼儿园科学教育具体活动目标的制定

在制定幼儿园科学教育目标时，要注意科学教育目标表述的规范、全面和适宜。一些学生或教师在设计或开展具体的科学教育活动时，没有重视活动目标的设计，这会严重影响到活动的开展与活动成效。

（一）目标结构

我们一般将幼儿园具体教育活动（一般指一次教育活动，无论是集中教育活动还是区域活动）目标分为三个维度：认知或知识或经验目标（简称认知目标）、情感与态度（简称情感目标）、技能与能力或能力与方法（简称能力目标）。有时也简单地用三个字表述，就是"知、情、能"。当然，在具体活动目标的撰写上，这些目标的顺序没有区别，比较常用的顺序是"情、能、知"，也有的教师采用"知、能、情"。

1. 情感目标

情感目标常用的词语有好奇、乐趣、兴趣、探究欲望、实事求是、认真、克服困难、坚持等。

2. 能力目标

微视频：
如何制定
合理的科学
教育目标？

能力目标常用的词语有观察、动手操作（制作）、实验、测量、统计、记录与表达、合作、探究方法等。这里的能力是广义的能力，不要仅仅理解为操作能力，还包括合作、表达、记录等。

3. 认知目标

认知目标常用的词语有知道、感知、理解、掌握等。这是从幼儿的角度来说的。从教师的角度来说，加上"让""使"等词语，如"让幼儿掌握……"等类似表述。

经典案例

中班科学活动：我喜欢的汽车

● **活动目标**

1. 能观察了解生活中常见车辆的外形特征和基本结构。
2. 能比较不同汽车的异同点，学习用图画或符号进行记录，与同伴交流自己的发现。
3. 对汽车感兴趣，感受汽车给生活带来的便利。

● **案例分析**

　　上述案例很好地体现了情、能、知三维目标的要求。该活动主题为"我喜欢的汽车"，围绕这一主题，目标1是认知目标，清楚地表达了需要幼儿了解的与汽车相关知识经验，即"常见车辆的外形特征和基本结构"；目标1和2涉及了两种科学能力——观察能力和表达能力；目标3是情感态度目标，涉及了"探究兴趣的萌发"和"感受科技与人类的关系"这两方面。因此，该案例中的目标符合要求。

（二）目标的表述要求

　　活动目标的撰写除了要涵盖情、能、知三个维度，还应根据所在年龄班和活动主题，注重目标的发展适宜性，在目标的表述上要做到明确、具体、简洁明了、语句通顺等要求。

1. 活动目标表述全面、明确

　　活动目标包括"知、情、能"三个维度的目标，因此，在设计目标时，不要遗漏某个维度的目标。在学生们的学习与实践中，也包括一线幼儿园教师的教学中，情感与态度目标比较容易被遗漏。活动目标的制定应从发展幼儿的认知、情感、能力等方面全面考虑，体现活动功能的综合性。在表述时，每一方面尽量分别阐述，避免交叉，但也应考虑突出重点，不必采用模式化的面面俱到的表述方式。

2. 具体、可操作、可观察评价

　　目标表述要具体，不要太宽泛，比如有的目标这样描述："培养幼儿的动手能力""发展幼儿的探究能力""喜欢科学活动"。这样看来，所有科学类活动都可以这样写，就没有体现具体活动的内容或特点。这样改一下就好很多："能用镊子夹花生壳""能用两种方式将花生壳从瓶子中取出""对沉浮现象感兴趣"。这三种表述分别是能力目标、能力目标和情感目标，就显得具体、可观察评价。

3. 尽量从幼儿发展角度表述

　　宜采用幼儿行为目标表达方式，即以幼儿应习得的各种行为来表达活动的目标。一般在表述上会去掉行为主体，如"了解沙子的特征""培养幼儿的观察能力"。从表述来看，第一句话很明显是从幼儿角度来表述目标的，第二句话是从教师角度来表述目标的。我们可以采用一种简单的方式来判断是幼儿角度还是教师角度，只要将"幼儿"或"教师"放到目标的前面，考虑合理性，一般就可以很容易地判断出来。比如"了解沙子的特征"，前面的主语加"幼儿"就合情合理，加"教师"就变成"教师了解沙子的特征"，自然就不是活动设计的目的了，肯定是让幼儿了解沙子的特征。同样，"培养幼儿的观察能力"，如果前面加上"教师"就能明确地说明活动的目的；如果加上"幼儿"，虽然句子是通顺的，但是不符合常规活动的目的。有的教师在表述时没有注意，一句话中有的从教师角度表述，有的从幼儿角度表述，应该要统一。当然，也可全部采用从教师角度来表述目标，但推荐从幼儿角度来表述目标。

Note

4. 语言通顺、简洁明了、精练

学生或教师在设计目标时，要语言通顺，表述不要太多，用词过多就容易啰唆或重复。如大班"我做牙科小医生"的活动目标原来是这样设计的："知道饭后不刷牙、睡前不刷牙、含糖睡觉会导致蛀牙，使牙齿疼痛。"这样修改后更为简洁明了："知道蛀牙的危害。"至于目标中提到的具体做法"饭后不刷牙、睡前不刷牙、含糖睡觉会导致蛀牙"等内容，可以在活动过程的设计中体现，而不要全部堆砌在目标中。

实训操练

参观幼儿园各年龄班的科学区，访谈了解教师通过投放操作材料，预计达成哪些教育目标。

课外拓展

教育部多次发文强调要进行科学的幼小衔接、双向衔接，幼儿园教师要了解小学的课程要求与目标，小学教师也要了解幼儿园教育的特点与领域目标。请扫码阅读我国 2022 年《义务教育小学科学课程标准》的"课程目标"（部分）材料，对比分析幼儿园科学教育的课程目标和小学科学课程目标的表述有何异同？有何启发？与同学们讨论交流一下。

我国 2022 年《义务教育小学科学课程标准》的"课程目标"（部分）

真题再现

1. 《幼儿园教育指导纲要（试行）》中的教育目标较多使用"体验""感受""喜欢""乐意"等词汇，这表明幼儿园教育强调（　　）。

A. 知识取向 　　　　　　　　　　　B. 情感态度取向

C. 能力取向 　　　　　　　　　　　D. 技能取向

2. 按照布卢姆等人教育目标分类的观点，了解青蛙的生长发育过程属于（　　）。

A. 情感目标 　　　　　　　　　　　B. 认知目标

C. 动作技能目标 　　　　　　　　　D. 行为目标

3. 小班幼儿观察植物时，下列哪条目标最符合他们的发展水平？（　　）

A. 能感知到周围植物的多种多样 　　B. 会观察记录植物生长变化过程

C. 能察觉到植物外形特征与生存环境的反应关系 　　D. 能发现不同种类植物之间差异

过关练习

1. 以下目标不是从幼儿的角度表述的是（　　）。

A. 认识几种常见的交通工具，比较其异同

B. 培养幼儿关心爱护动植物和周围环境的情感和行为

C. 愿意参与观察环境的活动

D. 尝试制作环境保护标志

2. "能发现常见物体的结构与功能之间的关系"这一目标体现的年龄班是（   ）。

A. 小班   B. 中班

C. 大班   D. 托班

3. 请简述《幼儿园教育指导纲要（试行）》中科学领域的总目标。

本节参考
答案与解释

第二节　幼儿园科学教育的内容

幼儿园科学教育的内容是广泛的、多样的。不同的学者与教材在对幼儿园科学教育内容进行划分时，会有不同的表述。作为一名幼儿园教师，最重要的是要掌握幼儿园科学教育内容选择的要求，这个主要体现在《纲要》中。另外，作为一名教师，具体的科学内容细分模块，是必须要掌握的，无论从哪个角度，其基本内容都要熟知。

一、幼儿园科学教育的内容范围

幼儿园科学教育的内容范围随着时代发展不断改变，虽然《纲要》中没有明确规定幼儿园科学教育的内容，但是从"内容与要求"中我们能够概括出其中所指明的教育内容及所传递的价值导向。通过对科学教育内容的分类，能够让我们明确构建其内容体系；继而，如何从广泛的科学内容中挑选本园幼儿感兴趣且适宜的内容则需要考虑内容选择的几条要求。

（一）《纲要》中科学领域的内容与要求

（1）引导幼儿对身边常见事物和现象的特点、变化规律产生兴趣和探究的欲望。

（2）为幼儿的探究活动创造宽松的环境，让每个幼儿都有机会参与尝试，支持、鼓励他们大胆提出问题，发表不同意见，学会尊重别人的观点和经验。

（3）提供丰富的可操作的材料，为每个幼儿都能运用多种感官、多种方式进行探索提供活动的条件。

（4）通过引导幼儿积极参加小组讨论、探索等方式，培养幼儿合作学习的意识和能力，学习用多种方式表现、交流、分享探索的过程和结果。

（5）引导幼儿对周围环境中的数、量、形、时间、空间等现象产生兴趣，建构初步的数概念，并学习用简单的数学方法解决生活和游戏中某些简单的问题。

（6）从生活或媒体中幼儿熟悉的科技成果入手，引导幼儿感受科学技术对生活的影响，培养他

Note

们对科学的兴趣和对科学家的崇敬。

（7）在幼儿生活经验的基础上，帮助幼儿了解自然、环境与人类生活的关系。从身边的小事入手，培养初步的环保意识和行为。

以上内容，除了第 5 条是关于数学教育的内容外，其他 6 条涉及的教育内容大致可以概括为以下几点：

（1）探究身边现象的特点及变化规律。科学现象在生活中无处不在，物质世界在其变化和发展过程中表现出来的各种外部形态和联系，都是可以让幼儿进行探索的科学内容。[①] 越是幼儿熟悉的科学现象，越是能够引发幼儿的好奇心和兴趣。幼儿可以探索的物质特点和科学现象包括：物质与材料的特性，常见的物理现象，简单安全的化学现象，天气、季节和气候、星体运转变化等。

（2）了解自然环境及其和人们生活的关系。区别于以往的常识教育中孤立地认识自然环境中的事物，而是强调在体会环境与人们生活的关系中认识自然环境，感受人与环境的相互作用，学会热爱环境、尊重自然，萌发环保意识。这部分内容涉及动植物、自然的非生命物质及人与自然环境的关系等方面。

（3）感受科学技术及其对生活的影响。科学技术在当代快速发展社会中的重要性不言而喻，科学研究成果应用于生产生活中的周期越来越短，科技产品在幼儿生活中已不可或缺。因此，科学教育应把"技术"纳入其中，为国家培养创新型科技人才奠定早期学习基础。有关科学技术的内容主要包括：常见的科技产品和工具、科技产品的发展史、科技小制作等。

综上所述，幼儿园科学教育的内容较之过去的常识教育有了明显的改变，在原有基础上有了更新和扩展，尤其重视以现代的生态观和科技观为主导来组织幼儿园科学教育的内容体系，这在"新纲要"的科学领域内容上体现得非常明显。幼儿园科学教育内容呈现了以人为中心，以"生态"和"科技"为载体的内容体系特征。具体地说，它强调人与动植物、人与环境以及科学技术与人类生活的相互关系。《福建省幼儿园教师教育用书 领域活动指导》科学部分活动的编写很好地贯彻了这种精神。

（二）幼儿园科学教育学科知识内容范围的分类

幼儿园的科学教育是引导幼儿主动探索的过程，其内容丰富，范围广泛，涵盖了社会、自然、卫生等有关幼儿周围世界的各方面知识。前面已经提过，幼儿园科学教育的目标包括知识目标、情感目标、能力目标，因此，科学教育内容的范围自然也包括这三个方面的内容。本处讲的幼儿园科学教育内容范围指的是科学领域知识层面的内容。有关人类社会的一般知识，从广义上讲，都是幼儿园科学教育的内容之一。关于周围物质世界的科学知识、有关人的身体和健康的一般知识，都是幼儿园科学教育的内容范围。

不同的教材，不同的作者或教师，对科学教育内容范围的分类不同。根据《纲要》对科学领域的内容与要求的规定以及幼儿园科学教育的基本特点，结合当前幼儿园科学教育活动的开展情况，我们把幼儿园科学教育的主要内容大致分为人体、生态与环境、自然科学现象、科学技术等四个方面的内容。

一是人体方面内容，主要包括人体与健康、人体的结构和功能、人的生理和心理活动、人体的生长和衰老、身体的自我保护、人口问题等。

---

① 张俊. 幼儿园科学教育. 北京：人民教育出版社. 2004：96-101.

二是生态与环境方面内容，主要包括介绍不同季节见到的动植物及它们的生存条件；展现动物与植物、动物与动物、植物与植物的关系；展现人类与环境的关系；展现动物与环境的关系等。

三是自然科学现象内容，主要包括介绍自然界常见的自然科学现象（天文、地质、气候和季节、物理、化学等现象）；展现自然科学现象与人类、动植物的关系等。

四是科学技术方面内容，主要包括介绍家庭生活中的科技产品及其功能；介绍社会生活中的科技产品及其与人们生活的关系；介绍著名的科学家等。

当前幼儿园科学教育的内容主要包括以上四方面的内容，现结合一些省份的幼儿园教师用书，本书将幼儿园科学教育的内容范围分为四个部分。

1. 人体

探索、研究人体是生命科学的重要内容，也是科学教育内容的重要组成部分。幼儿对人体的探索，既是满足自身好奇心的需要，也是健康教育的需要。它能使儿童获得对自己身体的认识，以及有关的人体科学和健康知识，对于保护幼儿的身体安全和身心健康都是非常必要的。这也为幼儿奠定了科学自然观的基础。对自己身体的认识和探索，是对世界的认识和探索的一部分。

幼儿可以学习的有关的人体与健康的科学内容包括：

人体的结构、功能及保护。如人体的整体结构、外部结构、人体内部器官等内容。主要是向幼儿介绍人体的基本结构和功能，以及怎样保护自己的身体。

个体的生命过程（生长、发育和衰老）。主要内容包括个体生长发育的环境与条件、观察生命的成长过程、懂得生命的宝贵及对生命的保护措施等。

经典案例

大班科学活动：挺起胸来，直起背[①]

大班科学活动"挺起胸来，直起背"从故事主人公小彬不正确的坐姿引入活动，提出问题"不正确的坐姿会有什么后果？"引发幼儿关注到人体骨骼的位置、大小、数量、特征等；通过观察图标让幼儿知道：小朋友的骨头每时每刻都在不停地生长，从来不休息，直到它完全发育为止。最后，和幼儿一起讨论如何保护我们的骨骼，了解食物、运动和睡眠对骨骼生长的作用。该活动是基于"身体的秘密"主题活动，由于幼儿已经对身体有了一定的认识，大班幼儿不再满足于对身体外在的认识，而关注到人体的内部结构和一些生理变化。因此，该活动能够让幼儿对人体奥秘感兴趣，增进对人体探究的欲望。

---

2. 生态与环境

当前的幼儿园科学教育内容呈现了以人为中心、以"生态"和"科技"为载体的内容体系特征。具体地说，它强调人与动植物、人与环境以及科学技术与人类生活的相互关系。在这里，又可

---

① 陈炜．幼小衔接期幼儿园科学活动设计与实施［M］．上海：复旦大学出版社，2017：74-97.

以细分为动物、植物、环境保护等内容。包括无生命物质、动植物、微生物与人类的关系；动物与植物、动植物与微生物、动物与动物、植物与植物、无生命物质与有生命物质等的相互关系，以及幼儿关心、爱护周围环境的态度、行为和方法。

在幼儿园科学教育中，生态与环境教育的重点是动植物和环境保护教育。

经典案例

花宝宝的朋友是谁？[①]

种植园地中孩子们种的黄瓜终于开花了，每次经过，孩子们都会发现黄瓜园里蝴蝶飞舞，"哇，太美了！"可是每次小朋友们一走近，蝴蝶们全都被吓跑了。最后孩子们商量决定：每次只请一个孩子观察，动作要轻，不能把蝴蝶吓跑。金金第一个走进去观察，只见金金用放大镜对着一朵停有蝴蝶的花观察了很久，然后发现"有一朵花不停地有蝴蝶飞上去，可是旁边的花却没有，是不是旁边的花里面没有蜜，蝴蝶不喜欢？"

老师及时捕捉到幼儿的这个问题，引导幼儿观察蝴蝶停留的花朵有哪些不同。最后幼儿观察到蝴蝶喜欢的花后面有个胖胖粗粗的绿色"小手指"，而蝴蝶不喜欢的花后面没有。为了探究花和蝴蝶的态度之间的关联，教师把新发现告诉了其他幼儿，发动大家一起收集资料，寻找答案。最终发现花朵后面有"小手指"的是黄瓜的雌花，雌花内有蜜囊，会吸引蝴蝶传播花粉。经过8天的观察记录，孩子们最终发现雌花后面慢慢长出了黄瓜，而雄花后面则什么也没有。孩子们又请教了技术指导李博士，原来蝴蝶的作用是传播花粉，授粉后的雌花才能长出黄瓜来，看来它真是黄瓜花宝宝最重要的朋友呀。

当幼儿意识到自己的行为会吓跑蝴蝶时，会想办法去改变自己的行为，让蝴蝶重回黄瓜园地，而不是随意打扰动物的生存活动，体现了幼儿对动物行为的尊重和对动植物的爱护。幼儿在种植黄瓜的过程中，关注到了蝴蝶与黄瓜之间可能存在的关系，于是通过假设、细致观察、查阅资料等方式，最终了解到蝴蝶对黄瓜繁殖的重要作用，充分意识到环境中动物与植物的密切关联。

3. 自然科学现象

自然科学现象将深奥的科学概念和原理以具体形象的形式呈现在幼儿面前，符合幼儿的认知特点，它们就发生在幼儿的身边，激发幼儿去探索和了解。幼儿可以探索的有关自然科学现象内容包括幼儿常见的自然现象（天文、地质、气候和季节、物理、化学等现象）及其与人类、动植物的关系。

在幼儿园科学教育中，自然科学现象的重点内容是气候、季节与常见的物理、化学现象。

请扫码阅读纪录片《幼儿园》"抓空气"的片段，看教师是如何呈现"空气"的。（见本书第10页视频）

① 戈柔，王明珠. 幼儿园科学探究故事20例 [M]. 北京：中国轻工业出版社，2015：138-141.

水龙头里的水是热的

入冬以来气温骤降，冷风阵阵，孩子们来园都穿上了厚厚的棉外套，即便这样，孩子们的小手还是冷冰冰的。幼儿园里没有取暖设备，老师和孩子们一起跺着脚、搓着手，一边取暖一边感受师幼互动的乐趣。骏烨是今天的值日生，他头一个进入盥洗室取早餐用的桌布。生活老师陈老师说："骏烨，到幼儿园先洗手。"骏烨走到洗手台边，拧开水龙头，伸手接水，他惊讶地发现"水是热的！"陈老师正好走了出去没有听到，骏烨关上水龙头跑出去向大家报告他的新发现："老师，水是热的！"王老师说："哪里的水是热的？""水龙头里的水。"骏烨说道。王老师疑惑："自然水管的水怎么会是热的呢？"于是，她和骏烨一起走进盥洗室，打开水龙头，发现水确实温温的，这时她明白了，因为双手的温度太低，当手温低于水温时，就会感觉到水是热的。原来骏烨真的没有说谎！

于是，王老师设计了一个小实验，向幼儿出示三个杯子，杯中有高、中、低三种不同水温的水（高温不大于50度），她先让幼儿把双手伸到高温和低温的水中，再同时伸到中温水中，孩子会感觉到两手的温感是不同的。教师很好地利用了这一教育契机，让幼儿通过直接感知的方式了解到温度感觉在不同情况下是有差异的，不能单凭感觉判断水温的高低。

4. 科学技术

幼儿的科学技术教育是初步的，其内容是粗浅的，以培养兴趣为重点，以生活中的应用为主要特点。其具体内容包括：幼儿生活中常见的科技产品及其对人类的影响、科技产品的发展、使用简单的工具、简单的科技小制作、熟悉的科学家的故事等。

在幼儿园科学教育中，科学技术教育的重点内容是材料、工具和科技产品。

好玩的齿轮①

生活中转动的现象无处不在。孩子们每天都会发现各种会旋转的物体，如滚动的车轮、美丽的漩涡、转个不停的陀螺等。各种各样的转动不仅吸引了孩子们关注的目光，也引来了他们无尽的好奇和遐想。在幼儿园里，孩子们发现了大水车，看到链条带动齿轮转动，使小水桶里的水洒下来，孩子们感到好奇："它们是怎样转动的？""为什么小水车里的水自己会洒出来？"在科学探索厅里，孩子们发现齿轮组合玩具中的大齿轮会带动小齿

---

① 王凤新．幼儿园主题式科学探究课程［M］．北京：中国农业出版社，2020：123-124．

轮转动。"为什么有的齿轮往同一个方向转动，有的齿轮却往不同的方向转动呢?""小齿轮转动的时候，链条也会跟着转动呀!""一个齿轮能带动很多齿轮转动呢!"孩子们纷纷感叹齿轮玩具的神奇。

为了进一步关注幼儿对各种转动现象的兴趣，了解其中的奥秘，体验探究的乐趣，我们将与孩子们一起走进"好玩的齿轮"主题活动，共同经历有趣的转动之旅。主题活动中，我们设计了"齿轮在哪里""齿轮的秘密""齿轮连接挑战赛"等内容。首先，请孩子们在幼儿园和生活中找一找哪些是齿轮玩具，在玩的过程中发现齿轮的作用。之后，再进一步探索发现关于齿轮的更多秘密。最后，我们将开展亲子制作活动，让孩子和爸爸、妈妈一起制作有趣的齿轮玩具，并在生活中进行"齿轮连接挑战赛"，促进幼儿熟练掌握齿轮连接的方法。"好玩的齿轮"主题活动能充分调动孩子们的求知欲与探索欲，有助于幼儿对生活中常见的现象进行观察和探索，从而让幼儿发现"生活处处是科学"。

（三）选择幼儿园科学教育内容的要求

无论什么样的教育，教育内容都是必不可少的基本要素。面对纷繁复杂的教育内容，如何进行选择、取舍和加工，这就需要教师根据学科特点、幼儿发展水平、教育目标以及本地本园实际情况来组织教育内容。根据科学教育的特点、幼儿认知发展特点，在科学领域教育内容的选择上，要注意以下几个方面的要求。

1. 科学性和启蒙性

幼儿的科学带有更多的直觉和情感色彩，是寓于生活中的科学。因此，科学性和启蒙性是幼儿科学领域教育内容选择的首要要求。

所谓科学性是指幼儿科学领域教育的内容应符合科学原理，不违背科学事实。在幼儿园科学教育的过程中，教师从教育活动计划的设计、内容方法的选择，到具体的贯彻实施、成果的评价等方方面面，都必须符合科学的原则。所谓启蒙性则是指幼儿科学领域教育内容应是粗浅的，而不是系统的科学知识，内容应是激发幼儿好奇心和科学探索、启示幼儿科学学习的媒介，不能超越幼儿的发展水平和理解能力。

知识链接

在幼儿生活中随处可见到各种电器，电是幼儿生活必不可少的能源。但是由于电有危险性，电学原理具有一定的抽象性，不符合幼儿的年龄特点，因此，电学现象对于学前阶段的幼儿来说能够学习的内容十分有限。我们不可能让幼儿去探究电流的产生是因为电荷的移动，也无必要让幼儿了解电磁发电的过程。比较适宜探究的内容主要包括物体的导电性；了解电池的正负极并学会正确安装；能够组装简单的电路；正确安全地使用家用电器；了解电的危害，远离高压电等。

2. 广泛性、多样性和代表性

广泛性、多样性指的是我们选择的幼儿园科学教育内容要尽量涉及多个方面，内容要多种多样，确保教育活动让幼儿获得广泛的科学经验；代表性指的是选择的内容要能典型地反映某领域的基本知识结构。前者要求内容不仅仅局限于某一个或几个方面，从而让幼儿认识到世界的多样性和多变性，帮助他们积累丰富多样的科学经验；后者要求教育内容具有该内容所在领域的典型特征，从而为幼儿今后系统学习这一领域的科学知识打下基础。

微视频：
巧妇难为
无米之炊——
学前儿童
科学教育的
内容选择

例如在了解动物的多样性时，应包括哺乳动物、鸟类、鱼类、两栖动物、昆虫等类型，能够帮助幼儿了解动物在外形特征、生活习性、简单行为和生长变化规律等方面的差异，还应从中选取有代表性的动物，如鸟类里常见的鸡、鸽子、燕子、白鹭等具有鸟类的典型特征，更容易让幼儿概括出鸟类的共同点，认识到鸟类和其他动物的本质区别。

3. 地方性和季节性

地方性和季节性是指幼儿园科学教育内容的选择应结合当地的自然条件和季节特点，做到因地、因时制宜。也就是说，教师应该选择具有鲜明地方特色和季节特点的内容来开展幼儿园科学教育。因此，要根据当地的特点选择科学教育的内容，编制一些乡土教材或园本教材，以保证幼儿直接感受到本地区的特点。这与选择本地或乡土以外的有关内容并不矛盾。

我国南北差异明显、四季分明，应根据地域和季节变化开展科学活动，如南方的幼儿园在夏季易受台风的侵扰，适宜做"台风"主题活动；北方的幼儿园冬季会下雪，适宜做"雪"主题的探究；东部地区临海，水资源和海产品丰富，适宜做"鱼类"相关主题活动；西部多高原、山地、沙漠，水资源缺乏，可以做"生态环保"相关主题活动。同时，还应考虑城乡差异、民族特色等需求，选择幼儿熟悉、感兴趣的内容。

4. 时代性和传统性

幼儿园科学教育内容既要体现现代科学技术的发展，又要体现传统文化的特色。坚持这一要求，才能使幼儿园科学教育内容在适应时代变化的同时，又发扬光大民族优秀文化传统。比如，通讯方式，以前没有出现手机的情况下，自然更多地涉及传统的技术，最多涉及电报。现在有了高科技，5G 手机、蓝牙等新技术新产品可以进入幼儿园科学教育的内容中。

二、幼儿园科学教育内容的选编方法

幼儿园科学教育内容范畴选定以后，就必须着手对科学教育内容以一定的逻辑进行合理的设计，教师可以采用以下几种设计策略：

Note

（一）以知识的自身体系为范畴进行选编

以知识的自身体系为范畴进行设计，即围绕某个基本概念或某个知识体系进行扩展和延伸。可以按照由近及远、由浅入深系统地编排。所谓由近及远是指从幼儿身边较为熟悉的内容开始，逐渐延伸至幼儿感兴趣但与生活较远的内容。由浅入深是指从内容的难度按照由易到难的顺序进行编排，体现内容组织的递进性和前后关联性。例如，围绕"桥"这一概念可设计出桥的特征、桥的形态变化、桥的承重实验等一系列内容。以"神奇的植物"为例展示该主题相关的核心经验、内容及活动名称（见表2-2-1）。

表 2-2-1　"神奇的植物"主题相关经验、内容及活动

核心经验	内容	活动名称
观察树叶的外部特征和构造	了解每片叶子的大小、形状、叶脉纹路都是不同的	叶脉拓印
了解植物生长发育的条件	不同光照下植物生长情况不同	遮光实验
了解植物各部分的作用	植物的茎能够输送水分和养料	茎脉传递
植物对环境的反应	植物有趋光性	植物的向光运动

（二）根据事物之间的横向联系进行选编

根据事物之间的横向联系进行设计，即借助事物现象之间潜在的联系来引导幼儿认识自然界的一些基本规律。例如，可设计"奇妙的玻璃""有趣的镜子""不同的纸不同的用处"等，使幼儿初步知道世界万物是相互联系的、相互依存、互为因果、共同发展的。在中班科学活动"多种多样的镜子"中，教师准备了凹透镜、凸透镜、多棱镜、平面镜等，又让幼儿在生活中收集了很多镜子，如老花镜、汽车倒视镜、望远镜、潜望镜等，在活动中观察各种镜子的不同，发现镜子中成像不一样，结合生活感知镜子的不同作用。

（三）以事物纵向发展和变化或者以时间为主线进行选编

以事物纵向发展和变化或者以时间为主线进行设计。例如"灯的演变""纸的过去和今天""桥与路的发展"等就是抓住时间线索（过去、现在和将来）来设计的。幼儿园科学教育内容的季节性特点，决定了以季节为主线选编幼儿园科学教育内容，这是非常常见的。它是以认识春夏秋冬四季为主线，将科学教育中有关的内容集中编排的。其主要内容有季节、常见动物、常见植物、自然现象、人们的生活与卫生等。

（四）以单元形式将相关内容自然地组合到一起进行选编

以单元的形式将一些相关的内容自然地组合到一起进行设计，从幼儿日常活动中挖掘有利因素进行设计。幼儿的日常生活中其实蕴含着丰富的科学教育因素，但往往被人们忽略。只要留意观察，注意收集，定会有所收获。采用单元形式进行选编是将幼儿园三个学年的科学内容编排成若干个单元，每个单元从内容到形式都注重体现知识的系统性与幼儿发展的连续性。每个单元又突出一个重点，围绕这个重点设计多种活动内容和形式。这也是常见的选编形式。《福建省幼儿园教师教

育用书 领域活动指导》中的内容大多是以这种方式编排的，如小班下册的"瓶瓶罐罐"、中班下册的"快乐厨房"、大班下册的"变废为宝"等。

实训操练

参观幼儿园，了解各班主题活动设计来源及主题网络图的绘制（参考图 2-2-1），评析该班主题网络图的绘制情况。

图 2-2-1　中班主题网络图"有趣的声音"

课外拓展

同学们在学习时，除了关注国内教育政策及动态外，也要关注国外教育的发展情况。《2061 计划》是美国科学促进协会的一项长期计划，其目的在于根据 K-12 教育系统的改革，使所有的学生都具备科学素养。《2061 计划》对科学教育目标的定位，是通过对中小学生进行科学教育，使科学素养成为未来美国公民的一种内在品质。从美国科学教育的具体内容以及基本要求来看，美国的科学教育的价值取向表现为"素质本位"。请扫码阅读《2061 计划》简介资料，对比美国科学教育目标、价值取向与我国学前儿童科学教育目标、价值取向的异同。

《2061 计划》
简介

真题再现

1. 教师在区角中投放了多种发声玩具，小班幼儿在摆弄这些玩具时（　　　）。

A. 能概括不同声音产生的条件　　　　　　B. 对声音产生兴趣，感受不同的声音

C. 能描述出玩具是怎么发声的　　　　　　D. 能描述不同玩具发声特点

Note

过关练习

1. 让城市的儿童认识压路机，让农村的儿童认识拖拉机，这样的考虑体现了科学教育内容的（　　）。

A. 科学性要求
B. 广泛性要求
C. 地方性要求
D. 时代性要求

本节参考
答案与解释

2. 高铁和动车成了人们出行的快捷方式，幼儿园教师将"咣哧咣哧的火车"主题活动改成了"高铁开在家门口"，这一改变体现了科学教育内容的（　　）。

A. 科学性要求
B. 广泛性要求
C. 地方性要求
D. 时代性要求

3. 没有体现"动植物和人类关系"的教育内容是（　　）。

A. 认识生活中的各种竹制品
B. 参观奶牛场
C. 了解动物的生活习性
D. 了解动物园中的人工喂养

第三章　幼儿园科学教育的原则与方法

▶ **学习目标**

1. 理解和掌握开展幼儿园科学教育的基本原则。
2. 掌握并灵活应用学前儿童科学学习的基本方法。
3. 掌握幼儿园教师开展科学教育的教学方法。
4. 能应用幼儿园科学教育的原则与方法分析科学教育活动。

核心知识

幼儿园科学教育原则、幼儿学科学的具体方法、幼儿园教师开展科学教育的教学方法。

本章导学

本章概要

对幼儿进行科学教育，是引导和帮助幼儿懂得初步的自然科学、社会科学与思维科学的知识。在对幼儿进行科学教育的过程中，实施科学的教育可以使幼儿科学教育取得理想的效果；如果忽视科学的教育，则可能会事倍功半，甚至事与愿违。因此，对幼儿实施科学的教育，必须掌握一些基本的教育原则。对幼儿实施科学教育的基本原则有"科学教育要凸显教师主导作用和幼儿主体地位""灵活采用不同的组织形式和活动方法""整合与渗透其他领域教育活动和幼儿园一日生活"及"家、园、社区共育形成科学教育的最大合力"。

《3～6岁儿童学习与发展指南》特别强调科学探究的重要性，指出"幼儿的思维特点是以具体形象思维为主，应注重引导幼儿通过直接感知、亲身体验和实际操作进行科学学习，不应为追求知识和技能的掌握，对幼儿进行灌输和强化训练。"在确定了相应的教育内容后，采取适当的方法开展科学教育活动尤为重要。在实施幼儿园科学教育活动过程中，幼儿科学学习的方法是多种多样的。本章介绍了幼儿进行科学探索的方法，有观察、科学小实验、劳动、分类、信息交流、科学制作与科学游戏、早期科学阅读、电教多媒体等；教师开展幼儿园科学教育"教"的方法主要有直观形象法、语言传递法、操作练习法、游戏化方法、荣誉鼓励法等。

案例导入

　　某幼儿园承接了高校学前教育专业学生的毕业实习工作，在期末实习生的公开课展示活动中，其中一位实习生组织的活动名称为：中班科学活动"叶子里面有什么"。该活动的大致流程是"幼儿带上自己和家长一起收集的各种各样的叶子→将叶子放进小苏打水中并观察煮叶子的情况→教师引导幼儿用小牙刷刷掉叶肉再对叶子的叶脉进行观察"。最终，全班只有一名幼儿成功地刷掉了叶肉……这个活动到底出了什么问题？幼儿园科学教育活动应当遵循什么样的原则？应该采用何种教育教学方法才能更好地使活动得以践行，才能更好地推动活动开展，才能更好地提高幼儿的科学探究能力、培养幼儿的探究精神和探究兴趣呢？

　　在很多学科教学中，都会见到原则或方法这个必不可少的内容。所谓原则，就是要遵循的基本要求。作为要求，可多可少，没有一个标准。因此，我们在不同幼儿教育教材或专著中，看到要遵循的原则，有的书上写得很多，多达七八条原则甚至更多；有的则写得很少，就三四条原则。本章说的方法，主要指的是与教师的"教"有关的方法以及与幼儿的"学"有关的方法，统称为教育方法或教学方法。与原则一样，有的教材或专著涉及的方法多达十几种。无论是原则还是方法，本章均针对业界普遍认可的观点，选择部分内容进行阐述。

第一节　幼儿园开展科学教育的原则

幼儿园开展科学教育的原则，是指幼儿教师在设计和组织幼儿科学教育互动中应遵循的最基本的要求。只有按照科学的教育原则去设计和组织幼儿园的科学教育活动，才能使其有效、顺利地进行，从而取得预期的教育教学效果以更好地促进幼儿健康的成长。

在设计和组织幼儿园科学教育活动时，应该要遵循以下几条基本的原则。

一、科学教育要凸显教师主导作用和幼儿主体地位

对幼儿进行科学教育的前提是准确把握其发展的特点和现状，在活动之前还要善于激发幼儿的学习兴趣和动机。而这些都离不开幼儿教师的积极引导和幼儿的积极探索，因而离不开教师的主导和幼儿的主体作用。

（一）直接指导中教师的主导和幼儿主体地位

在教育领域，教师的主导作用和幼儿的主体地位并不是矛盾的，而是统一在教育的过程中。发挥教师的主导作用主要体现在活动开展前教师对活动的选择、设计，活动中的组织与指导以及对活动的评价等。这里重点谈谈教师在活动中的指导问题。科学领域的教育离不开教师的指导，包括教师的直接指导和间接指导。直接指导是指教师用直接的方法教给幼儿科学知识、科学方法和技能以及基本的行为规则。在直接指导中，教师可以直接告诉幼儿一些知识、方法或原理等，"告诉"这种指导方法的运用大多限于幼儿无法通过自己的探索获得、但又很重要的知识，比如概念、规则等。还有一些幼儿虽然也可以自己探索发现，但花费的时间可能很长，耗费的精力相对较大，甚至幼儿长时间得不到成功的体验。这样的情形下，教师也可以采用直接指导，以提高科学活动的效益。

在直接指导的过程中，教师可以对幼儿提出要求，讲解和示范某些知识技能，或给予一定的帮助。这种方式可以使幼儿较快地掌握所学内容或者明白该怎样做。如什么样的东西滚得快，怎样让东西滚得快，教师可以直接告诉幼儿影响物体滚动速度的几个因素。如物体越圆滚得越快，物体表面以及物体滚动所接触的面越光滑、物体滚动的面坡度越大，则物体滚得越快。如果让幼儿自行探索，幼儿可能要经过很长一段时间和试用过很多材料后，才逐渐明白影响物体滚动速度的几方面的因素。当然，如时间充足、材料丰富，可以先让幼儿自己尝试，教师根据影响滚速的不同因素让幼儿分组尝试，最后由教师提升幼儿的经验，总结规律，幼儿会记得更牢，印象更深刻。这样做，实质上既有直接指导，又有间接指导。

（二）间接指导中教师的主导和幼儿主体地位

间接指导是指教师为幼儿提供科学活动的机会和条件，包括丰富的材料、充足的空间、充裕的时间，让他们通过自己的探索得出结论。教师的间接指导，以幼儿自主活动为前提，在幼儿需要帮助时，给予必要的指正和启发。教师可以置身于幼儿的活动环境之中，但并非自始至终和他们一起活动，而是在他们周围进行周密观察，在其需要和教师认为必要时，以角色的身份给予指点，使幼儿及时得到指示和引导。

间接指导方式是教师通过一定的中介物，将教育意图传递给幼儿，幼儿通过与中介物的相互作用来完成教育过程的一种教学方式。

经典案例

争当环保小卫士

活动一：让幼儿为两盆花浇水，一盆浇清水，一盆浇污水（加入洗洁精或洗衣粉的水）。过了两周后，可明显看到，浇污水的那盆花枯死了。

活动二：幼儿认识了水污染给动植物带来的危害之后，开始搜集一些破坏环境的行为、图片资料，在日常生活中进行观察，把观察到的现象请爸爸妈妈帮助记录下来，再把搜集来的资料带到幼儿园，大家一起讨论，认识到乱丢垃圾、随地吐痰、乱砍树木、捕杀益虫等都是破坏环境的行为。更为严重的还有，汽车尾气的排放污染空气，工厂排放污水污染庄稼、河水，使鱼虾中毒死亡，人喝了有毒的河水或食用死亡的鱼虾后，会造成严重的惨剧等。

上述活动中，教师并没有直接参与，而是在互动过程中，将直接作用转给了中介物——家长、社会和物质材料，幼儿通过与中介物的相互作用获得知识，增长技能。但是，教师并没有袖手旁观，也不是没有"动"，而是提出目标和要求，间接地影响互动过程。教师给了幼儿更大的自主权，使每个幼儿都能获得充分展现自己的机会，调动了其积极性、主动性。可以肯定地说，间接指导方式是实现师生良好互动的好方法。

（三）教师的主导和幼儿主体地位的意义

教师的指导与幼儿的自主探索并不矛盾。教师的指导可以发挥教师的主导作用，使幼儿的科学活动更具有教育意义，活动更具有指向性、目标性。通过教师的指导，幼儿在科学领域教育中收获更大，获得的有益经验更多，得到的体验更深刻，更容易获得成功的体验，能够更快取得积极的结果。直接指导在帮助幼儿迅速获得有价值的学习结果方面效果更显著；而间接指导可以使幼儿充分发挥活动中的主体性，自主探索，在探索的过程中得到满足，更能激发幼儿的内在学习动机。教师在指导幼儿科学活动时，应视具体情况灵活运用不同的指导方式。下面摘录一位教师的教学案例。

（四）经典案例分析

在区域活动中，幼儿不仅与教师、环境产生互动关系，幼儿间也发生着各种互动交流。这样的交流很多时候具有积极的作用，有益于幼儿的自我成长。如《插雪花片》案例中，田馨在插圆时有一些困难，一旁的王可便善意指出她的错误并欲直接帮她插，而田馨却执意要自己来完成，热心的王可只好不时地提醒她。教师在此过程中，除了关注，没有任何介入。

该教师当时采取的策略是保持沉默。如果教师在田馨表示"雪花片插不进去"时介入，幼儿往往会听教师的；王可给她提了建议，但田馨对于同伴的意见却没有采纳。这是因为幼儿之间的交流与师生之间的交流有所不同。幼儿间的关系是一种平等的关系，容易使他们毫无拘束、自由自在地交流、讨论。在这样的交流中，幼儿既随意，又可以保持自己的一份独立自主，并且幼儿间交流所用的语言是彼此间最能理解的语言。这样的交流和行为所具有的效果是教师的直接指导和引导（间接指导）所无法达到的。在这里，教师很好地处理了教师的指导与幼儿的自主探索、教师的直接指导与间接指导的关系。

> **经典案例**
>
> ### 插雪花片
>
> 在结构区里插雪花片，这是孩子们自由发挥的愉快活动。孩子们有的三五成群地活动，有的一个人专心地插着自己的小玩意儿。田馨（化名）和王可（化名）两个人在一起玩，王可还不时地与田馨交谈着。我在一边观察：原来田馨还不会插圆形。
>
> 王可：你的圆圈一点儿都不圆。
>
> 田馨：我就是插不进去。
>
> 我压制着自己"教"的冲动，听着他们的谈话。
>
> 王可：我来帮你插，这里要转弯的。
>
> 田馨：让我自己来。
>
> 这次，田馨在插的过程中，把王可已经插好的一个圆圈拿了过来，垫在自己的圆圈下面比试着。"你要做得和我的一样圆。"王可不时地提醒着，宛如一个小老师。
>
> 我悄悄地离开了。
>
> （案例来源：南京浦口实小幼儿园叶欣芯）

二、灵活采用不同的组织形式和活动方法

在一线幼儿园的科学教育活动中，往往会采用多种的组织方式和活动方法。这其中的价值和意义何在？

（一）灵活采用不同组织形式

在幼儿教育活动中，最常见的组织形式不外乎集体活动、小组活动和个人活动（从教师的角度可以理解为集体教学、小组教学、个别教学[①]）。三种组织形式各有其优缺点，因此，开展教育活动时，三种组织形式都要兼顾。科学教育也一样，在实践中，教师可以根据教学的需要、幼儿发展水平等情况，灵活选用或结合使用不同的组织形式来开展科学教育活动，且不同的组织形式也可以随时转换。

（二）灵活使用各类活动方法

在开展幼儿园科学教育活动时，要采取多种多样的活动类型，如集中教育活动、生活活动、游戏活动，在教学方法上可以采用观察、实验、操作、游戏、比赛等多种手段，通过听、看、说、做、画、演、记录等多种活动，让科学活动的效果更加显著。

三、整合与渗透其他领域教育活动和幼儿园一日生活

就整合性而言，一方面，科学教育的各部分内容要有机整合在一起，例如"四季的变化"，可将四季变化与动物、植物及人类的活动等各方面的内容有机结合；另一方面，还应挖掘内容，将科学教育同其他领域的内容有机结合起来。

（一）领域间相互渗透并整合幼儿园一日生活

幼儿教育是一种全面的教育，科学教育与其他领域教育共同构成一个整体。科学教育的内容相当广泛，很多内容与其他领域的教育有联系，其他领域的教育也可以有机渗透科学教育。如可以利用美术、音乐等艺术活动形式将科学教育的内容表达出来，健康领域中"人体的健康发育"也跟科学有关，社会领域中"爱护环境、节约资源"等也与科学紧密联系。在幼儿园的一日生活中，如晨间活动、进餐、入睡、盥洗、散步等环节也都可以渗透科学教育的内容。教师平常在组织科学教育活动时，要有意识地将其与各种领域教育活动相结合，同时在幼儿园一日生活各环节中有机渗透科学教育。

（二）科学教育活动渗透其他领域实例

下面选取两个案例，一个是教师利用科学教育活动渗透艺术教育活动，另一个是教师利用晨间活动的机会有机渗透科学教育内容。

---

① 严格地说，这两者含义不同，这里就不再作细致划分，也可笼统称为集体教学活动。

经典案例

不倒翁的秘密

在中班科学活动"不倒翁的秘密"中，教师把探究不倒翁的秘密与手工制作不倒翁进行整合。幼儿要想制作出不倒翁，就得在感知的基础上概括出不倒翁的外形特征，并进一步探究其不倒的原因。这是一个逐渐认识事物本质、属性与规律的过程，是一个科学探究的过程。幼儿通过不断地摆弄、倾听、观察、假设、验证而探究出下重上轻的原理，又在手工制作中不断验证自己探究结果的正确性。其中既要求幼儿对不倒翁的形态进行分析与综合，以使造型合乎美的要求，又有对科学规律的分析综合。如果说对形态进行分析与综合侧重于形象思维，那么对于科学规律的分析与综合则更偏向于逻辑思维，这样的活动体现了科学与艺术的结合。

（案例来源：福州王庄幼儿园余敏）

晨间锻炼"滚轮胎"

教师在与幼儿共同活动时，要及时捕捉活动中的科学信息，引导幼儿关注活动中的科学现象，并探索寻找解决问题的方法。如在晨间锻炼"滚轮胎"活动中，教师在组织活动时，巧妙抓住科学教育的机会，并运用"问题链"来引导幼儿进行科学探索。刚开始，教师抛了一个问题给幼儿："怎样让轮胎滚起来"。幼儿自由探索出：滚轮胎的方法各种各样，有正面地向前推、有倒着托、有用力地推一下任其滚、有侧面站着两手交替着推，等等。总之，幼儿得出结论："只要顺着圆的方向用力，轮胎就会滚起来。"紧接着，教师抛出第二个问题："那怎样才能滚得快?"幼儿议论纷纷：有的说正面快，有的说侧面快。经统计，持两种观点的人数相当，后来大家讨论决定，采用比赛的方式（即验证法）进行验证。正面的一组，侧面的一组，结果发现侧面的一组更快，可幼儿又说道："侧面的一组男孩子多，男孩子有力量，所以侧面的一组快。"于是，教师又调整了比赛的每组男女人数，并进行第一次比赛。幼儿实验的结果是不一致的，有时侧面快，有时正面快。后来，就有幼儿提出自己用侧面滚和自己用正面滚来比一比，就知道到底用哪一面滚更快，还有的幼儿说："距离太短看不出来，应该把滚的距离拉长。"最后，经过多轮实验，幼儿得出侧面比较好滚的结论。可见，在具体的活动中渗透科学教育，可以使科学变得更具体、形象，幼儿也会觉得活动更有趣、更好玩，而且更具有挑战性。这样的活动，幼儿的兴趣更浓，积极性更高。

（案例来源：原南京军区福州实验幼儿园黄巧玲、周玫慧）

四、家、园、社区共育形成科学教育的最大合力

为让科学教育过程更加丰富多彩、灵活多样，以更好地促进幼儿的全面发展，幼儿园的科学教育与家庭、社区的科学教育要相互配合起来。

（一）家、园、社区三方合力

科学领域的教育不能只局限于幼儿园的教育，家庭和社会教育同样不可忽视。虽然本章节所述内容主要偏重幼儿园的科学领域教育，但是教师和家长要意识到社会和家庭是儿童学科学的重要场所。家庭科学教育和社会科学教育是幼儿园科学教育的重要补充，应该把这三方面的力量整合起来。教师在开展幼儿园科学教育活动时，可以把内容和范围延伸到家庭，延伸到社会，也可以把家庭、社会上的科学教育资源有效利用起来，发挥三种教育的合力作用。

（二）三方合力案例

幼儿园可根据教育需要，请家长主动参与幼儿园接触大自然、社会的活动。如春秋游、参观等活动。在教师指导后，家长根据教师的要求，一对一地与孩子共同活动，耐心细致地指导自己的孩子，能够给孩子带来许多有益的经验和丰富的想象。如福州市台江实验幼儿园在开展大班"秋天"主题系列活动中，教师请家长一起带幼儿到郊外观察田野，观赏秋天的丰收景象。又如，幼儿对恐龙感兴趣，生成了"恐龙"主题活动后，教师请家长在双休日带幼儿参观福州博物馆的恐龙化石并听取有关介绍，与幼儿共同探索恐龙的奥秘等。再如，在社会化生活活动中，家长、教师带幼儿到超市、医院、邮电局等场所购物、看病、寄信、参观，感受各行各业的活动和职业特点。

又如，某幼儿园在开展科学教育时，充分利用家庭这一教育资源，具体的做法是：在"家园联系栏"中设立"科学教育交流栏目"，定期张贴有关科学教育教研的介绍及科学教育的常识性问题介绍，及时展示科学教育的成果，争取得到家长的理解和支持；幼儿园发动科普知识丰富的家长（如理科教师、林业专业人员、医务工作者等）成立资源小组，帮助教师解决问题，并提供必要的帮助。据此，教师在开展科学教研活动的过程中，得到了家长的大力支持，家长积极帮助找寻资料，收集所需要的图片、资料、玩具等。幼儿园根据不同的内容组织不同的"家长资源团"，充分发挥家长的作用。如开展"亲亲泥土"区域活动时，教师了解到班上有位小朋友的爷爷很会编织稻草，就请他到"小精灵作坊"教小朋友编草绳，幼儿非常感兴趣。此外，教师还请家长带幼儿在自己家附近观察泥土，收集泥土。上述活动中，有机整合了幼儿园、家庭、社会三方面的力量，使科学教育活动的效益实现最大化。

实训操练

结合本章内容，尝试利用家庭、社会中幼儿科学教育资源，设计一次科学教育活动方案。

课外拓展

　　请扫码观看"大班科学活动：调皮的风"公开观摩活动，分析该活动的设计及实施过程体现了哪些科学教育活动的原则？举例分析。

大班科学活动：
调皮的风

过关练习

　　1. 科学领域的教育离不开教师的指导，包括教师的直接指导和（　　）。

　　A. 横向指导　　　　　　　　　　　B. 间接指导

　　C. 纵向指导　　　　　　　　　　　D. 行为指导

　　2. 小王老师在泥塑课上发现明明面对彩泥直挠头，不知如何操作。她便在一旁将彩泥搓条造型，明明很快便自己操作起来。该教师对幼儿的探索活动进行了（　　）。

　　A. 横向指导　　　　　　　　　　　B. 间接指导

　　C. 纵向指导　　　　　　　　　　　D. 行为指导

　　3. 什么是渗透科学教育？

本节参考
答案与解释

第二节　幼儿进行科学探索的具体方法

　　幼儿园科学教育的方法包括两种含义：一种是指教师在组织幼儿园科学教育活动时，指导幼儿进行科学学习的方法；另一种是指幼儿在科学活动中具体的学习方法。幼儿进行科学探索的一般方法有观察、科学小实验、劳动、分类、信息交流、科学制作与科学游戏、早期科学阅读、电教多媒体等。

一、观察

　　观察是一切科学活动的基础，没有观察，就没有科学。观察的方法可以使学前儿童在直接接触自然的过程中，运用多种感官直观、生动、具体地认识自然界的事物和规律，了解自然事物及其发生发展规律，提高其感官的综合活动能力，培养其运用感官探索周围环境的习惯，并为发展学前儿童的抽象思维能力、形成概念提供丰富的感性经验。因此，观察在科学教育中是最基本和最重要的方法，也是学前儿童学习科学的过程中经常运用的方法。

Note

（一）观察的含义及分类

观察作为一种感知活动，是指人脑通过感觉器官对客观对象的感知过程。通过观察，能够获得关于客观世界的各种经验认识。例如，观察对象中出现的事件或现象及其发生、发展、变化、运动的过程，有关物体的颜色、形状、大小、长短、厚薄、声音、气味、味道、软硬、冷热、轻重、表面光滑程度，等等。

观察作为一种认知方法，在人的一切实践领域中都有着广泛的应用。将观察作为一种认知方法运用于科学研究过程中，就是科学观察。科学观察是一种有目的、有计划、有步骤的感知活动。在科学研究中，可以运用观察方法获得关于观察对象的主观印象，它由观察者、观察对象、观察工具三个要素组成。观察工具被引入观察过程，使观察者与观察对象的关系变得更为复杂。人的感觉器官能够直接获得的关于观察对象的自然信息是有限的，我们可以利用工具来观察感觉器官难以感知或无法感知的现象，以便获取更多的信息。

观察记录也是科学观察的重要环节。观察过程中的环境条件、观测的数据、发现的新现象等，单凭大脑记忆是不够的，也记忆不准确，必须用文字、符号、表格等记录下来。

观察可以分为定性观察和定量观察。观察各种动植物的形态及各类物体的一般属性，如形状、颜色、气味、质地等；以及一些常见自然现象（包括实验现象）及其变化，如水的三态变化、物体的运动、生物的生长发育以及日月星辰的变化等，上述这些我们都可称为定性观察。用观察工具观察事物，以对事物的某种特征做出数量描述，如用温度计测定温度，用天平测量物体的重量，用尺子测定物体的长度，我们可称之为定量观察，也可以称之为观测或测量（也有人将测量单独分列）。这种定量观察（测量）大多是幼儿通过观察或运用简单的测量工具，对物体进行简单的、初级的测定。如在测量"大树到底有多粗"活动中，幼儿用毛线、绳子、手臂、皮筋、卷尺等不同的工具对大树进行测量，从而获得大树有多粗的经验。

（二）观察的作用

观察力是人们选择接受客观信息的能力，幼儿正处在生长发育的关键期，又有强烈的好奇心、旺盛的求知欲。对什么事情都想看一看、摸一摸、试一试，有着强烈的探索欲望。而幼儿是否具有良好的观察事物的能力，直接影响着他们所进行的活动。达尔文曾说过："我既没有突出的理解力，也没有过人的机智，只是在察觉那些稍纵即逝的事物，对其进行精细观察的能力，我可能在众人之上。"所以，我们要重视幼儿的观察，让幼儿在观察中寻找乐趣、发展能力。

（三）观察的方法

观察方法直接影响观察效果，幼儿如果掌握了有效的观察方法，其观察能力将得到极大提高。一般而言，随着幼儿年龄的增长，观察的内容会不断加深难度。如小班幼儿可以对各种蔬菜和水果进行观察、对有趣的西瓜虫进行观察；中班幼儿可以对可爱的小蚕宝宝、对有趣的蚕豆进行观察；大班幼儿则可以对纸的再生进行观察、对四季的变化进行观察。

根据观察对象的不同，按照由易到难的顺序，我们可以将观察分为三种类型：

1. 个别物体或现象的观察

对象为一个物体、一个科技产品或者是一种科学现象。教学目标是让幼儿运用多种感官进行观察，一般而言，这种类型在小班运用较多。

2. 比较观察

观察对象在两种及两种以上的物体、科技产品或科学现象，幼儿在观察的基础上进行比较，先比较不同，再比较相同，为学习分类等打下基础。简单的比较性观察在小班也能够进行，但通常在中、大班运用较为广泛。

3. 长期系统观察

有些自然科学现象的发生是一个长时间的过程，如动、植物的生长，季节的变化等，需要幼儿进行长期连续的、持久的观察。这类活动对幼儿观察的时间持久性要求比较高，一般和记录方法相结合，通常在中、大班开展此类活动。[①]

常用的观察方法有[②]：

（1）顺序观察法，即从上到下、从前到后、从左到右、从头到尾、从近到远等有顺序地进行观察，这样能使观察较全面、细致，不容易遗漏。例如，观察长颈鹿时，一般可从长颈鹿的头、身体、四肢到尾部依次观察，从而掌握长颈鹿的外形特征，进而观察其生活习性。

（2）典型特征观察法，即先观察最明显的特征，再过渡到一般特征。这样能很快激起幼儿的观察兴趣和积极性。例如，观察熊猫时，幼儿首先注意的是熊猫的外形特征和黑白对比明显的颜色，可以让幼儿先观察这些部分特征，然后再观察其他部分。

（3）分解观察法，即将较复杂的物体分成几个部分，逐一仔细观察，再综合起来了解全貌。如观察公交车，可让幼儿先看看公交车的外形，再分别看车头、车厢、车轮，搞清每部分都有些什么，有什么用，然后综合起来，对公交车有一个整体了解。

（4）比较观察法，即同时观察两种或两种以上的事物，比较其异同。这样可培养幼儿辨别、分析、概括等能力。如比较公交车与小轿车、鸡与鸭、生蛋与熟蛋、男孩与女孩等的异同。

（5）追踪观察法，即观察事物的发展变化过程。这样有助于培养幼儿了解事物之间的联系、转化、因果等的能力。例如，观察桃花从种子萌芽到生根、长茎叶、开花、结果等的过程。

（6）验证观察法，即观察相关的事物和验证相关的问题。如教师说红色颜料与蓝色颜料相混合就成为紫色颜料，教师的说法是否正确，幼儿通过验证就能明白。幼儿通过学习获得某方面知识时，教师可以鼓励幼儿不要轻易相信别人所说的或者书本上的知识，要敢于怀疑，敢于提出自己的想法，然后勇敢地去验证。验证观察法可以巩固已学过的知识，同时又可以学到许多新知识。

以上几种方法往往不是单独使用的，而是综合运用。

二、科学小实验

实验探究活动是幼儿园科学教育活动中最主要的形式之一，实验则是科学研究最主要的方法。科学小实验在幼儿教育中有着重要的意义，除了获得在知识、动作、技能、语言方面的学习能力以

① 夏立标，王永涛，周绍梅. 幼儿园科学教育活动指导［M］. 上海：同济大学出版社，2020：55.
② 高月梅，张泓. 幼儿心理学［M］. 杭州：浙江教育出版社，1993：147.

及勇于探索、勤于思考和集体协作等品质外，还能够帮助幼儿学习到更多科学实验的方法、学习科学的思维、形成科学实验的意识以及用实验方法探索世界的态度与习惯。

（一）科学小实验的概念

科学小实验是在人为控制条件下，利用一定的仪器、设备、材料，通过操纵变量来观测相应的现象和变化的方法。科学小实验活动就是根据这样的方法设计一些能使幼儿积极参加、动脑筋思考的活动，让幼儿在操作和探索中获得丰富的科学知识和经验。

（二）科学小实验的特点与作用

科学小实验是幼儿园科学教育活动的一个重要组成部分。一方面，小实验以其内容新颖、现象明显、趣味性浓、操作性强等特点，充分满足了幼儿的好奇心与探究欲望，深受幼儿的喜爱；另一方面，科学小实验活动中，幼儿通过对材料和物品的操作、观察、比较、分析等，从实验的过程和结果中发现或推断出事物之间的联系，因而，活动对幼儿有一定的挑战性。科学小实验往往是带有发现、探究或验证性的活动，如科学小实验"神奇的粉笔""种子发芽"等。科学小实验，丰富了幼儿的科学知识，拓宽了幼儿的眼界，满足了幼儿的好奇心，激发了幼儿的探索精神，而且培养了幼儿动手动脑实际操作的初步能力。

（三）科学小实验的种类

科学小实验就其内容来分，大致可以分为植物生长实验、动物实验、物理实验、化学实验这几类：

（1）植物生长实验。如种子发芽实验、植物开花实验、植物结果实验等。

认识常见的植物及其基本特征是幼儿认识生命体特征的重要经验之一。其中的一项关键经验是了解植物的生长周期与繁殖。通过植物生长实验，可以帮助幼儿了解植物的名称，感知和初步发现动植物的生长、变化的规律，学习用不同的方式进行记录（如数字、图表、照片等其他符号），交流并分享观察的有趣现象，进而体验其中的乐趣。

经典案例

中班"种子发芽"实验设计

将幼儿分组做种子发芽实验，给每组准备 4 个实验盆，分别编好号，然后由幼儿把谷种撒在实验盆里，每组将 1 号、2 号盆放点水（水盖住种子一部分），3 号盆放满水，用塑料布封住，4 号盆不放水。再将 1 号、3 号、4 号盆放到阳台上，2 号盆放在教室里，要求幼儿每天派人给 1 号、2 号盆浇水，并进行观察，看哪个盆里的秧苗长得好。到第三天，就有几个幼儿来告诉我，"谷子发芽了"。以后每天早晨、课间和游戏时间都有幼儿去观察。他们通过对每个实验盆种子发芽情况的观察、比较、分析、综合，最后都能得出种子发芽一定要有适宜的阳光、空气和水三个条件，缺少其中任何一个条件，种子都不能发芽的结论。幼儿通过做这个育秧小实验，懂得植物生长一定要有三个条件的科学道理。

（2）动物实验。如乌龟如何进食、蚕宝宝如何吐丝的实验。

小动物是幼儿所喜爱的。进行动物相关的一些实验探究，可以引导幼儿关注在日常生活中是如何利用动物，又是怎样保护动物的；引导幼儿发现动物们的生存环境、进食、运动方式，等等。

经典案例

小班科学实验"乌龟进食"活动设计

将幼儿分成几个小组，每个小组分发一个金鱼缸，每个金鱼缸里面放一只小乌龟。然后由幼儿把适量的龟食倒到金鱼缸中，观看里面小乌龟的进食情况，以及小乌龟食量的变化情况。幼儿通过对小乌龟的投食观察、比较，最后了解到小乌龟是用嘴直接咬住食物或者是撕裂成小块进食，且会借助水压的力量来将食物放进嘴里而进行食用的。

（3）物理实验。如摩擦起电实验、静电实验、磁铁实验等。

物理现象在日常生活中是十分常见的，如光、声音、力等物体和材料的形态、位置、变化条件等。通过物理小实验，引导幼儿探索发现各种物体的运动、常见的物理现象及产生的条件、影响因素等。

活动实录

大班科学活动：调皮的风

园所：厦门市海沧区海沧幼儿园佳鑫分园

执教教师：江凤玲

幼儿园指导教师：杨帆

福建幼儿师范高等专科学校指导教师：王先达

● **设计意图**

风在自然界无处不在，是常见的自然现象。但幼儿园阶段的孩子们平常对风的了解仅限于有风、没风等一般常识上。今年由于受到"莫兰蒂""鲇鱼"等台风的影响，孩子们对风的兴趣变得非常浓，不仅想去了解风是怎么形成的，而且希望知道台风为什么会这么可怕，等等。根据孩子们的兴趣，我设计了"调皮的风"这一科学探究活动，希望孩子们能通过身边随处可见的材料去探索、发现、制造风，同时以游戏的方式感知风速的不同，感受风力大小与物体的关系，借此了解自然现象，探究科学的奥秘。

"大班科学活动：调皮的风"公开观摩活动视频

● 活动目标

1. 能自主选用各种材料制造风，感知风的形成。

2. 了解风速的不同，感受风力大小与物体的关系，并进行记录。

3. 乐于探索风及风的形成，了解与体验风与人们的关系。

● 活动准备

1. 环境准备：设置"造风馆"情景。

2. 物质准备："调皮的风"课件、硬化板、布、纱、塑料袋、小盆、纸、报纸、小旗、风车等材料，气球若干。

3. 知识经验准备：知道空气的存在，体验过各种风，并能表达出自己的感受；会用自己喜欢的标记、符号来做记录。

● 活动过程

1. 情景导入。

教师播放风声，引起幼儿思考：风来了，风是怎么形成的？

2. 造风游戏——感知空气流动形成风。

（1）用身体造风。

请幼儿想出用身体各部位造风的方法，并让小旗、风车飘起来。

小结：身体的任何部位动起来，都会带动空气流动形成风。

（2）请幼儿用各种材料造风。

出示硬纸板、布、报纸、塑料袋、小盆等材料，请幼儿任意选择材料，尝试造出风来（鼓励幼儿尝试运用各种材料）。

小结：任何东西动起来，都会带动空气流动形成风。

3. 造风游戏——感知风力大小对物体的影响。

教师介绍新的游戏玩法，让幼儿感知风力大小对物体的影响，巩固幼儿对风的认识。

请幼儿们自主分组，每组 3 人，任意挑选一种工具尝试造风让物体移动，并记录。

小结：风吹不同的物体，重的物体需要很大的风力才能被吹动，轻的物体只要较小的风力就能被风吹动。

4. 观看 PPT，了解风与人们的关系。

（1）请幼儿说说风的好处与不利之处。

（2）结合 PPT，教师进行风与人们关系的小结。

● 延伸活动

1. 继续在幼儿园开展造风游戏。

2. 让幼儿回家与爸爸妈妈玩亲子造风游戏。

（此活动在福建省幼儿园教育活动观摩研讨会上公开展示）

（4）化学实验。如吹泡泡实验、神奇的粉笔实验。

在日常生活中，简单的、安全的、有趣而奇妙的化学现象较多，我们可以将这方面的内容纳入幼儿科学教育活动中来，引导幼儿去观察、去发现。

经典案例

科学小实验：吹泡泡

● 实验用品

铁丝、钳子、透明的塑料瓶子、吸管、水、甘油、肥皂、洗洁精、洗衣粉

● 实验操作

1. 分别用 3 个透明的塑料瓶子以 1∶10 和 1∶20 的比例将肥皂、洗衣粉、洗洁精溶于水中。

2. 用钳子把铁丝制成一个圈（圆的直径大约为 1 厘米）和多个圈（圆的直径在 2～4 毫米之间）的形状，每种 6 个。

3. 分别用吸管和铁丝制成的一个圈、多个圈在已制得的溶液中蘸一下，拿出来用口对着圆圈轻轻地吹一口气。所得泡泡的个数如表 3-2-1 所示。

表 3-2-1　"吹泡泡小实验"记录表

项目	不同材料和吹的泡泡（1∶10）			不同材料和吹的泡泡（1∶20）		
材料	肥皂	洗衣粉	洗洁精	肥皂	洗衣粉	洗洁精
一个圈	0 个	1 个	1 个	0 个	1～2 个	2～3 个
多个圈	0 个	0 个	2～3 个	0～1 个	1～2 个	7～8 个
吸管	1 个	1～2 个	1～3 个	0～1 个	2～3 个	7～10 个

4. 在 6 个瓶子中加入 3～4 滴的甘油搅匀。

5. 再次重复同上的做法，操作所得的结果同上表格，但吹出的泡泡所保持的时间更长久。

● 实验原理

肥皂、洗衣粉、洗洁精和甘油混合可以加强水的表面张力。

● 注意事项

1. 调配溶液要调匀。

2. 用铁丝制成的圈要整个都浸到溶液中后再拿出来。

3. 用铁丝制成的圈吹泡泡时嘴不要靠太近。

4. 用吸管吹时注意不能倒吸。

● **活动建议**

1. 可在幼儿园大、中、小班开设。

2. 本实验对比例要求不是很严格，因此在大班开设时可以让幼儿自己来调配溶液，且可让幼儿自己操作来发现：用哪一种溶液、怎么调配最好。

3. 在中班开设时可以先用洗洁精一种物品，且教师告诉幼儿怎么调配，也可让幼儿自己来调配或直接将调配好的溶液提供给幼儿。

4. 小班开设时教师应事先把溶液调配好，且最好不要用吸管以免幼儿倒吸。

5. 在大、中班开设时可以用吸管，但要告诉幼儿不能倒吸，同时大班的幼儿还可以用铁丝制成更多不同的形状，让幼儿在实验中探索它们吹出的泡泡有什么不同，用哪一种工具最好。

（案例来源：陈林妹、林孟英，指导教师：林晋）

三、劳动

劳动是一种独特的科学教育途径，是幼儿科学活动必不可少的内容。现代教育家陈鹤琴先生指出："幼稚园需要布置一个科学环境，尽可能地领导儿童栽培植物（花卉、菜蔬），布置园庭从事浇水、除草、收获种子等工作，并饲养动物……"

（一）劳动的含义

这里所说的劳动，不是我们通常所指的做卫生、值日等任务，特指与科学教育有关的劳动。幼儿园常见的劳动形式包括：

（1）种植：如在种植园地、自然角（或用盆子、箱子等）开展种植花卉、蔬菜和农作物等活动。

（2）饲养：如在饲养角里喂养和照管小动物或习性温顺的动物。

（3）协助成人的辅助劳动：如在厨房帮大人择菜、剥豆子等。

（二）幼儿劳动的特点与意义

种植和饲养是幼儿学习科学的一项重要实践活动，也是他们探索生命科学的重要方法。它包括播种、管理、收获等种植活动和喂养、照料等饲养活动，是幼儿感兴趣和喜爱的活动。幼儿的种植和饲养活动不同于成人的农业生产，在幼儿种植和饲养活动过程中，幼儿可以探索生命的奥秘，获取有关动植物的知识和种植、饲养经验，为以后学习科学积累感性材料，形成对种植和饲养活动的兴趣以及爱护动植物的情感，并发展个体的观察能力、动手能力和操作能力。而协助成人的辅助劳动，如在厨房帮大人择菜、剥豆子等劳动，可以让幼儿积累生活经验，体验劳动与生活的乐趣，掌握一些基本的生活常识和技能，加深幼儿对劳动的理解，培养他们爱劳动的情感和态度。

在开展种植和饲养活动时，教师要因地制宜，为幼儿选择当地常见的、便于管理、幼儿感兴趣和熟悉的、对幼儿比较安全的小动物或植物，同时要兼顾幼儿的年龄特点和季节特点，在劳动量上不宜太大，引导幼儿在劳动过程中注意观察、记录，培养其坚持精神和责任感。

四、分类

分类活动是观察过程的延伸和应用，幼儿通过观察来发现事物的共同点是进行分类的基础和前提。分类是幼儿学习科学的一种方法也是幼儿需要发展的一项重要技能。

（一）分类的概念

分类是指幼儿把具有某一个或几个共同特征的物体聚在一起，以学习科学的一种方法。如提供给幼儿大小、颜色、形状不同的水果，让幼儿自己分类。幼儿可以按颜色、形状、大小、口味、产地等进行分类。在分类活动中，常常可以按颜色、形状、大小、质地、高矮、轻重、粗细等来分类，可以从一个维度分类，也可以从多个维度来分类。分类练习可以加深、巩固幼儿对各种类别的物体特征的认识，促进幼儿观察力、思维力的发展。

（二）分类的种类

在幼儿科学活动中，可以按内容来分类，也可以按具体的分类方法来分类。

按内容来分，如可以分为植物类：蔬菜、水果、粮食作物等；动物类：鱼类、家禽、家畜等；常见物品：家用电器、玩具类、交通工具、服装类等。

就具体分类方法而言，主要有以下类型：

（1）按挑选分类。这是最简单的分类，幼儿只要根据某种要求挑选出其中的物品。如在一堆糖果中，教师要求幼儿挑出圆形的糖果，幼儿只要把圆形的糖果挑出来即可。

（2）根据特定的标准分类。幼儿的分类主要有以下几种：按物体的名称分类，把相同名称的物体放在一起，这是最初的分类；按物体的外部特征分类，如按物体的颜色、形状等分类；按物体量的差异分类，如按物体的大小、长短、高矮、粗细、轻重等量的差异分类；按物体的空间方位分类，按物体的位置如上下、前后、左右、远近等分类；按数量分类，把分类与认数相结合，如数量为 3 个的放一起，数量为 5 个的放一起；按物体的用途分类，如玩具用品、厨房用品等；按物体的材料分类，如塑料制品、纸制品、金属制品等；按事物之间的联系分类，如熊猫和竹子、鱼和水等；按物体的基本特征分类，如鱼类、家禽类、家畜类等。

（3）根据自己确定的标准分类。让幼儿按自己确定的标准分类，分类标准多样，如根据物体的特征和属性，或者与人类的关系，从各种角度或根据多种标准来分类。现实生活中，幼儿经常运用这种分类方式，如幼儿往往把水果按照大小、颜色、形状、味道、产地、甜度或酸度等来分类。

分类与统计往往连在一起，在数学领域用得很多，详见数学领域活动相关内容，本章从简。对于分类活动的指导，本章也不再论述。

请扫码观看学生课堂模拟教学大班科学活动"四季服装"，看看执教老师如何引导幼儿进行服装分类。

大班科学活动：
四季服装

五、信息交流

知识往往是在幼儿探究之后，在讨论的过程中形成的。在幼儿园科学教育活动中，幼儿通过各种方法，获得了大量有关客观世界的丰富信息，初步形成了自己的认识和感受。他们需要以各种方式（手势、动作、语言和图像等）向老师、同伴和家长表达、传递自己的认识感受，告知观察周围世界的过程和结果。交流和讨论能够帮助幼儿理清思路，解决认知冲突，调整已有的观念，促进科学概念的理解与建构。

（一）信息交流的概念

信息交流指幼儿将所获得的有关周围环境的信息，以语言或非语言的形式来进行表达与交流，从而获取科学知识的一种方法。

（二）信息交流的分类

1. 语言形式

语言的方式包括描述、讨论、总结性谈话三种。

描述是指在教师的指导下，幼儿用语言向同伴或成人讲述自己探索中的发现、疑问等。

讨论是指幼儿与幼儿、幼儿与成人之间通过口头语言，表达、交流自己在科学探索中的发现。

总结性谈话一般是指在活动结束后由教师发起引导幼儿梳理、提升知识经验的交流活动，侧重于帮助幼儿巩固加深有关的科学认知（科学知识、科学原理、科学方法、经验）。这种谈话多是总结、归纳性的，起画龙点睛的作用。

幼儿通过语言的描述、讨论与总结性谈话，既可以向同伴、教师表达自己的各种发现、疑问、想法，还可以说明自己使用了什么方法进行科学探索，以及从中感受到了什么样的情感体验等，如"你猜为什么……""我看到了……""我喜欢……"在幼儿进行描述、讨论与总结性谈话时，教师要把握住幼儿描述、讨论、谈话的方向，以使他们的讨论、描述、谈话方向明确，重点突出，能抓住主要问题或重点，而不是泛泛而谈。

科学活动：泡泡是什么样子的

● 活动目标

了解泡泡的特征，积累吹泡泡的方法与技能，体验吹泡泡的乐趣。

● 情境与问题

班级的一位小朋友带来了一瓶泡泡水，他吹出许多的泡泡，引起了小朋友的兴趣，很多小朋友都追着泡泡大喊大叫。我们问孩子："玩泡泡开心吗？"小朋友都回答"很开心"，再问："你们看到的泡泡是什么样子的呢？"幼儿的回答极其简单和相似："泡泡是红红的""泡泡是白白的""泡泡是蓝蓝的""泡泡是大大的"……孩子更多地关注颜色，而没有发现泡泡最本质的特征。

● 探索与交流

于是，我们让每个幼儿都来吹泡泡，从而使之更清晰地观察泡泡的样子。幼儿多次在室内、户外吹泡泡后，我们进行了集中分享——

教师提问："你吹的泡泡是什么样子的？"

幼儿回答：圆圆的、蓝蓝的、白白的、黄黄的……

● 分析与引导

从幼儿的回答中我们发现：幼儿探究后的回答与活动之前的回答没有什么区别。在活动中有的幼儿有所发现，为什么分享时却说不出来？我们讨论后认为，一方面，幼儿在活动中的观察是无意识的，没有目的性；另一方面，幼儿难以回忆自己在探究过程中的发现。针对小班幼儿爱探究的这一特点，教师采用支持策略：一是通过多媒体播放幼儿活动中的照片等方式帮助幼儿回忆探究的过程，提供直观的、真实的材料，既可以引发幼儿对探究过程及发现的印象，又便于幼儿间进行分享交流；二是通过问题的设计来支持幼儿的表达。小班幼儿对用语言表述探究的过程和结果感到困难，因此，更需要教师以具有启发性的、层层深入的问题来帮助幼儿梳理自己的感受与体验。

● 观察与交流

在教师给予相应的支持策略后，幼儿再一次进行分享交流——

教师提问："刚才你是怎么吹泡泡的？""吹出的泡泡是什么样子的？有什么发现？"

欣瑶："泡泡五颜六色的，有很多。"

郑锦炀："我用力地吹，一下子就吹出了好多的泡泡。"

施正："泡泡是圆圆的。"

陈佳怡："我吹的泡泡是白白的。"

陈丰琪："泡泡是红红的。"

曾铮："泡泡是蓝蓝的。"

陈昱睿："我吹出了双胞胎泡泡。"（师："什么是双胞胎泡泡？"）"就是两个泡泡粘在一起。"

● 分析与引导

从孩子的交流中可以看出：他们对泡泡的形状已经有所了解，也获得了一些新的体会和感受，但是，这些感受还是比较零散的，需要在教师的帮助下进行梳理。

活动中发生了一个偶发事件，郑锦炀吹泡泡时站在一张椅子旁边，吹出来的泡泡有几个落在了椅子上，有的破了，有的还保持着半个泡泡的形状。他开始是无意的，后来觉得很有趣，就直接对着椅子吹。陈疏林、曾铮、黄玉清等小朋友被吸引过来，都蹲在椅子旁，往椅子上吹泡泡，"嘻嘻嘻……"不时发出开心的笑声。可是，不一会儿泡泡不见了，椅子上却留下了许多水。孩子们产生了疑问：泡泡到哪里去了？幼儿的兴趣点从最初的泡泡的颜色，慢慢转向关注泡泡的去向，活动也随之推进。

（案例来源：福州市蓓蕾幼儿园林霞、张玲）

2. 非语言形式

非语言形式包括手势、动作、表情和图表记录。

手势、动作、表情是指当幼儿在科学探索中遇到一些难以用语言表达的物体或现象，或情绪特别好或者惊异时，常常用手势、动作、表情来进行交流。如一名幼儿说："我家的狮毛狗有这么大（用双手合抱手势表示），它凶起来很可怕（眼睛张大，做凶恶状）。"当幼儿操作、探索时，教师更多的是作为观察者，观察幼儿的操作情况。除了语言交流外，手势、动作、表情等亲切多样的体态语言的作用同样不可小觑。

经典案例

科学活动：神秘的礼物

"神秘的礼物"科学活动中，教师给幼儿提供了许多木制套娃、若干小礼物、铁杯、木杯、木碗、纸盒、塑料板、茶叶罐盖等材料，让幼儿进行探索，猜测套娃里是什么礼物。当看到一位小朋友从混合着礼物的筐中取出一个小物品在铁杯上敲时，教师也很有兴趣地弯下腰，侧着头，仔细地听敲击时所发出的声音。看到一位小朋友从混合着礼物的筐中取出一个小物品放入木碗摇一摇、听一听时，教师用惊讶、赞许的眼光看着幼儿，并且也拿起来摇一摇、听一听，然后对幼儿竖起大拇指，并点了点头。

（案例来源：厦门市科技幼儿园王焰）

Note

在上述案例中，教师弯下腰侧着头仔细地听幼儿敲击时所发出声音的动作，教师惊讶、赞许的眼光，以及竖起大拇指、点头等行为，都是体态语言。也许一个手势、一个眼神、一下抚摸都会使孩子们在举手投足间感到亲切，拉近师生间的距离。幼儿从教师这亲切多样的体态语言中感受到了关爱，感受到了赞赏，更感受到了那无声的动力，这一切都会推动幼儿向前发展。

图表记录是指对周围环境进行观察后，用各种不同的方式，如数字、表格、绘画记录下他们的发现、认识及感受与体验。通过图像记录进行信息交流，可以培养幼儿观察周围事物的兴趣，使幼儿获得清晰的、深刻的印象，提高幼儿观察的积极性、主动性，提高幼儿的观察能力，也为教师总结科学教育经验，开展幼儿科学教育研究提供依据和材料。需要注意的是，图表记录要简明、实用，不同活动形式、活动内容以及活动的难易程度不同都会影响到图表记录的效果。好的图表记录有助于幼儿迅速发现科学活动的规律，便于幼儿抓住问题的本质，节省科学探索的时间，提高科学活动的效果。

下面的一则案例，是关于"绳子"的主题探究活动中幼儿记录方式的改进。举例内容涉及绳子方面的科学知识，而玩绳属于体育活动的内容，从中我们可以发现表格记录在活动中的作用。因此，本案例对在科学活动中如何运用记录也有很好的帮助作用。为了便于大家理解，这里摘录案例中的前半部分，从中亦可看出教师在科学活动中怎样利用和完善表格记录方式。

经典案例

"绳子"主题活动探究实录

一、主题起源——地方民间游戏

主题活动为幼儿提供广阔的想象与发展空间。幼儿的兴趣随着活动的探究不断扩大，民间游戏逐渐成为幼儿的兴趣热点。当越来越多的孩子带着各种各样的绳子在课间活动中兴致勃勃地翻绳时，我们才发现民间游戏以其简朴、易懂、易学、易传的特点深深吸引着幼儿，由于生活经验的缺乏与局限，幼儿带来的绳子多数不适合进行花样翻绳（如：有的幼儿用毛线、彩带等没有弹性的绳子进行翻绳活动）。针对这一现象，我们决定根据幼儿的兴趣热点，开展"绳子"主题活动。

二、主题探究——表格记录

在主题探究中，我们以分组活动的形式、充分运用表格记录的方法，让幼儿自主进行花样翻绳的探索，通过一张张表格的记录与分析，不断拓展主题，丰富有关绳子的生活知识，积累相关的生活经验，让幼儿在表格记录中充分拓展想象空间，不断得到分类、排序、统计等抽象逻辑思维的训练，体验数学的乐趣。在幼儿浓厚兴趣的伴随下，该主题得以顺利、成功地开展。

三、主题特点——简单、直观

1. 材料准备简单：该主题活动的开展均以表格为主，教师只需在活动前根据幼儿的发展水平设计合适的表格，就能不断推进主题活动的开展。

2. 教师课堂减负：教师在活动中更多的是观察与指导，真正体现了《幼儿园教育指导纲要（试行）》提出的幼儿为主、教师为辅的精神。

3. 幼儿兴趣浓厚：人手一份的操作活动幼儿最感兴趣，再加上不时变化的记录标记让幼儿一直保持新鲜感。

4. 教师、家长评价直观：记录幼儿真实水平的表格让教师、家长有了评价的依据，使每个幼儿都能得到及时、准确的指导与评价。

四、主题活动实录

第一阶段：选择花样翻绳的绳子

● 活动目标

1. 通过对30条绳子的分析与判断，感知各种绳子的不同性质与用途，选择适合进行花样翻绳的绳子。

2. 在活动中，幼儿通过观察、思考、判断、记录（见表3-2-2至表3-2-5），掌握初步的统计能力。

活动形式：个人或组合

活动准备：幼儿自带绳子，按顺序编号。

表3-2-2

姓名															
评价	绳子编号														
	1	2	3	4	5	6	7	8	9	10	11	12	13	14	15
好翻的打"√"															
不好翻的打"×"															

● 记录说明

本次活动的材料是家长提供的，幼儿带来的绳子种类多（塑料绳、橡皮筋、松紧带、毛线、呢绒绳、电话线、彩带、包装带、玻璃丝等）。其中，有的不能用来翻绳。为了让孩子自己进行判断，我们设计了这张表格，让孩子们在实践中寻找答案，获得直接的经验。

我们将幼儿带来的绳子标上数字，让幼儿用每一条绳子翻一翻、想一想、记一记，从操作中判断哪一种绳子适合进行花样翻绳。从活动中我们发现，幼儿已具备初步的判断能力，能从15条绳子中做出正确的判断。能力强的幼儿如婉祺、于辰能从直觉上进行判断。他们拿到较硬的绳子时，直接肯定地说："这不用试了！肯定不好翻！"彦君一拿起电话线就说："这条肯定难翻，没弹性。"振强拿到塑料绳马上说："这条不好打结！"由于能力的差别，有的幼儿速度快，在操作中没有按照绳子数字的顺序，拿到哪一条就先翻那一条，节省了许多时间；有的幼儿速度慢，在操作中按照绳子数字的顺序，花了许多时间找绳子。

表3-2-3

姓名															
评价	绳子编号														
	16	17	18	19	20	21	22	23	24	25	26	27	28	29	30
好翻的打"√"															
不好翻的打"×"															

● 记录说明

　　表 3-2-3 是表 3-2-2 的延续，由于家长的支持，幼儿带来的绳子种类越来越多，于是，我们增设 15 种让幼儿继续探讨，幼儿对表格记录的兴趣之大，出乎我们的意料。在上次经验的基础上，幼儿能够更快更准确地进行记录。于辰小朋友翻完每一条绳子后，就将绳子高高举起："这是 9 号绳子，谁要?""7 号绳子在哪里?"这种语言传达的方法使她加快了记录的速度，振强和志炜也用同样的方法较快完成了记录。

表 3-2-4

内容	统计绳子"√"或"×"的数量					
姓名						
数量	1	2	3	4	5	……
打"√"的数量						
打"×"的数量						

● 记录说明

　　表 3-2-4 是让幼儿对表 3-2-2、表 3-2-3 进行统计，分别统计认为绳子好翻的幼儿有几个、认为不好翻的幼儿有几个。通过统计，我们可以准确地了解幼儿认为好翻的绳子是哪几种。在活动中幼儿通过观察、思考、判断、记录掌握初步的统计能力。

　　由于这项统计有一定难度，所以我们以 3 人一组的形式开展。出乎意料的是幼儿统计的准确性，在 6 组幼儿中只有婉祺这组幼儿出现一点小差错。从这点可以判断大班幼儿已具备初步的统计能力。

　　在 3 人一组的活动中，幼儿能自主分配任务：一人承担打"√"的数量，一人承担打"×"的数量，一人承担记录的任务。分工明确，较顺利完成记录任务。

表 3-2-5

内容	绳子适宜性的排序统计							
姓名								
绳子编号（好翻）								
排序								
绳子编号（不好翻）								
排序								

● 记录说明

开始统计时，幼儿对绳子的编号与数量产生混淆，出现按绳子编号排序的现象，在老师的引导下，幼儿的思路渐渐清晰，开始把注意力集中在数量的统计与排序上。幼儿先统计好翻的绳子，当出现编号不同、数量相同时，他们能根据数量的编号从小到大有序排列。彦君、于辰、志炜三组幼儿统计的速度较快，但出现重复记录现象，他们在完成记录后，能主动帮助其他幼儿。活动中发现，思逸、梓聘、语涵、苏楠四组幼儿出现漏填现象。婉琪这组幼儿配合较好，能正确进行统计与排序。

第二阶段：翻绳花样的探究

● 活动目标

1. 在翻绳花样探究中，培养幼儿的合作意识、创新意识。
2. 进一步提高幼儿的统计水平。
3. 初步培养幼儿的空间绘图能力。

● 活动形式

单人或双人。

● 活动准备

投放好翻的绳子。设计表 3-2-6 至表 3-2-9。

表 3-2-6

内容	单人翻绳花样记录	
姓名		
种类	（　　）种	

表 3-2-7

内容	双人翻绳花样记录	
姓名		
种类	（　　）种	

● 记录说明

通过表 3-2-6、表 3-2-7 的记录，我们能了解幼儿现有的花样翻绳水平，以及幼儿以什么样的方式合作、能翻出几种花样。

从活动中发现，幼儿对两人合作的形式较感兴趣，大部分幼儿能翻出两种以上的花样，能力强的幼儿能翻出 9～10 种，其余幼儿均配合默契、合作愉快。

　　单人组只有少数幼儿能翻出成形的花样，其余幼儿由于技能的限制，影响活动的兴趣，出现干扰别人的现象，琳璐、悦欣能既虚心又耐心地教能力差的幼儿学习新花样，体现了幼儿之间的互帮互助。

　　两组幼儿在记录中都出现同样的错误，把"种类"与"次数"混淆，因此，出现51种、19种的误差。在单人组中，谢薇小朋友真实地记录了自己的水平"0"，体现了诚实的好品质。

表 3-2-8

内容	单人花样翻绳		
姓名			
种类图示			

● 记录说明

　　本次活动三人一组，自由组合。幼儿的翻绳水平大大提高，花样也越来越多。在创作中，充分运用勾、穿、拉、提、压等翻绳技能，创作出"摇篮、钢琴、蝴蝶结、碗、电视、信封、冰激凌、桌子、机关枪、竹筐、房子、地毯"等许多新的花样。幼儿能大胆发挥想象力，不受几何图形的约束。

　　在记录过程中，幼儿频频遇到立体图形的记录难题。对幼儿的年龄和已有经验来说，这是非常困难的。于是，我们降低难度，让幼儿遇到立体图形时，只记录基本的外形特征，如花样中的电视、游泳池、房子、摇篮、钢琴、桌子等。

表 3-2-9

内容	双人花样翻绳		
姓名			
种类图示			

● 记录说明

　　本组的难点也是立体图形的记录，由于能力的限制，幼儿只能画出平面的花样。在记录中发现，幼儿平面视图的感觉非常好，能较准确地记录花样的原形。其中，少强、诚懿两人的配合最默契。他们能设计不同的起始方法，巧妙地运用勾、穿、提、压等技能延续花样，一次性翻出10种不同的花样。他们设计的以五角星为开头的翻绳方法引起了同伴的关注，启发其他幼儿开始运用各种图形进行花样翻绳。

Note

从对幼儿活动的记录和与他们的交流中，我们陆续捕捉到一些主题信息，因此，可以预设第三阶段的活动（第三阶段：绳子主题预设活动，具体内容略），谨供参考。

（案例来源：南靖县第二实验幼儿园课题组陈玉香）

教师在科学活动中让幼儿运用图表来记录事件，要注意以下几点：

第一，记录的设计要充分考虑幼儿的心理特点。幼儿的年龄越小，具体形象思维越占优势，对抽象的事物越不易理解，因此，记录中应尽量少采用标志、符号，多用实物或拟实物（如实物图片）。

第二，记录的设计要充分考虑幼儿的接受水平。图表的设计应尽量简单，先从单一维度的图表记录开始，然后到多维度的图表。维度越多，难度越大，幼儿越容易出错，越影响记录的准确性。记录的方法也应尽量便捷、多样化，如采用填数字、画符号、粘贴、涂色、选择、连线等方法，让幼儿能在最短的时间内完成记录任务。同时，集体记录与个别记录相结合。刚开始时多用集体记录，慢慢地可以多用个别记录。能力强的幼儿先掌握了记录的方法，会带动其他幼儿跟着去记录；能力差的幼儿在一次次"跟着做"的过程中慢慢地有了记录的意识，逐渐地学会了记录的方法。

第三，记录习惯要从小培养、循序渐进。幼儿的注意大多是无意注意，其行为大多是无意识行为，因此，教师应多采用集体记录的形式，让幼儿从"看着记"到"学着记"，多让幼儿用语言、肢体动作表述自己的发现。开始，可以由教师帮助记录下来，慢慢地再让幼儿学习记录，逐步培养孩子从无意识行为向有意识行为过渡。

第四，结论从实践中来。教师的设想要得到孩子们的验证，任何研究得出的结论都是要"做"出来的，而不是"想"出来的。要让自己的所想通过多次反复的验证，所得出的结论才具有说服力，才是有价值的东西。

六、科学制作与科学游戏

科学制作活动是幼儿园科学教育活动中的重要形式。科学制作活动不同于幼儿单纯使用某种科技产品或掌握某些工具的操作活动，它对幼儿的要求更高。游戏是幼儿的天性，在轻松的游戏氛围中，幼儿更容易习得科学知识经验，提升科学探究能力，进而加深对科学活动的热爱。

（一）科学制作或科技小制作

科学制作主要是利用各种自然材料（如植物枝条、树叶、果核、羽毛、瓜子壳、豆子、大米、面粉等）以及一些废旧材料（包装纸、易拉罐、破乒乓球、废旧塑料盒等）制作一些简单的科学玩具，如螺蛳壳小鸡、塑料盒卡车、乒乓球熊猫等，或者将其加工成所需的成品、半成品的过程。如"我是一个小木匠"（包含木工工具的使用）、"制作豆浆"就属于这类活动。比如制作"不倒翁"，首先可让幼儿拆卸掉一个不倒翁的样品，引导幼儿从中发现其科学原理：上轻下重才不会倒，重心越低越稳定。然后为幼儿提供各种材料，允许其自由选择材料并进行自主设计、制作，最终制作出幼儿心目中的"不倒翁"。在制作的过程中，幼儿既掌握了基本的科技知识，又锻炼了动手操作能力，还提高了自主设计能力。

在科学制作活动中，教师可以运用科学的方法将客观存在的简单科学事物或现象表现出来，引导幼儿进行观察、制作、操作，使幼儿逐步形成对科学世界的正确认识。但由于受到年龄的限制，幼儿还不可能真正理解那些抽象深奥的科学知识和原理，所以科学制作活动应充分考虑到幼儿的认知和学习特点，着重培养幼儿的科学兴趣，注重培养幼儿简单的科学制作能力，而不应强求幼儿系统掌握科学知识和高难度制作能力。

下面选的案例是一个改编自福建省幼儿园教师用书的中班科学活动"我会做豆浆"，带班的是一位新手教师，她对原省编教师用书的活动进行了改编。从幼儿做豆浆的操作活动中可以看出，幼儿对来源于生活的科学操作活动兴趣很大，在操作活动中提高了动手能力、观察能力。

经典案例

我会做豆浆（新手教师的第一轮教育活动）

● **活动目标**

1. 了解制作豆浆工具演变的过程及相关知识。
2. 学习制作豆浆的方法。
3. 体验亲手制作豆浆的愉快心情。

● **活动准备**

浸泡过的黄豆、石臼、石磨、粉碎机、全自动豆浆机、电火锅。

● **活动过程**

1. 以"小熊请小朋友做豆浆"引题。
2. 认识制作豆浆的工具。
(1) 介绍工具的名称。

教师边走边介绍工具名称。教师介绍时，一部分幼儿去找他们喜欢的工具，并动手试探，三三两两地窃窃私语。

(2) 鼓励幼儿大胆想象用这几种工具制作豆浆的基本方法。

师："用这几种工具都可以做豆浆，你们开动脑筋想想：如果让你选石臼或石磨或粉碎机做豆浆，你会怎么做？"

（大部分幼儿选择了石磨，能讲出石磨的基本用法；一两个幼儿说到石臼的用法；没有幼儿介绍粉碎机。他们中有一半人对工具的名称还不是很熟悉。）

Note

（3）教师示范用石臼、石磨、粉碎机制作豆浆的方法。

（大部分幼儿都能围坐安静地观看，只有两个幼儿迫不及待地挤到教师面前。）

3. 学做豆浆。

（1）幼儿分组（每组四人），尝试选用石臼或石磨或粉碎机制作豆浆。

幼儿的目标很明确，他们都想占着自己喜欢的工具。有七八位幼儿挑中了石磨，他们用"石头、剪刀、布"的办法裁决，最后留下四位幼儿。石磨组的幼儿玩得不亦乐乎，石磨盘上有许多豆渣，碗里的豆浆有些稀，还有少许的豆渣，他们遇到的困难是黄豆堵住了石磨上的小洞，无法解决。

食堂的粉碎机体积较大，而且操作时会移动，还要用电，需要教师的帮助。操作时幼儿分工合作，有的往机子里加黄豆，有的加水。食堂粉碎机的工作效率很高，而且渣浆各自分离出来。很快，做出了一盆的豆浆，幼儿十分兴奋。

旁边家庭粉碎机组的幼儿打不开粉碎机的盖子，很着急，教师帮助了他们三次。他们做出的豆浆渣浆分离，量比石臼、石磨组的多。

石臼组的幼儿很卖力，但没什么成效，豆浆出得很少，小朋友们有些失望。停工时幼儿仍意犹未尽。

（2）幼儿观看教师用全自动豆浆机制作豆浆，同时，用电火锅煮幼儿做的豆浆。

教师出示全自动豆浆机时，幼儿都急切地想看如何用这种工具做豆浆。但由于豆浆机有些损坏，教师只大概介绍其操作方法。

（3）组织幼儿讨论：哪一种工具做豆浆又快又方便？

幼儿都说是食堂的粉碎机，教师急于让幼儿知道全自动豆浆机是最方便的，就介绍了它的功能，然后，总结出最方便的工具是全自动豆浆机。幼儿一知半解。教师又介绍了工具的演变过程，幼儿反应不热烈，有些不耐烦。

● **活动延伸**

区域活动：在探索区中投放学习包中的"看图说一说：四种制作豆浆工具的演变过程，并在图旁写上序号"，让幼儿自己活动。

（案例来源：福州市蓓蕾幼儿园罗颖琳）

（二）科学游戏

科学游戏是指运用自然物质材料和有关的图片、玩具等物品进行带有游戏性质的操作活动。如："顶纸板""猜一猜"以及各类配对、接龙、拼图、看图识物、看图辨物等游戏。科学游戏内容丰富，常见的有如下几类：

（1）感知游戏。主要是通过幼儿的感觉器官感知辨别自然物体的属性和功能，如"听一听谁在叫"（不同动物的叫声）就属于这类游戏。

神秘的感觉袋（益智游戏）

材料：袜子、红枣、乒乓球、煮熟的鸡蛋、核桃等。

玩法：在袜子中放入某样物品，如红枣、核桃等。一次先放一个，然后，让幼儿摸摸袜子，猜猜里面装的是什么。后面可以加大难度，一次放2个类似形状的东西，如乒乓球、鸡蛋。成人可以用词语提供线索。幼儿轮流去猜，藏放物品，提供线索。后面可以一次放多个物品，要求幼儿能找出相应的物品。此活动能促进幼儿触觉辨别和语言技能的发展。

（案例来源：南昌市西湖区迪启博幼儿园陈彩霞）

（2）排列游戏。对材料或物体（如树叶、石头、棍子、糖果等）按照其属性或某种规律（如大小、形状、颜色、长短、轻重、高矮、组合等）有顺序地排列。

（3）分类游戏。根据物体的相同点、相似点、不同点或按某一标准进行区别分类的游戏。如把水果和蔬菜、能飞和不能飞的动物（食肉、食草动物）、能吃的和不能吃的蘑菇等进行分类，看谁分得又快又对的游戏。

（4）配对游戏。把相同或相关联的物品或现象进行配对。可以使用实物、图片、模型、符号或数字等来配对。如教师为幼儿提供四张分别表示春、夏、秋、冬四季的图片，放在四张桌子上，再为幼儿提供很多与不同季节相联系的动植物、自然现象、人类生产生活图片，让幼儿玩配对游戏，把与季节相联系的进行配对。又如，出示一组不同的动物图片，另一组图片为动物所吃的东西（食物），让幼儿用线把它们连起来。这类连线游戏也是一种配对游戏。

（5）活动性与实验性游戏。这类游戏主要是操作性、运动性、实验性（验证性）游戏，适合在户外或大的室内空间进行，如玩风车、放风筝、丢沙包、滚铁环等可以看作活动性游戏。幼儿喜爱的吹泡泡也可以看作这类游戏，但如果主要目标定位于对泡泡水配制及如何吹泡泡的探究上，又可以把它归为实验性游戏。这实质上也就是科学小实验，如下面的"顶纸板"游戏就是此类游戏。通过这类游戏，幼儿可以亲自体验游戏的乐趣，亲身感受并进一步理解事物的特性和科学现象产生的原因和条件。如"顶纸板"游戏，幼儿只有在找到纸板的重心（平衡点）后，才能比较容易地把纸板顶起来。

（6）棋类游戏。棋类游戏是一种典型的智力游戏，不仅有利于巩固幼儿已有的科学知识和经验，而且有利于培养幼儿的观察、分析、比较、判断、推理、表达、协商等能力，还可以培养幼儿遵守游戏规则的良好习惯。这类棋类游戏很多，如常见的"动物棋"、象棋、军棋、多功能棋等。这类游戏既包含自然科学的内容，也有数学的内容。

大班科学制作与游戏活动：顶纸板

● 活动目标

1. 让幼儿对探索如何顶起纸板感兴趣，体验顶起纸板的成功喜悦。

2. 引导幼儿感知纸板上能顶来的点，积累使物体平衡的经验，提高幼儿手眼的协调能力。

● 活动准备

杂技表演的视频、人手两套纸板、铅笔、吹塑纸、白纸、蜡光纸、泥工板、万通板

● 活动过程

1. 欣赏杂技表演"顶碗"视频，激发幼儿尝试的欲望。

2. 启发幼儿进行初步尝试操作探索。

（1）教师出示活动的材料：纸板、铅笔，引导幼儿进行尝试："看谁能把泥工板顶起来"。

（2）幼儿探索，教师重点指导幼儿寻找铅笔能顶起纸板的最佳位置，鼓励幼儿与同伴进行交流。

（3）请个别幼儿示范自己的操作，引导幼儿讨论："为什么有的能顶起，有的不行""同样是顶中点，为什么有的可以，有的还是不行"。

3. 幼儿进行第二次探索。

（1）在解决第一环节问题的基础上，引导幼儿思考：铅笔放在其他的位置可以顶起纸板吗？为什么？让幼儿进一步进行探索。

（2）教师小结：每块纸板上都有一个能顶起来的点，但要顶起来，还与铅笔的方向和小朋友的动作有关。

● 活动延伸

提供各种材质的纸张让幼儿继续进行尝试，引导幼儿思考：哪种材质的纸张容易被顶起来？

（案例来源：福建泉州鲤城区传春幼儿园张妮）

科学制作和科学游戏在实践中往往结合在一起，如果要说它们的区别，前者更强调技术性的操作，后者更强调实验性的操作。技术操作是指幼儿在科学制作活动中，运用工具或材料，对客观对象或材料进行操作加工或制作新产品的过程；实验操作是指幼儿在科学发现活动中，以行动、操作或其他方式验证、发现、推论或预测的过程和方法。

七、早期科学阅读

早期科学阅读活动是幼儿园开展科学教育活动的重要途径之一，也是幼儿园课程开发的新领域。良好的科学阅读可以帮助幼儿在潜移默化的过程中获取科学知识。

（一）早期科学阅读概述

早期科学阅读是指幼儿阅读有关科学知识的作品，包括以文艺形式呈现的科学故事、儿歌、谜语、科学童话等作品以及简单介绍科学知识的书。教师可以结合科学教育内容引导幼儿阅读，也可以由幼儿自己选择阅读。它有利于扩展、丰富幼儿的科学经验，激发他们对科学的兴趣和丰富的想象力，发展幼儿的语言，培养他们的阅读兴趣和习惯，从而提高幼儿的创造潜力。如《小兔子的耳朵》科学童话故事可以告诉幼儿一些科学常识。又如儿歌《聪明的小脚丫》中写道：小脚丫，真聪明，冷热硬软都知道。摸摸脚心它就痒，踩到石头它就痛。另外一首儿歌《辛苦的小脚丫》这样描述：小脚丫，真辛苦，又走路来又跳舞。温水洗，轻轻揉，剪剪趾甲疲劳除。

（二）早期科学阅读的分类

早期科学阅读的作品内容与形式非常丰富，按照早期科学阅读材料的表现形式可以分为科学童话、科学故事、科学诗歌、科学谜语、科普画册及科普视频。科学童话在艺术表现上常用拟人化手法，如《小蝌蚪找妈妈》《小熊请客》；科学故事是科学知识和故事表现形式相结合的文学作品，如《爱迪生孵小鸡》《曹冲称象》；科学诗歌是科学知识与诗歌形式相结合的文学作品，如《小小的船》《春雨》；科学谜语则是通过隐喻和暗示，提供某些根据和线索供人猜测的一种隐语，如"一个小姑娘，生在水中央，身穿粉红衫，坐在绿船上（荷花）"；科普画册是通过科学知识图片或图画并配以简要文字说明，用以进行科学教育的读物；科普视频是以动态纪实的画面向幼儿展示科学现象和知识的一种形式。例如，它能在一定时间内展示植物的生长过程或昆虫的蜕变及捕食过程，这些现象在现实中需要我们进行长时间的观察或因过于快速而观察不到。[①]

（三）早期科学阅读材料的选择和利用

在选择早期科学阅读材料时，除了要遵循为幼儿选择图书的一般要求，如书的画面要大、色彩鲜艳、文字少、字号大、主题突出外，还要注意书本本身知识的科学性、编写体例的科学性，且符合幼儿学习科学的认知特点，这样的阅读材料才是比较好的。在幼儿早期科学阅读中应注重幼儿自由阅读与师生共同阅读相结合的方式。

---

① 李洪屏，王永强．学前儿童科学教育活动设计与指导［M］．上海：复旦大学出版社，2016：64．

八、电教多媒体

21世纪是信息技术高速发展的时代，电教多媒体的出现和利用为教育信息教育的开发、发展和利用都带来了生机。

（一）运用电教多媒体的价值

在现代化的教育教学中巧用多媒体，可以创设生动的情境；结合直观、趣味性强的多媒体课件，可以激发幼儿的想象力和创造力。同时运用多媒体也可以有效降低教学难度，培养幼儿解决问题的能力，同时营造温馨的场景，激发幼儿情感的共鸣。

电教多媒体技术具体是通过运用多种现代技术手段，对信息进行加工处理，显示与再现；通过模拟、仿真与动画技术的应用，可以使一些普通条件下无法实现或无法观察到的过程与现象生动而形象地显示出来。多媒体技术将图、文、声、像融为一体，其传输信息的方式突破了传统媒体的线性方式，以全方位方式进行，具有形象生动、信息刺激性强、时空宽广等特点。对一些复杂的、危险的、隐秘的、过程漫长和过程短暂的科学现象、规律，采用多媒体技术实施教育，对优化教育过程、提高教育的有效性，尤其能起到非常大的作用。

（二）电教多媒体的种类

电教多媒体包括电视、幻灯、摄像机、录音机、DVD、电脑、投影仪、一体机，等等。现在很多都采用触摸屏的一体机。

实训操练

请扫码观看"食物的旅行"活动视频，从幼儿学科学的角度，说说在这一活动视频中使用了哪些学科学的探索方法，对今后的幼儿园一线教学有何帮助？

大班科学活动：
食物的旅行

课外拓展

请扫码观看一个学生课堂模拟教学片段和一个完整的活动实录，分析活动里面运用了哪些教学方法（分别从学与教的角度去分析）。

大班科学活动：
调皮的风

大班科学活动：
四季服装

过关练习

一、选择题

1. 根据观察对象的不同，我们可以将观察分为三种类型，分别是个别物体或现象的观察、比较观察和（　　）。

A. 对比观察　　　　　　　　　　　　B. 长期系统观察

C. 典型特征观察　　　　　　　　　　D. 分解观察

2. 科学小实验就其内容来分，大致可以分为植物生长实验、（　　）和物理实验这几类。

A. 动物实验、化学实验　　　　　　　B. 生物实验

C. 医学实验　　　　　　　　　　　　D. 科学实验

3. 早期科学阅读不包括（　　）。

A. 科学童话　　　　　　　　　　　　B. 科学故事

C. 科学诗歌、科学谜语　　　　　　　D. 科学游戏

本节参考
答案与解释

二、简答题

4. 幼儿进行科学探索的具体方法有哪些？

5. 简述信息交流的内涵。

第三节　幼儿园科学教育的教学方法

幼儿园科学教育目标的实现和科学教育活动的组织过程都离不开教师的教学方法的运用，针对科学教育的活动类型有着不同的教学方法。

教学方法可以分为教师"教"的方法和幼儿"学"的方法，幼儿学科学的方法前面一节已经阐述，本节重点介绍教师开展幼儿园科学教育"教"的方法。下面重点介绍的几种有效的教学方法其实是大的分类，在这些教学方法中，有的还包括若干个具体的方法。

一、直观形象法

直观形象法是指运用演示、示范、范例等直接参与或展示具体形象的教学方法。幼儿对于直观形象的事物接受力强，直观形象法可以让幼儿迅速地了解科学教育内容，增加参与科学活动的兴趣。

（一）演示法

演示法是指教师通过向幼儿展示各种实物、直观教具或做实验来传达教学内容的一种教学方法。如科学实验的演示、科技小制作的过程演示，幼儿就比容容易看懂并了解其中的原理。

（二）示范法

示范法是教师或者幼儿以正确的操作为范例，使幼儿了解观察、实验或制作等科学内容的方法。幼儿的思维以具体形象思维为主，认识和理解事物则更多地依赖于生动鲜明的形象。示范法可以激发幼儿参与实践操作的欲望，帮助幼儿建立正确的认知结构和动作表象。教师可以边示范边讲解，讲解操作需要注意的要领。示范与讲解要经常互相结合运用，在具体结合时是先示范后讲解，还是先讲解后示范，或是边示范边讲解，在教学过程中教师要根据具体情况灵活运用。

示范时，教师不要过于强调幼儿的错误动作，也不要让有错误动作的幼儿出来展示，否则会强化错误动作，还会伤害幼儿的自尊心，可让动作做得规范的幼儿出来示范，帮助幼儿树立起学习的信心。活动要以教师示范为主，教师要注意示范的位置，保证每个幼儿都能看清示范的动作。教师尽量多用正面示范，少用负面示范。有效的示范不仅可以使幼儿建立直观生动的动作形象，还会激发幼儿学习的积极性。

科学小实验：
会站立的牙签

请扫码观看"会站立的牙签"科学小实验示范视频，分析教师是如何示范的。

（三）参观法

参观法是指在科学教育活动中带领幼儿亲身参观了解、直接感知，在真实情景中帮助儿童掌握科学知识的相关方法。例如，组织幼儿参观食堂的后厨，让幼儿制作食物；带领幼儿参观消防队，了解防火的知识；参观医务室，消除幼儿接种疫苗的紧张感，使幼儿了解到疫苗对身体健康的意义；带领幼儿参观海底世界，了解海洋生物的多样性和丰富性。

二、语言传递法

语言传递法是指运用语言作为主要的教学方法，如讲授、讨论、谈话等方法，通过语言将科学知识、科学原理进行传递。通过语言传递法，教师可以运用间接的语言讲解具体的知识，可以让幼儿较为快速地掌握重点和难点问题。

（一）讲解、讲授法

讲解、讲授法是教师常用的教学方法。首先，讲解、讲授法需要教师用生动、形象、易懂、富有感染力的语言进行讲解、启发和引导；讲解、讲授的内容必须科学和专业，还要用简单的语言讲解出深刻的道理；讲解、讲授要突出重难点，避免过于烦琐而减少幼儿的练习时间。

（二）讨论法

讨论法是教师针对某些科学问题或者需要共同探讨的科学主题进行交流和讨论，激发幼儿思考、交流的教学方法。如：引导幼儿讨论"蚂蚁吃什么？""新长出来的牙要如何保护""雷电是怎么来的？"等。讨论法的开展有利于幼儿自由发表意见和对事物的看法，开拓其视野，提升他们的思维能力。

（三）谈话法

谈话法是教师通过提问引导幼儿运用已有的经验和知识回答问题，从而获得新知识的教学方法。这种方法有利于激发幼儿思考。

经典案例

蚂蚁的秘密（交流讨论）

讨论的主题：蚂蚁的秘密。

讨论的内容：蚂蚁喜欢吃什么？蚂蚁用什么搬运食物？蚂蚁的力气为什么那么大？蚂蚁为什么要搬家？蚂蚁要冬眠吗？

讨论的形式：集体讨论、自由讨论、小组讨论等。

（案例来源：闽江师范高等专科学校学前教育学院）

三、操作练习法

《幼儿园教育指导纲要（试行）》对我国幼儿科学教育的总目标做了规定，其中第 2 条目标"能运用各种感官，动手动脑，探究问题"中的"动手"指的就是动手操作。在幼儿园科学教育活动中，无论是观察类活动、制作类活动、实验探究类活动，都离不开动作实践操作。

本书各章节提供的科学活动教学视频或学生课堂模拟片段，很多体现了操作练习法，请扫描本书中的二维码，观看视频。

（一）操作练习法概念

操作练习法是指幼儿在教师的引导下，围绕科学教育的内容或任务，按照正确的方法进行练习或实践的一种方法。

（二）操作练习法注意事项

运用操作练习法时，教师要让幼儿了解操作练习的内容和实践的要求，操作练习的内容应是幼儿的行为能力可以掌握的。操作练习的内容要能够让幼儿的能力和行为得到提升；教师对练习行为的要求和指导要连续而持久；练习的过程中要激发幼儿练习的兴趣，发挥其主动性；活动中每个幼儿都要有练习的机会，有足够的练习次数和练习的时间，在轻松和愉快的氛围中达到练习的目的和效果。

经典案例

制作降落伞（中班）

● 活动目标

1. 主动参加科学小实验，学习选择和使用材料与工具，在实验中积极思考与尝试。
2. 尝试根据制作内容，做初步计划和材料准备。
3. 感知降落伞平衡互动及重力的现象。

● 活动准备

1. 物质准备：

(1) 幼儿绘画制作降落伞的计划书。

(2) 在班里、家中寻找制作降落伞所需的材料。

2. 经验准备：幼儿有玩过或见过降落伞的经验。

● 活动过程

1. 情境导入，引发幼儿活动兴趣。

引导语：幼儿园小班的户外体育活动区缺少降落伞，希望咱们班的小朋友能帮助小班的小弟弟小妹妹制作一些降落伞。昨天，大家一起定了计划，画出了制作降落伞需要分哪几步来做，也找到了大家需要的各种材料，今天，咱们就按照你们的计划来制作降落伞。

2. 幼儿进行制作（操作）。

(1) 教师提示幼儿按照自己定的计划进行制作。

(2) 教师重点引导幼儿发现：固定伞面需要用几根绳子？用多长的绳子才能平衡？

(3) 引导幼儿探索，找出与自己的降落伞相适应的重心。

3. 玩游戏，体验乐趣并分享。

(1) 引导幼儿在玩降落伞的过程中随时做调整，发现问题，解决问题。

(2) 小结：请小朋友说一说在制作降落伞时遇到了哪些困难，是怎样解决的。你的制作过程和原来定的计划一样吗？都有哪些改变？

(3) 幼儿自由分享。

4. 结束：将降落伞送给户外体育活动区的小班小朋友。

（案例来源：闽江师范高等专科学校学前教育学院）

四、游戏化方法

游戏是幼儿的生活方式，也是幼儿很好的学习方式，采用游戏化的方法开展科学教育活动也成为当前一线幼儿教师常选择的方式。

（一）游戏化方法的概念

游戏化方法是指通过开展游戏的方式，或以游戏的口吻，充分发挥教师的主动性和创造性，以达到教学目的的一种方法。游戏是幼儿最基本的活动，因此，很多科学教育中涉及的方法或做法，或多或少都带有游戏的成分。因此，创设适宜的情境，增加游戏的角色，设置一定的游戏规则，将科学教育内容通过有趣的游戏方式来开展，会大大提高科学活动的效果。

（二）游戏化方法的具体做法

游戏化方法在幼儿园科学教育中有两种做法，一种是将正规的或专门性的科学教育活动通过游戏的方式或口吻来进行，一种就是设计专门的科学游戏。无论哪种做法，游戏都只是科学教育活动的形式，要考虑到幼儿能完成的相应目标，而不能仅仅为了好玩变成单纯的游戏，忽视科学教育的本质追求。幼儿在观看大型多米诺骨牌表演的录像后，可用教师提供的长条形木块做"击木块游戏"。

 案例导入

神秘的罐子（小班）

● **活动目标**

　　1. 感知和听辨各种物体在罐中被撞击而发出的不同声音。
　　2. 学习运用耳朵听辨不同声音，并用语言清楚地表达自己的发现和感觉。
　　3. 懂得感官的用处并知道爱护自己的感官。

● **活动准备**

　　1. 搜集能封口的铁罐（八宝粥罐、茶叶罐）若干，分别装上小石子、沙、黄豆、纸团等，也可在罐子中放一些软的物体（如布、棉花、海绵、泡沫）。
　　2. 分类盒里分别装有与罐中的实物一样的物品。

Note

● **活动过程**

1. 集中猜测，激发探索的兴趣。

（1）引导语：罐子里有东西吗？用什么方法可以知道罐子里有东西？（引导幼儿调动已有经验，用感官感知物体。）

（2）引导语：不用眼睛看，可以怎样知道里面是什么东西？（强化幼儿"不用眼睛看探索罐内物体"的规则，提示幼儿用耳朵听来分辨罐内物体。）

2. 玩"自由听辨、模仿不同物体在罐中发出的撞击声"的游戏。

（1）引导语：摇一摇、听一听，好像什么声音？用嘴巴学着说一说。（引导幼儿用简单的象声词模拟听到的声音。）

（2）引导语：里面装的可能是什么？请你在分类盒中找出这样的东西。（鼓励幼儿自由大胆猜测罐内的物品，说出自己的理由。初步了解不同物体发出的声音是不一样的。）

3. 集中玩"听听猜猜"的游戏。

（1）提问：你猜罐中有东西吗？可能是什么？（引导幼儿用语言表达自己的猜测，然后打开罐的封口看看，检验所猜是否正确。）

（2）引导幼儿听辨装有棉花或海绵的罐子，引起幼儿不断探索的欲望。

提问：这个罐子有东西吗？引起幼儿关注有的物体在罐中几乎听不到声音。

提问：听不到声音的罐子里有东西吗？

提问：为什么有东西装在罐中却听不下到声音呢？

（案例来源：《幼儿园科学领域教育精要——关键经验与活动指导》张俊 等著，科学教育出版社，2021年出版，141页，引用时有改编）

五、荣誉鼓励法

荣誉鼓励法是指对参与科学活动中的幼儿进行表扬或者奖励，激发幼儿参与活动的兴趣，从而实现教育目的的方法。具体而言，包含表扬、鼓励、奖励、竞赛（比赛）、榜样等方法。

（一）表扬、鼓励、奖励

表扬、鼓励、奖励都是运用言语或物品、荣誉等激励幼儿参与科学教育活动的手段。鼓励儿童养成良好的行为，激励其完成任务。

（二）竞赛（比赛）

竞赛（比赛）也是幼儿园教师经常采用的一种方法。中、大班在组织科学教育活动时，可采用分组方式，看哪一组最先完成或完成的质量最好。多组织竞赛，不仅可以增强幼儿的科学探究兴趣，增强幼儿的科学技能，还可以培养幼儿的积极性和进取心，也有助于教师充分了解班级幼儿科学方面的发展水平。

（三）榜样

榜样法是指给幼儿树立正确的积极的可学习的榜样，引领幼儿形成正确的科学态度、科学精神，幼儿还能向榜样学习、借鉴有效的科学探索方法。榜样可以是同龄幼儿，也可是幼儿喜欢的动画人物形象，还可以是著名的科学家或其他成人。教师和父母的言行也是幼儿学习科学的榜样。例如，有的幼儿园开展了"我是科学小达人"的评比，每次活动评选出完成质量最好的几个人，在荣誉榜上张榜公布。还有的幼儿园采用贴小红花、小星星的做法，数量最多的前几名幼儿被誉为"小小科学家"。

实训操练

以小组的形式，尝试根据所学理论知识设计一个大班科学游戏活动，要求游戏目标清晰，游戏准备充分，游戏玩法和规则讲解规范，并且拍摄相应的游戏视频。

课外拓展

观看大班科学活动"蔬菜造纸"视频，从教师教学的角度，分析视频案例中采用了哪些科学教育方法。

大班科学活动：
蔬菜造纸

真题再现

1. 在科学活动"奇妙的气味"中，教师准备了分别装有水、食醋、酱油等液体的瓶子，请幼儿看一看、闻一闻，幼儿在活动中使用了什么方法？（　　）

A. 实验　　　　　　　　　　　B. 参观

C. 观察　　　　　　　　　　　D. 讲述

过关练习

1. （　　）是指组织幼儿围绕科学教育的内容或任务，按照正确的方法进行练习或实践的一种方法。

A. 荣誉鼓励法　　　　　　　　B. 操作练习法

C. 语言传递法　　　　　　　　D. 直观形象法

2. （　　）是指通过采用游戏的方式，或以游戏的口吻，充分发挥教师的主动性和创造性，以达到教学目的的一种方法。

A. 荣誉鼓励法　　　　　　　　B. 操作练习法

C. 语言传递法　　　　　　　　D. 游戏化方法

3. 何为语言传递法？语言传递法包括哪些具体的方法？

本节参考
答案与解释

中篇　如何开展幼儿园科学教育

　　中篇"如何开展幼儿园科学教育"，包括三章。第四章为幼儿园科学教育的基本途径和组织方式，阐述了实施科学教育的四个重要途径以及多样化的科学教育活动组织形式。第五章为幼儿园科学教育活动的设计与指导基本策略，主要内容包括幼儿园科学教育活动设计的基本要素、幼儿园科学教育活动设计与指导难点的突破，以及正规性与非正规性科学教育活动的设计与指导。第六章是不同类型幼儿园科学教育活动的设计与指导，主要阐述了四大类科学活动的设计与指导，包括观察类、实验类、制作类和交流讨论类科学活动的设计与指导。

第四章　幼儿园科学教育的途径与组织形式

▶ 学习目标

1. 初步知晓幼儿园科学教育途径、组织形式的内涵。
2. 了解不同途径中科学教育的有效方法。
3. 掌握集体教育活动、小组活动和个别活动组织形式的运用策略。
4. 能根据内容和目标合理选择途径与方法，引导幼儿有效学习科学。

核心知识

幼儿园科学教育途径、主题活动、半日主题活动、系列主题活动、生活中的科学教育、家园社区共育中的科学教育、网络媒体成为科学教育的新途径、集体教育活动、小组活动、个别活动。

本章导学

本章概要

本章作为全书的第四章，阐述的是幼儿园科学教育途径与组织形式的问题。好奇、好问、喜欢探索是幼儿的天性，他们的头脑中有着无数的科学问题。解答幼儿这些科学问题就要采取

Note

恰当的途径和方法。途径上，专门的科学教育活动是实施科学教育的主要表现形式，以主题活动为主。主题活动包含半日主题活动和系列主题活动。半日主题活动的设计围绕主题活动展开，活动无论以什么样的组织方式展开，都要注意活动与活动之间的内在联系。系列主题活动的设计尽量紧凑，活动的安排尽可能地集中在预定的期限内完成，同时要重视目标的达成。组织形式上，集体教育活动有利于幼儿短时间内获取大量的信息，同时教师也能充分利用资源促进幼儿的发展；但是这种形式中教师难以很好地兼顾个别差异性。集体教育活动的指导要领：采用适宜的教学方法、分析幼儿的学习方法、坚持开放教育、整合多种教育内容。小组活动可以按照能力进行分组，能有效解决因班容量大而无法兼顾关注每个幼儿的问题。小组活动的指导要领：在空间上避免干扰，按能力分组，在内容或要求上有所区别，确保小组活动的正常交换。个别活动的适应情形比较灵活，可结合集体教育活动和小组活动展开，教师的个别指导有助于幼儿提升自身能力、发掘潜能，但这也会导致教师容易忽视其他幼儿。三种组织形式各具特色，教师在教学中可根据内容灵活使用。

问题导入

1. 请你思考一下关于"幼儿科学教育的途径""组织形式"，你会想到什么呢？可以是很多生动的片段、场景，比如"几个小朋友蹲在地上观察蚂蚁""小朋友们围着观察小汽车在不同轨道上的变化"等，也可以描述出一些活动场景……

2. 你觉得这些场景来源于什么途径呢？是以什么样的形式开展的呢？联系你的已有经验，举例说明。

幼儿园科学教育的途径可以分为两类，一类是有计划、有目的的以科学教育教学和游戏为主的教育活动途径，一类是渗透的、自发或随机产生的与科学教育有关的生活途径和其他途径。不同的人对科学教育的途径有不同的分类。本书基于幼儿园科学教育的实际应用情况，对科学教育活动的途径进行分类，有助于大家在学习中更好地理解。不同的科学教育途径，其作用是不同的。

幼儿园科学教育的组织形式，采用大家都高度认同的三种分类：集体教育活动（有的称之为集中教育活动）、小组活动、个别活动。三种不同的教育活动组织形式各有利弊，大家在掌握相关概念与特点之后，可以根据实际情况选用适宜的组织形式来开展科学教育活动。

第一节　幼儿园科学教育的基本途径

实施科学教育的途径包括专门性的科学教育活动、非专门性的科学教育活动。其中专门性的科学教育活动包括正规性科学教育活动、非正规性科学教育活动、偶发性科学教育活动。非专门性的科学教育活动指的是渗透性的科学教育活动、家园共育活动。因此，简单来说，实施科学教育活动的途径包括三大类：专门性的科学教育活动、渗透性的科学教育活动、家园共育活动。渗透性的科学教育活动最主要的表现方式是在其他活动中予以渗透以及在生活中进行渗透。

在信息技术发展的今天，根据其具体实现途径，上文提及的三大类科学教育活动被归为一类，被称为教育活动的途径，其他途径单独列出来，因此我们可以将科学教育的途径再分为四个更具体的途径：教育活动、生活活动、家园社区共育、新媒体。

微视频：
科学教育的途径

一、实施科学教育的主要途径——专门性的科学教育活动

幼儿园科学教育活动的内容多样，专门性的科学教育活动就是实施科学教育最主要的途径。而专门性的科学教育活动主要是以主题形式出现的教育活动，也称幼儿园科学主题教育活动。幼儿园科学主题教育活动，是指幼儿园教师根据科学教育目标和幼儿认知发展的需要，在一定阶段围绕一个科学教育中心主题，综合选用多种教育形式，组成一系列活动，发挥各种教育手段的交互作用，促进幼儿在科学领域方面获得认知、情感、能力方面的发展。这里的教育活动是广义的，包括集体教育活动（教学活动）、小组活动或个别活动的区域活动或游戏。

简单而言，专门性的科学教育活动就是以主题活动为主，在一段时间内围绕某一个中心（主题）来组织开展的系列教育教学活动。如"动物主题""植物主题""季节主题""节气主题""物理现象主题""科技小制作主题"等，以及主题下面的二级主题。例如以"动物主题"为例，可以形成下面的系列二级主题活动："动物的家""动物音乐会""动物美食""动物运动会"等。主题教育活动一般包括半日主题活动和系列主题活动。

（一）半日主题活动

1. 半日主题活动概念

半日主题活动，顾名思义，就是开展时间比较短、以半天时间为主的主题活动，半日主题教育活动的各项内容都与主题有关，比如半日主题教育活动"鞋的世界"中，由"漂亮的鞋"（认识各种鞋，了解不同种类的鞋）、"神奇的鞋"（鞋的功能，不同鞋有不同的功能）、"好玩的鞋"（用鞋子来玩，鞋子的不同玩法）、"好看的鞋"（画鞋、制作一双鞋）四个活动组成，在晨间活动、学习活动、游戏活动或户外活动中均可体现，通过集体教育活动、小组活动、个别活动等不同组织形式，使幼儿在做做玩玩中了解鞋的种类、功能，从而达到科学活动的主题目标。

2. 半日主题活动案例分析

⭐ **中班半日主题活动：数字乐园**

● **主题活动背景：**

进入新主题"数字乐园"了，我一直在思考，孩子们在生活中寻找了数字，在美工区装饰了数字，还完成了数字调查表，这些关于数字的活动对于中班孩子来说，除了可以感

知数字的多样性以外，还具有怎样的实际意义呢？如何让抽象化、符号化的数字与孩子的生活更紧密相连呢？由此，我设计开展了半日主题活动，下面是节选的几个活动场景。

● 场景一：晨间活动

在晨间活动中，我鼓励幼儿将自己在家中"寻找数字"的发现及时补充到班级的"数字乐园"主题环境中，既可以不断地丰富孩子们的学习环境，激发他们继续探究的兴趣，又可以让孩子们感受到自己是班级、幼儿园环境的小主人。

● 场景二：晨间锻炼

在孩子们进行户外体育锻炼的时候，我们将孩子们认识的"数字朋友"结合图示制作成"中一班晨间锻炼指南"，孩子们看着这份指南就能明白今天有哪些锻炼项目，每个项目几个孩子参加。

在锻炼的过程中，有两天孩子们反映有的运动器械丢失了。我想这是一个非常有价值的教育契机，期望结合孩子们在幼儿园生活中真实出现的问题，提高他们尝试用数学方法解决生活中问题的能力，满足和保证中班幼儿积极为集体服务的意识和愿望。

● 场景三：晨间点心

吃点心时，我们将数字与图标相结合，鼓励孩子们尝试根据图示自己按数量取点心。这为幼儿提供了挑战自我的机会，为一成不变的生活环节注入了新意，也让孩子们在不知不觉中了解了数字的作用。

● 场景四：集体活动

晨间活动出现运动器械丢失的问题让我想到，为了让孩子们成为班级的小主人，每天活动结束后都是由值日生来收拾这些器械的，但每次值日生只是负责把器械运回储藏室里，至于有无丢失根本不知道。这既然是发生在幼儿身边的事情，就应该把问题抛给他们，让他们自己想办法，运用所学的数学知识来解决。由于晨间锻炼的器械数量都在 10 以内，符合中班孩子数学学习的内容。于是，我设计了在户外操场上进行的中班数学活动"我是小小调查员"。

1. 开始的讨论，我引发孩子们回忆晨间锻炼器械丢失的问题，激发他们在思考中发现：借助点数、记录锻炼器械数量的方法，可以解决器械丢失的问题。

2. 第一次调查，孩子们在白纸上用自己的方式任意记录两到三种锻炼器械及数量。

3. 第一次记录之后，孩子们发现大家的记录方式是多种多样的，我引导孩子们讨论交流，发现哪些记录方式更加清楚。同时孩子们发现还可以通过竖线、圆圈、数字等多种方式表示物品的数量。

4. 第二次调查，建立在孩子们第一次记录、讨论的基础上，我将事先准备好的表格呈现给孩子，让他们再次记录。

5. 第二次记录之后，再次组织大家交流，将统计的物品及数量汇集到班级的"晨间锻炼物品调查表"中。晨间锻炼结束之后，孩子们对照这张大表清点、收拾、整理材料，就不会发生丢失的问题了。

场景五：区域游戏

区域游戏时间到了，我根据晨间活动的内容提出问题，引发孩子们进一步思考、探究。

在美工区，孩子们用油泥做电话号码，用报纸做报纸球，把丢失的运动器械补全；在艺术创想区，孩子们用自己和同伴的身体合作摆数字；在小超市中，孩子们清点物品，制作物品数量的清单……

场景六：收拾清点

将每天收拾、检查的任务交给了孩子，并会在今后的活动中一直延续下去，让孩子们在每天收拾和检查的过程中继续发展数概念，同时培养任务意识和责任心。

整个半日活动，反映的是我们幼儿园主题内容生成、发展的过程。在这样的过程中，我感到幼儿园的课程是鲜活的、动态生成的，课程的整体观应体现在儿童经验发展的整体性上，课程应是追随儿童的发展需要而逐步完善的。儿童进行数学活动的核心意义就在于帮助他们解决实际生活中遇到的问题。因此，应该将儿童的数学学习与现实生活密切联系起来，使儿童从生活经验和客观事实出发，在研究现实问题的过程中学习数学，理解数学，发展数学能力。

（案例来源：南京市实验幼儿园黄菲）

想一想

结合幼儿半日主题活动"数字乐园"，分析该科学活动锻炼了幼儿哪些方面的能力。还可以怎样设计？

（二）系列主题活动

系列主题活动在幼儿园是很常见的活动，因为主题包括很多次活动，幼儿在活动中的收获也是多方面的。同样，幼儿也可以通过系列主题活动开阔眼界，在轻松愉悦的氛围中发挥自我潜能，健康成长。

1. 系列主题活动概念

系列主题活动是幼儿园教师在一段时间里，组织幼儿开展一系列相互联系的多个活动，采用多种形式、多种手段来完成一个较大主题的认识过程，时长短则两三天，多则一周或几周。例如，教师制定了科学主题活动"沉浮转换真有趣"，由五个子活动构成，活动一"沉浮现象真奇妙"（区域活动）、活动二"我们也会查找资料"（亲子活动、区域活动）、活动三"沉浮转换真有趣"（小组教学）、活动四"沉浮玩具"（区域活动）、活动五"沉浮玩具展示会"（离园活动），持续两周完成。幼儿在完成各项活动之后，对其中的科学活动主题会有比较深刻的印象，能达到较好的教育效果。

2. 系列主题活动的类型

系列主题活动的类型有很多，不同内容的主题活动可以按照不同的分类标准来设计。

（1）以时间为主线的主题活动。如中班"四季的变化"，由五个子活动构成，活动一"风吹来了"（环境创设）、活动二"时装表演"（亲子活动）、活动三"天气预报记录表"（区域活动）、活动四"超市里的货物"（区域活动）、活动五"树叶的变化"（集体教学）。

（2）以技能为主线的主题活动。如小班"能干的我"，由六个活动构成，活动一"我的变化"（生活活动）、活动二"我会垃圾分类"（社区活动）、活动三"能干的身体"（小组活动）、活动四"儿歌《我真能干》"（集体活动）、活动五"我会穿衣服"（生活活动）、活动六"我会收玩具"。

（3）以必须要掌握的知识为主线的主题活动。如大班"安全我知道"，由五个活动构成，活动一"安全用电我可以"（生活活动）、活动二"交通规则我会看"（集体活动）、活动三"意外来了我这样做"（集体活动）、活动四"身体健康我最棒"（小组活动）、活动五"消防安全日"（社区活动）。

教师要在幼儿的学习和游戏中充分挖掘幼儿园科学教育的价值，发挥教育机制，更好地开展幼儿园科学教育。

二、实施科学教育的重要途径——生活中的科学教育

生活中的科学教育是另外一条很重要的科学教育实施途径，其意义主要表现在两个方面：第一，日常生活中的部分科学教育比传统意义上的"上课"或专门的集体教学来得及时。比如中午吃饭时一名幼儿不爱喝汤，趁着老师不注意将汤浇在了班级的盆景菊花上，还说"菊花好久没有浇水了，我给它浇浇水"。这时老师就可以进行随机教育，召集全部幼儿或者组织部分幼儿来听，介绍要如何给植物浇水才是正确的做法。这种活动就是典型的生活中的科学教育。第二，日常生活中的科学教育是正规性科学教育活动的延伸，有利于巩固幼儿的知识、培养幼儿的科学探究能力。比如在开展集体教育活动"有趣的斜坡"后，有的幼儿中午自由活动时就在班级桌子上或床边验证老师所教的方法，探讨什么样的条件下物体下滑得快。

微视频：
一日生活
皆课程——
如何在生活中
进行科学教育？

（一）幼儿园生活中的科学教育

对幼儿来说，科学就是他们每天所做的事情。在一日生活中，幼儿对周围世界的好奇和疑问无时无刻不在发生。因此，幼儿科学教育应渗透于一日生活之中，更多地在一日生活中随机生成。教师可以在幼儿园与孩子一起共同创设各种各样的区角，投放各种丰富的科学活动材料以及观察、记录工具。区角中投放一些专供幼儿做小实验的材料和工具，如磁铁、凹凸镜、纸、水、颜料、电池等，让他们自己动手做一些感兴趣的小实验，如"摩擦生电""沉浮实验""会变的颜色"等。在活动中幼儿都能比较积极地参与，动手动脑，在玩中探索，在玩中发现。还可以开辟种植区、饲养区，提供黄豆、绿豆、蚕豆、玉米等种子，也可请家长帮忙提供萝卜、葱头、土豆、山芋等，让幼儿在种植区开展种植活动，进行观察和记录。有条件的幼儿园还可开展养殖活动。

Note

（二）家庭生活中的科学教育

幼儿见到的最初的科学活动都是从家庭开始的，作为幼儿科学启蒙教育的第一任教师，家庭教育中家长能够给予儿童更细致的指导和更多的关注。家庭生活活动呈现出以下几个特点：

（1）随机性。家庭教育不同于幼儿园教育活动，随时随地可开展活动，家庭中只要出现了科学教育契机，就可以马上和孩子一起探索。如制作"不倒翁"，家长和孩子共同探索不倒翁的原理，并发现生活中的蛋壳可以制作不倒翁。

（2）针对性。家庭中的科学教育可以进行一对一或者多对一的教育，更具有针对性，时间上也更自由，父母可以根据孩子的兴趣、能力、需要等开展科学活动。如"头发飞起来了"，冬天洗头，擦干头发梳理的时候，会发现头发会"跳舞"。就这一现象和孩子去探索除了头发会"跳舞"，还有什么会跳"跳舞"？碎纸屑会吗？引导孩子了解生活中的静电现象。

（3）丰富性。家庭中的资源是丰富多彩的，上至天文地理、下至生活的方方面面，只要家长有意识，并具备一定的知识，这些内容都可以在家庭中展开。

（4）开放性。幼儿的学习来源于生活，家庭生活中的一切资源都可加以利用并为教育服务。如"绿色的海藻"，孩子看着妈妈每天都用海藻做面膜，于是想知道海藻是怎么来的。就这一疑惑开始了家庭探索，孩子尝试把海藻放在水里，一周之后发现海藻都发芽了，绿油油的一片。

（5）潜移默化性。父母在生活中对待幼儿提出科学问题的态度在无形中影响着幼儿，父母乐于与幼儿共同探索，儿童也会形成学习科学的兴趣并积累科学经验。

三、实施科学教育的补充途径——家园社区共育中的科学教育

幼儿园开展的科学教育与家庭教育协调一致，教育效果就会得到提高。《纲要》指出："幼儿园应与家庭、社区密切合作，与小学相互衔接，综合利用各种教育资源，共同为幼儿的发展创造良好的条件。""家庭是幼儿园重要的合作伙伴。应本着尊重、平等、合作的原则，争取家长的理解、支持和主动参与，并积极支持、帮助家长提高教育能力。"就幼儿园科学教育而言，取得家庭、社区的积极配合更为重要，家长和教师要共同成为幼儿园科学教育的实施者、教育者、指导者。

（一）家园合作

家园合作的这个途径又可以表现为四种具体的做法或措施：其一，家长配合幼儿园科学教育，帮助孩子巩固在幼儿园所学的科学知识和技能。如幼儿园开展了"蛀牙的危害"科学活动，家长可以在家庭里面让孩子回忆教师所教的内容，协助幼儿掌握正确的刷牙方法。其二，家长参与幼儿园的科学教育活动方案的设计，与幼儿一起参加科学教育的观摩活动与教研活动。比如幼儿园开展了颇具特色的庆六一游园活动，设计了很多科学小游戏或科学小实验过关活动，理工科家长可以发挥特长，为幼儿园庆六一游园活动设计一些好玩有趣的科学活动。其三，家长直接参与幼儿园科学活动，比如家长入班当助教，或者直接为孩子们组织科学活动。其四，家长将幼儿园的教育要求或任务延伸到家庭，督促孩子完成，并将孩子在家庭中的表现反馈给幼儿园教师，方便教师更好地在幼儿园开展科学教育活动。

教师要积极开展各种各样的家园联系活动，如通过家长会、家访、家园联系专栏等方式做好家长工作。通过多种途径引导家长了解科学教育的重要性，掌握科学教育方法，争取家长的积极配合，要让家长将幼儿园的教育成果延伸到家庭教育中进行应用与巩固。

（二）社区共育

幼儿园与社区直接有着密切的联系，社区资源的开发利用是幼儿园开展科学教育活动不可或缺的途径。如何有效利用社区资源来实现与幼儿园教育的共育是一个值得思考的问题。

经典案例

无车的小区

在"无车的小区"活动中，户外活动时间，教师组织幼儿来到社区，开始围绕社区进行探索发现活动。忽然有一个小朋友提到："为什么没有车呢？"其他小朋友也发现了这个问题，孩子们开始围绕"为什么没有车"这个话题展开了讨论，有的小朋友说"我家的小区有很多车，走路的时候妈妈让我注意车辆"，有的小朋友说"我家小区也有车，每次妈妈都拉着我的手"……这时教师走过来加入了讨论，并让小朋友们说说没车的原因，说什么的都有，有的说人们都开着车去上班了，有的说车都在地下停车场……听完了小朋友的讨论之后，教师揭晓了答案，原来这个小区为了方便幼儿随时能进行户外活动，上午九点至下午五点之间是不允许车辆在小区内行使的。

想一想

根据"无车的小区"的讨论，分析还有哪些社区资源可以融入幼儿的科学教育。结合案例分析，可以交流讨论。

基于家园共育角度，社区的科学教育资源、人力资源等也可以充分利用起来。教师的教育、家长的配合、社区资源的共享多方面结合才能促进幼儿园科学教育的高效开展。幼儿入园后，家长和教师要协调一致，使幼儿的发展成为一个长期、延续的教育过程，得到较好的教育效果。

四、实施科学教育的新增途径——网络媒体成为科学教育的新途径

在新技术、新产品不断出现的新时代，幼儿园科学教育也要发挥网络新媒体宣传阵地的作用，利用网络和媒体开展幼儿园科学教育。传统的网络如计算机网站、一些综合性教育类网站或专门定位于科学教育的网站，都提供科学教育有关的内容或课程，这些资源（文本、视频、音频、动画、图片等）家长或幼儿园教师可以利用起来，为幼儿提供更多科学教育的素材。

（一）传统媒体

电视媒体和纸媒也是比较传统的教育途径。幼儿可以通过观看自己喜欢的科学电视节目、影像，阅读自己喜欢的科普图书或绘本，在潜移默化中接受科学的熏陶。

（二）新媒体

新媒体发展迅速，包含的内容丰富多彩，如微信公众号、微信视频号、微信企业号、钉钉、抖音、快手等平台上出现了很多关于幼儿的科学小游戏、科学实验、科学制作等免费分享内容，部分课程需要付费购买。这些内容特别是带有操作过程的科学教育视频非常受家长和孩子的欢迎，其操作直观、步骤明了、讲解清晰，还有一些互动有趣的示范，使高深的科学原理变得浅显易懂。

想一想

大班科学活动：朵朵打电话

这天，朵朵小朋友忽然想起来很多天没看见姥姥了，于是，朵朵拿起电话拨通了姥姥家的电话，嘴里还念着电话号码。"滴……"电话响了，姥姥拿起电话询问："噢，原来是朵朵啊！"听了朵朵的话之后，姥姥明白了，原来是朵朵今天出去玩，捡回来很多很多的树叶，朵朵不知道用这些树叶做什么。姥姥想了想，告诉朵朵说："树叶可以做各种各样的造型。我们可以想想，做什么呢？怎么样去做呢？"在姥姥的提示下，朵朵完成了《美丽的舞者》这个作品。

根据幼儿园科学活动"朵朵打电话"，想一想，分析一下该科学活动中还可以用什么样的方式引导朵朵利用树叶做出更多的作品。这些方式是否适合幼儿园的小朋友，说说你的理由。

与幼儿教育相关的新媒体要多开发能够促进幼儿动脑、动手的科学小游戏、科学实验等科学教育内容，多编写一些生活中的科学常识小故事。在网络时代，很多幼儿都可以独立浏览短视频，据此，相关网站就可利用儿童模式投放提升幼儿科学探究意识的趣味小知识和适宜幼儿练习的科学小视频。

网络和媒体的途径如果教师和家长运用得当，可以让幼儿在欢乐、轻松的氛围中受到积极的影响。当然，这需要教师和家长对相关的内容进行筛选，在时间上也要注意不能太长，否则会造成以娱乐为主或不注意观看时间、用眼过近、用眼过多等问题，影响孩子的身体健康。

实训操练

观摩与评析：观摩幼儿园科学教育活动视频，尝试还原活动设计，例如活动的途径、活动主题、活动过程等内容，利用小组互相评析。

课外拓展

在网上搜索张以庆执导的纪录片《幼儿园》，分析其中的"收集空气"片段教学（见本书第10页视频），评析老师组织活动的途径是否恰当，在此过程中的教师做法是否合理，说说你的理由。

过关练习

1. 初冬的早晨，突然起了大雾，老师立刻组织幼儿对这种不常见的天气进行观察、交流。这属于科学教育活动中的（　　　）。

A. 正规性科学活动　　　　　　　　B. 非正规性科学活动

C. 偶发性科学活动　　　　　　　　D. 渗透的学前儿童科学教育活动

2. 春天到了，李老师想让小朋友了解关于春天更多的奥秘。所以，她根据教学用书《柳树》设计了一节"春天各种各样的树"的科学活动，这种活动属于（　　　）。

A. 正规性科学活动　　　　　　　　B. 非正规性科学活动

C. 自然科学活动　　　　　　　　　D. 课程科学活动

3. 关于学前儿童科学活动类型的表述，正确的是（　　　）。

A. 偶发性科学教育活动没有既定的活动目标

B. 非正规性科学活动仅仅是正规性科学活动的延伸

C. 在非正规科学活动中，教师不提供材料，儿童自己就地取材

D. 正规科学活动的内容是随机、不确定的

本节参考
答案与解释

第二节　多样化的科学教育活动组织形式

《纲要》第三部分"组织与实施"明确指出，"教育活动的组织形式应根据需要合理安排，因时、因地、因内容、因材料灵活地运用"。幼儿园教育活动的组织形式一般分为三种：一是集体教育活动，在幼儿园也叫集中教育活动；二是小组活动或分组活动；三是个别活动。因此，幼儿园的科学教育活动的组织形式也即这三种组织形式。

一、集体教育活动

集体教育活动或集中教育活动，是幼儿园科学教育的重要组织形式。教师组织科学教育的集体活动，全班幼儿共同参与。该组织形式可在短时间提供大量共同经验，注重教育内容的逻辑性，使

幼儿在活动中相互启发，发展自律、合作意识。

（一）幼儿园科学教育集体活动的特点

幼儿园科学教育集体活动是教师对幼儿进行的有目的、有计划、有组织的学习活动。在集体教育活动中，幼儿要学会倾听，并要大胆表达自己的看法；要学会遵守活动规则，并会适当地自律；要集中学习某方面的知识技能，这对幼儿社会性的发展和知识的获得有积极的帮助。

集体教育活动的最大优点是能够使幼儿在短时间内获得相应的教育信息；教师能在一定的空间和时间里，充分利用教育资源，促进所有的孩子在原有水平上得到一定发展。集体活动的缺点在于，同一时间内全班幼儿以同样的速度学习相同的内容，教师难以关注幼儿的个别差异，因为每个幼儿的发展水平是不一样的。集体教育活动容易导致不能充分考虑每个幼儿的特点、兴趣、需要，幼儿的表现机会少，不利于有针对性地培养各种能力。

（二）幼儿园科学教育集体活动的指导要领

有人说集体活动很容易被看作灌输式的教学，这是对集体活动的曲解。是否灌输教学，取决于老师的教学方法和教育理念，而不是与组织形式有关。集体活动也可以采用启发、引导、吸引幼儿主动参与等教学方法，做好以下三点工作可以取得很好的活动效果：

1. 要采用适宜的教学方法

指导幼儿的集体教育活动，从开始就要明确活动的目标，为幼儿提供充足的探索材料，选用恰当的教学方法，以此激发幼儿的兴趣，使幼儿在好奇心的驱使下进入探究活动。

（1）明确活动目标。幼儿园老师要了解、分析科学教育的内容，明确科学活动的重点与难点，并根据本班幼儿发展水平和幼儿园现有条件，制定适宜的活动目标，设计分解重难点的方法，以便更好地达到科学教育的活动目标。

（2）充分做好准备。在开展活动前，对于活动经验的准备、物质材料的提供、环境的创设、桌椅摆放、活动环节的安排等工作，幼儿园教师要做好相应的准备，必要的话还要进行说课或预教、预演，以便活动能顺利开展。

（3）确定教学方法。科学教育是幼儿很喜欢的活动。教师要针对不同性质的活动内容，选择相应的教学方法，一方面是老师"教"的方法运用，如讲解法、演示法、操作法、游戏法、引导法等；另一方面要考虑幼儿"学"的方法指导，如观察、操作、练习、讨论、测量、分类、实验、比较等。

2. 要分析幼儿的学习方法

在集体教育活动的组织中，教师的角色主要是引导，根据幼儿的年龄特征和已有的知识经验水平，能够看见、看懂、理解幼儿的表现。

（1）分析活动的内容。一般来说，幼儿园科学活动内容可以分为认知、情感、动作等类型，针对不同的活动内容可以采用不同的教学方法。对认知与情感相结合的科学活动内容，教师要充分创设情境，让幼儿体验，获得直接经验；对认知与动作相结合的活动内容，教师要提供多种感性材料，让幼儿尝试、操作与发现。年龄越小的幼儿，越需要将感觉、运动系统和直接经验融入学习活动，教师要准备充足的操作材料和更多的具体形象范例。随着年龄的增长，幼儿的发展是有差别的，应在科学教育活动中逐渐增加抽象、概括的学习内容，以适应幼儿的发展。

（2）了解幼儿的认知情况。认知结构是存在于幼儿头脑里的知识结构，原有的认知结构对新的学习会产生影响。因此幼儿园老师首先要注意因材施教，对不同水平幼儿提出不同要求，让每个幼儿在自己最近发展区获得发展；其次注意新旧知识的衔接，注意学科知识的系统性、连贯性和整体性，循序渐进，由浅入深；最后要预见幼儿在学习新知识时可能面临的困难与问题，并进行相关的准备。

（3）调动幼儿学习的兴趣。在开展科学活动时，教师始终要遵循赏识教育的理念，多鼓励孩子，多欣赏孩子。教师一个鼓励的眼神、一句关爱的话语、一个亲切的拥抱、一朵小小的红花，都能让幼儿获得心理上的认可及成就感，这些都可能成为影响幼儿主动学习的因素。老师要引导幼儿运用多种感官感知，并采取多种形式的教育方法，调动孩子对科学的兴趣和探究愿望，应与幼儿建立亲密的合作关系。师幼互动良好，幼儿就能学得轻松，学习效果会更好。

3. 坚持开放教育，整合多种教育内容

我们提倡幼儿园要开放办学，就是要积极对接各种社会资源。教师在组织科学活动时也要有开放的心态，整合各种适合幼儿园开展的科学教育活动内容，无论是幼儿园教师用书、其他活动资料，还是幼儿园园本课程内容，或者是幼儿园以外其他渠道的教育内容，都可以成为幼儿园科学教育的内容。教育内容是教育活动的中介和载体。适合幼儿年龄特点、认知水平和幼儿园现有条件的科学教育内容，能充分调动幼儿活动的积极性、主动性、创造性，会使幼儿扩大原有科学知识结构，从而形成新的认知结构。

（三）集体教育活动的有效运用

前面说过，根据内容的不同及幼儿发展情况，在开展幼儿园科学教育活动时可以采取适宜的组织形式。有许多教育内容适合用集体教育活动的形式进行。首先，科学领域的自然常识、科学现象及科学实验、人体与环境保护、科技小制作等内容适合用集体教育活动形式开展。其次，幼儿都感兴趣的内容，或不需要幼儿探索、个别化学习的内容，如讲科学家的故事、新中国的科技成果等适合以集体教育活动的形式进行。从类型来看，观察类科学活动、实验类科学活动、制作类科学活动、交流讨论类科学活动等很适合集体教育活动形式，当然，这些内容也可以用小组活动、个别活动等形式，只是效果可能不如集体教育活动。

二、小组活动

小组活动在幼儿园也叫分组活动。幼儿园老师提供科学活动的材料，幼儿以小组形式共同参与科学活动，自主探索、协作的机会更多，可以充分表现自己，有利于独立、自主、协作等精神的培养。过程中，教师要关注各小组情况，给予必要的指导，这种指导大多为间接指导，也可进行适当的直接指导。幼儿小组合作能力的培养是小组活动有效进行的前提条件。

（一）小组活动的特点

小组活动是将全班幼儿分为几个小组，一般每个小组 4～6 人为宜。每组的内容与操作材料可以相同，也可以不同。可以按能力不同分组，对于能力强的小组，老师安排的内容或材料应相应难一些。也可以按能力均分，就是每个组都有能力强与弱的幼儿，这样能考虑到小组平衡，在有评比的情形下更适合按能力均分。如果按能力不同分组，则每组的内容或要求有所不同，本组任务完成后，各小组交换，或幼儿可以跑组（参加到别的组）。分组教学能有效解决班级幼儿人数过多的情况，使教师能更好地关注每个孩子，也可称为小型化的集体活动。

（二）小组活动的指导要领

小组活动和集体教育活动一样，除了要注意教学方法、幼儿的学习特点和活动内容外，还应注意以下三点：

首先，在空间上要避免干扰。不同小组要安排在不同的区域，要有一定的空间间隔，避免挨得太近互相影响活动的开展。如果空间不够的话，可以把教室（活动室）、寝室、走廊、过道等都利用起来。

其次，按能力不同分组要在内容或要求上有所区别，避免重复。教师可根据幼儿的个体差异，按照幼儿认知、能力等进行分组。教师要有较多的时间和精力来观察幼儿，了解幼儿活动情况、能力水平、实际需要，从而更有效地弥补集体教育活动中幼儿容易被忽视的情况。

最后，确保小组活动的正常交换，使每个孩子能获得同等的学习机会。在本组完成任务后的幼儿，可以跑到其他组继续进行相应活动。如果本组幼儿都完成了，就可以小组整体交换。

（三）小组活动的有效运用

为了提高幼儿的合作能力和合作意识，划分小组时要规则明确，给幼儿留有思考的空间。

（1）直接分成若干组。如果教学内容适合分组，可以在教学中进行，也可以在活动区中进行，如在阻力或摩擦力有关的斜坡探索活动中，一组小朋友得到的材料坡度一样高，但类型不同（有光滑的积木、比较粗糙的积木、非常粗糙的木块、圆球），另外一组小朋友得到的材料类型相同，但是坡度不同。幼儿操作和记录不同材料从不同高度斜坡滑下来的快慢情况。

（2）集体活动后的分组。如科学实验"有趣的斜坡"，教师先进行集体示范讲解，引导幼儿了解影响物体下滑速度的因素，然后根据孩子的不同水平，设置 3～4 组不同的操作内容，组织幼儿分组操作。

（3）各功能室的分组。有的幼儿园有专门的科学功能室，功能室中空间分开，便于教师的指导。幼儿可分成 2～3 组，在教师的指导下进行科学活动。教学内容放在功能室，能充分利用功能室的良好条件，节省教师准备材料的时间，空间上也更有利于幼儿开展活动。

三、个别活动

个别活动是为了适应幼儿个体差异性而设计的组织形式，个别活动不等同于幼儿的独自学习。

当同一个活动内容因幼儿的水平体现出不同活动效果时，教师可以根据幼儿能力、兴趣、需要和所遇到的困难在教学活动过程中设计不同的教学计划。

（一）个别活动的含义

个别活动是教师针对幼儿的实际情况和能力进行有针对性指导的教学活动，这是一种以儿童的发展为中心的活动形式。个别活动有利于因材施教，发挥幼儿的主体性。个别活动对师资、设备有更高的要求，对教师的教育技巧要求更高。与科学有关的生活技能、劳动技能和种植区、养殖区的观察等通常采取个别活动的形式。

（二）个别活动的适用情形

个别活动是一种具有针对性的指导活动，也可以结合集体教育活动和小组活动开展。适用的情形有：

（1）幼儿园科学教育中有很多行为和技能的练习，比如：精细动作技能的练习，卫生保健生活、自我服务行为的练习，自然观察。在集体和小组活动的过程中会有能力较弱或者没有掌握活动内容的幼儿，这时教师应该在幼儿自由活动的时间中，有意识地对其进行个别指导。

（2）教师进行针对性的技能指导。在科技小制作中，不同幼儿之间的能力差别较大，有的幼儿就需要老师一对一地有针对性地指导。个别幼儿也会因能力较弱导致技能掌握不足和练习的时间较少，教师要为这些幼儿准备一些类似的活动让他们自行练习。

（3）结合集体活动进行个别活动。如：在"美味的食物（科学合理配餐）"健康与科学综合活动后，教师给每一位幼儿发了一张营养记录表，记录每天的食谱，这就需要幼儿根据自己的实际就餐情况来填写，完成个别活动。

（三）个别活动组织形式的优点与不足

首先，教师在个别活动中单独地对幼儿进行教育和指导，会有助于幼儿提升自身能力，发掘潜能。其次，教师的具体指导有助于幼儿建立自信心和胜任感，增强其参加活动的兴趣和热情，对幼儿的心理健康发展有着重要作用。而且教师在观察幼儿具体行为的基础上，为他们设计了个性化的个别活动，针对出现的问题设计相应的练习和实践机会，可以丰富幼儿的科学经验，避免了活动的盲目性。在个别活动中，幼儿可以按照自己的意愿，选择活动内容和形式，提升自我学习能力。

个别活动也存在某些不足，其对活动材料的投放有着具体化的要求，对于教师的观察能力和教育技巧也有着高要求，且教师容易在单独指导时忽视对其他幼儿的关注。若只开展个别活动，不能很好地结合集体教育活动和小组活动，则不利于培养幼儿合作能力和幼儿社会性的发展。

集体教育活动、小组活动、个别活动这三种活动组织形式各具特点，适合于不同的教育内容和教学需要。这三种活动组织形式的划分不是绝对的，在开展活动的过程中，教师可以根据科学教育内容灵活地运用，可以先集体后小组，或先小组后集体；也可以先集体后个别，或先个别后集体。作为教师，要善于分析、判断和反思，采用恰当的教育组织形式，灵活运用集体、小组、个别活动等形式，争取科学教育的最优化。

Note

实训操练

去幼儿园选定一个班级观察幼儿一日生活中所涉及的科学活动，记录科学活动中幼儿的表现，并提出建议或看法。

课外拓展

通过观看大班科学活动"有趣的影子"，说说教学活动的设计和开展对你的启发。

大班科学活动：
有趣的影子

真题再现

1. 幼儿园集体教育活动和游戏的含义分别是什么？试述两者的区别与联系。（简答题）

本节参考
答案与解释

过关练习

1. 关于儿童科学活动的组织形式，错误的看法是（　　）。

A. 集体活动形式不能放弃而要加以完善

B. 应以小组活动形式替代集体活动形式

C. 要灵活采用不同的组织形式

D. 各种组织形式都不要互相排斥

2. 能够最大限度地满足幼儿个人兴趣和需要的科学教育活动组织形式是（　　）。

A. 集体活动　　　　　　　　　　B. 小组活动

C. 大组活动　　　　　　　　　　D. 个别活动

第五章　幼儿园科学教育活动的设计与指导基本策略

学习目标

1. 了解幼儿园科学教育活动设计的基本要素。
2. 掌握幼儿园科学教育活动设计的难点突破。
3. 初步掌握幼儿园正规性科学教育活动设计与指导的策略。

核心知识

幼儿园科学教育活动设计的基本要素、专门性的科学教育活动、偶发性科学教育活动。

本章导学

本章概要

　　活动设计是指在开展教学活动之前，教师能够根据教育目标，有目的、有计划地设计教育过程。本章系统阐述了幼儿园科学教育活动的设计与指导的策略，一个完整的幼儿园科学活动的设计包括活动名称、活动目标、活动准备、活动过程和活动延伸，这些可以算是活动设计的基本要素。在了解幼儿园科学教育活动设计要素的基础上，重点解读科学教育活动的内容设计、目标设计、材料设计、过程设计四个难点。科学教育活动的设计与指导两大模块部分工作是相辅相成的，共同完成科学教育的目标。正规性科学教育活动主要指专门性教育活动，一般以集体形式开展的科学教育活动为主。非正规性科学教育活动主要是区域科学活动和生活中的科学教育。本章第二节重点阐述科学教育集体教学活动的设计与指导、区角科学教育活动的设计与指导。

案例导入

科学探索活动：了不起的轮子

　　生活中，幼儿随时在享受着轮子带来的好处，如玩扭扭车、滑板车，感受轮子的乐趣。于是，教师围绕"轮子"这一主题，师生共同开展了"了不起的轮子"探索活动。首先，教师引导幼儿在装有圆形、三角形、正方形积木的"百宝箱"中摸一摸，感知物品的形状。然后，让幼儿自由探索哪个形状的轮子会滚动、哪个形状的轮子不会滚动。"了不起的轮子"是小班科学活动中比较典型的内容，在这个活动中，教师围绕幼儿已有的经验和水平，把观察与探究带进了幼儿的"玩"中。幼儿在玩中学，不仅掌握了轮子的形状，而且表现出了极大的探索热情。教师如何将幼儿感兴趣的内容转化为科学教育活动？如何设计与指导幼儿园科学教育活动呢？

　　20 世纪 90 年代后，科学教育走进了幼儿园，并慢慢被幼儿园老师、家长所接受，他们认为幼儿有科学，可以学科学。《指南》描述科学领域的幼儿学习与发展，科学探究子领域提出了三条目标，强调幼儿的科学学习的核心是激发探究兴趣，体验探究过程，发展初步的探究能力。为贯彻落实《指南》精神，幼儿园科学教育活动设计与实施至关重要，本章围绕幼儿园科学教育活动设计与指导的重点进行阐述。

第一节　幼儿园科学教育活动的设计与指导策略

　　一个完整的幼儿园科学活动的设计包括活动名称、活动目标、活动准备、活动过程和活动延伸。不同领域教育活动的设计大体都是这个模式。这些可以算是活动设计的基本要素。掌握这些要素后，教师可以尝试开始设计幼儿园科学活动并进行实践。

　　当然，仅仅掌握这些活动要素的基本部分，教师还不一定能设计好科学活动方案。其中比较难的就是解决下列问题：如何选择合适的内容？目标要如何设计才合适？要准备哪些适宜材料以及何时投放材料？科学活动的过程要如何设计才能让幼儿觉得好玩有趣又能达到科学教育活动的目标？

　　本节主要从两个方面来阐述，一是对完整的幼儿园科学教育活动的基本要素进行简要阐述，二是就其中比较难的部分重点展开阐述。

一、幼儿园科学教育活动设计的基本要素

一个具体的科学教育活动计划包括活动名称、活动目标、活动准备、活动过程和活动延伸五个方面的要素。作为幼儿园教师，在制订活动计划时，这五个方面的要素要齐全，不要遗漏，这是最基本的活动计划撰写要求。有的老师还可能增加"设计意图"这个内容，阐述为何选择这样的活动内容和设计。如果考虑活动开展以后的设计，还要在活动计划的后面预留活动反思，可在开展活动后再填写，完成活动反思这一环节内容。

（一）活动名称

活动名称就是活动的标题，如"小班科学活动：认识牙齿"。规范的活动名称包括三个小要素，一是要体现年龄班，二是要体现活动领域或活动类型，三是要有具体的活动名字。以"大班科学活动：有趣的斜坡"为例，"大班"表明该活动内容适合大班幼儿，"科学活动"体现的是幼儿园活动领域，区别于其他领域，这是大的类型命名，也可更具体些，如观察认识型科学活动、科学实验、科技小制作等，如"中班科技小制作：纸船"。三是具体的活动内容名字，如"有趣的斜坡"。

（二）活动目标

活动目标包括三个维度的目标，即认知目标、能力目标和情感目标。认知目标主要是粗浅的科学知识。能力目标包括观察、实验等科学探究方面的能力，记录、表达等语言能力，其他如合作能力、比较与概括能力等。情感目标主要是幼儿对于科学或科学教育的态度、兴趣、意愿或情感。

（三）活动准备

活动准备包括两个方面，一是经验准备，二是物质准备。经验准备一般可以采用这样的表述"已有的……知识和生活经验；学过……查找……的资料"。物质准备包括材料准备和环境创设。物质准备中的材料准备包括教师用的道具、教具，以及幼儿用的操作材料。对于幼儿操作材料要进行分类表述，将同类材料写在一起。材料在数量上要保障孩子能分组或个别操作。环境创设一方面可以在活动开展之前为孩子提供操作练习、观察的机会；另一方面也为活动开展之后的活动延伸提供巩固练习的机会。环境创设可以采用这样的表述，"在……区角创设科学探索区，并投放相应的材料""在幼儿园班级创设……的活动主题墙"或"布置……的科学活动展板"。

（四）活动过程

幼儿园的科学活动过程设计，可以分为三个基本环节或步骤，其中，开始部分又称为导入环节。基本部分是活动的具体实施过程，又可拆解为四个小环节：教师讲与演（提要求、讲解操作要领、示范）、幼儿练（分组或个别操作、实践）、幼儿分享表达交流，以及师生小结梳理。

1. 开始部分

创设问题情境导入，不仅仅要引起幼儿的兴趣，而且要设疑，激发幼儿探索愿望。

2. 基本部分

探索学习、分享、交流、表达。基本部分的活动可以开展两次活动，每次活动可以分为四个小环节，一般第二次活动要求或内容更难，或者是第一次活动的递进。

（1）教师讲解操作要求或要领（讲解活动玩法、规则；示范、演示）。

（2）幼儿自由探索（分组操作）：提供材料（乐器、图书、实物等），教师通过观察孩子了解孩子操作水平和兴趣、愿望，及时指导。

（3）分享、表达、交流：鼓励幼儿使用符号化、图像化（画、表演、制作等）的方法表现探索的结果，并开展同伴两两交流、小组交流、全班交流。

（4）教师梳理、点评、小结：把孩子零散的想法、知识进行归纳整理，总结出最主要的知识点（体现或完成科学教育活动的认知目标）。

3. 结束部分

活动总评，积累经验，用新的经验解决生活中的问题。

（五）活动延伸

一次幼儿园科学活动，无论是时间还是活动的容量都是有限的，因此，还需要将活动中所涉及的科学知识与原理在家庭教育、社区教育中继续延伸，特别是可以在幼儿园的区域活动和一日生活中进行练习予以巩固。因此，在活动延伸的设计上，教师可以围绕家庭、社区、幼儿园的区域与一日生活来设计相应的活动，巩固在科学教育活动中所学的知识。

以下案例"大班科学活动：趣味钻空隙"是一个比较完整的科学教育活动设计。结合《纲要》《指南》中科学探究活动的核心"激发探究兴趣、体验探究过程、发展初步探究能力"，本次活动目标定位在让幼儿经历实际操作探索，在发现问题、解决问题的过程中，获得有关情、能、知三方面的学习与发展。目标一：发现物体之间的空隙，感知物体特征与其空隙之间的关系，学习合理安排同一空间里的物体（指向科学知识经验获取）。目标二：能发现问题，通过实验操作、对比分析、主动验证等探究解决问题的方法（指向科学探究能力培养）。目标三：积极交流自己的探究发现，体验科学探究的乐趣（指向科学探究兴趣与品质的培养）。活动准备（结合活动开展的需要）包含了物质准备和经验准备两方面。活动过程设计是以幼儿区域活动的探究中发现的问题为导入，此为活动的开始部分。活动基本部分教师聚焦问题，出示实验材料，引导幼儿观察操作材料，组织讨论，交流发现。让幼儿在探究过程中不断发现新经验，并获得有关探究能力的发展。结束部分教师引导反思生活、游戏中遇到的问题，迁移合理运用空间的经验解决问题。最后将活动延伸至区域活动和生活实践。

大班科学活动：趣味钻空隙

园所：福建幼儿师范高等专科学校附属第二幼儿园

执教教师：李秋霖

指导教师：吴端萍

● 活动目标

1. 通过发现物体之间的空隙，感知物体特征与其空隙之间的关系。

2. 能发现问题，通过实验操作、对比分析、主动验证等探究解决问题的方法，学习合理利用空间。

3. 积极交流自己的探究发现，体验科学探究的乐趣。

● 活动准备

（一）经验准备。

1. 幼儿已在自主游戏中探究过"巧装米豆"的材料，并能记录有关的发现，收集探究问题。

2. 有自己整理书包、玩具柜等各类物品的经历。

3. 有清洁整理材料、桌面等经验。

（二）物质准备。

1. 基础材料：核桃55g、花生105g、小米135g，空瓶子（380ml）。

2. 拓展材料：桂圆45g、绿豆160g、小米50g。

3. 其他材料：PPT、视频、漏斗、记录表、标记笔、扫帚、畚斗、黑板等。

● 活动过程

一、结合游戏中幼儿的自主探索，聚焦有关问题，交流、讨论、分析自己的操作发现与问题。

（一）交流自己的探究发现与问题。

师：小朋友们，你们之前在区域里玩了"巧装米豆"的游戏，你们把核桃、花生、小米这三样材料都装进去了吗？有什么发现？是怎么装的？遇到什么问题？为什么？……

（二）结合幼儿的操作与记录，组织观察、比对、分析与讨论，找出影响"是否都能装进去"的关键因素。

1. 结合实物与图片比对分析，引导幼儿观察核桃、花生、小米之间的空隙，并感知空隙的不同。

2. 结合幼儿的观察记录做进一步比对、分析：为什么要先装大的再装小的？

3. 引导幼儿比对观察：如果先装小的东西，那大的东西再装进去会怎样？

师生互动小结：如果能够合理利用空隙，就能装下更多的东西。所以，装东西的顺序很重要。

Note

二、分组实验操作，尝试合理借助空隙来装物品。

（一）出示实验材料，引导幼儿观察、比对材料，发现新材料。

（二）选择材料操作，讨论操作要点。

1. 每个人自选一份操作材料。

2. 操作前先观察、思考，想清楚自己的操作计划。

3. 操作过程中注意保持环境的清洁，并做好材料的整理、收放。

4. 操作结束后可以与同伴互相交流自己的探究发现或问题。

（三）组织讨论，交流发现。

师："这次三杯东西全部装进去了吗？你们是怎么装的？用了什么方法？为什么？"

师："还有什么发现？"

师："有没有遇到新的问题？你们是怎么解决的？"

师生互动小结：装东西的顺序很重要，我们一般先放大的再放小的，小东西可以更好地填到大东西的空隙里，不占空间；装东西的方法也很重要，拍一拍，压一压，摇一摇，震一震，等等，这些方法可以让空隙被填得更紧实，能让我们在有限的空间里装下更多的东西。

三、反思生活、游戏中遇到的问题，迁移合理运用空间的经验解决问题。

（一）观察幼儿常用的铅笔盒、书包、行李箱等物品的图片，引导幼儿讨论、发现其中的问题。

（二）鼓励幼儿迁移合理安排空间的经验，尝试解决生活、游戏中的问题。

● **活动延伸**

1. 区域游戏：提供更多的生活、自然材料让幼儿进一步探究物品的空间安排，了解"空隙"与物体大小、质地、形状、摆放方式等方面的关系，积累相关经验。

2. 生活实践：整理书包、图书、家中的衣柜、班级的游戏柜等。

二、幼儿园科学教育活动设计与指导难点的突破

前面阐述了幼儿园科学教育活动设计的基本要素，大家在学习后会对幼儿园科学教育活动设计有个整体了解和基本框架，也为开展幼儿园科学教育活动打下基础。

在了解幼儿园科学教育活动设计要素的基础上，下面结合幼儿园老师在设计活动时感觉比较难的部分进行讨论，重点解读科学教育活动的目标设计、内容设计、材料设计、过程设计四个难点。

（一）目标设计——定位准确

目标的定位是否准确，影响科学教育的方向。科学教育的目标侧重点经历认知、能力、情感的发展过程。根据《纲要》中对科学领域提出的目标，科学教育的目标侧重点顺序为：情感→能力→认知。当然一些老师在制订活动目标时可能没有按这个顺序来呈现，一般来说能体现"知、情、

能"三维目标即可。本节阐述的目标指的是具体活动的目标，不是科学教育活动的年龄班目标或幼儿园科学教育的总目标。

1. 情感目标——重点培养

《纲要》《指南》中关于目标和年龄阶段的典型表现中，多处使用"喜欢、愿意、兴趣"等词，可见更多是强调情感态度目标的达成，而不是偏重知识技能等目标。《纲要》在教育内容与要求中指出：要"从不同的角度促进幼儿情感、态度、能力、知识、技能等方面的发展"。如"大班科学活动：趣味钻空隙"的情感目标为"积极交流自己的探究发现，体验科学探究的乐趣"。体验乐趣是关键表述，积极交流体现的是态度。

2. 能力目标——获得方法

古语云："授之以鱼不如授之以渔。"这句话告诉我们一个道理：教"方法"远比教"知识"更重要。方法往往与能力有关，涉及探究解决问题的策略，本书前面章节出现的"科学方法"，主要涉及的就是能力目标。幼儿学习科学的方法包括观察、实验、思考、记录、表达、交流等。教师在开展科学活动中，引导幼儿用多种方法来探索、学习科学，因此学会学习就是重要的学习方法。如"大班科学活动：趣味钻空隙"的能力目标为"能发现问题，通过实验操作、对比分析、主动验证等探究解决问题的方法，学习合理利用空间"。这个能力是广义的含义，不能仅仅理解为操作或制作能力、实验能力，也包括交流、讨论、合作能力等。

3. 认知目标——粗浅知识

对于幼儿来说，世界的一切刚开始都是陌生的。幼儿年龄小，理解能力有限，知识面窄，因此在设计认知目标时要注意把握"粗浅的科学知识"，以此作为重点，不宜将过深的专业知识作为目标。比如常见的"沉浮"活动，有的老师将认知目标表述为"了解沉浮现象""感知沉浮现象"，如果定为"了解沉浮的原理"就明显偏难，超出幼儿的发展水平。如"大班科学活动：趣味钻空隙"的认知目标为"通过发现物体之间的空隙，感知物体特征与其空隙之间的关系"。认知目标的核心关键表述词是感知两者之间的关系，"通过发现物体之间的空隙"是手段，这个不是认知目标。

"中班科学活动：幼儿园里的果树"目标制订分析

下面我们以中班科学活动"幼儿园里的果树"为例，请扫码观看，并思考这个活动是如何设定情感目标、能力目标、认知目标的。

（二）内容设计——幼儿本位

内容的设计，简单来说就是回答为什么选择这个内容来开展，通俗来说，涉及内容的选择。科学活动在考虑内容的选择时，要考虑如下要点：

1. 内容本身的选择要求包括反映多个方面、贴近幼儿实际生活经验、适合集体学习

（1）要选择反映多方面的科学内容。生命与非生命、科学现象、科技产品、环境保护、人体健康等，均是科学教育内容的选择范围。从细分学科来看，物理、天文、化学、生物学、地球科学、

人体科学等都是可选的内容。

（2）选择贴近幼儿实际生活经验的内容。《纲要》中反复强调了"周围环境""身边常见的""生活中"这些字眼。因此，幼儿园的科学教育内容要源于生活，但可以高于生活。

（3）选择适合集体学习的内容。这主要考虑的是教学的高效性和覆盖面。选择适合集体学习与探究的科学内容，能大大提高教学效果。如大班的"雷电怎么形成的？"适宜在集中教育活动中进行学习。又如"种花生"这类种植活动就不宜作为集体教育活动，适宜让幼儿在区角活动中完成，也可在家庭中通过亲子活动来完成。而如果想了解花生的相关知识，包括它的生长过程，这种以知识性为主的科学教育，就可以选用集体活动形式来开展。

2. 内容的选择要考虑幼儿已有经验和发展水平

选择什么样的内容更合适？内容太多、太深，幼儿接受不了，太简单的内容又让孩子没有得到发展。有时同一个主题或内容可以在不同的班级开展，这就需要在内容的深度、难度上进行区分。

3. 内容的选择还要基于教师自身的科学知识及演练

为了顺利开展活动，教师自己要对科学活动中涉及的科学知识、科学原理或科学现象有所了解，并进行预测或演练，做好自身的经验准备，如"好玩的陀螺"活动中，教师要掌握这些基本知识：重心低，上轻下重，稳定性好；轴垂直，轴心正，减少摇摆；圆面，减少阻力；作用力的大小、转动的方法；等等，都会影响到陀螺的转动速度及持久性。有的内容，需要教师多次操作、演练，确保自己能成功。如果老师对选择的内容不熟悉，就要先去寻找资料，自己补充相关知识。

（三）材料设计——适宜多样

古语云："巧妇难为无米之炊。"适宜的材料是开展幼儿园科学教育活动的基石。材料是教育目标或教育价值的物化。适宜性和多样化是科学活动材料两个最基本的要求。提供适宜和多样的材料，体现着隐性指导。教师要围绕活动目标给幼儿提供相应的材料，确保活动效果的最大化。

1. 适宜性

这里说的适宜性是广义的，指的是提供的材料符合幼儿年龄特点，能有一定的层次性（结构性），能体现科学活动的探究性。材料太简单或太难，或者没有体现层次差别，或者材料压根没有探究性，都不能引起幼儿的兴趣，也达不到科学的探究能力培养。适宜性的材料才能引发幼儿产生想摸一摸、探索一下的意望，会好奇它到底能做什么。通过对材料的不断投放，支持幼儿实现自己的想法，促进幼儿与材料的相互作用。

想一想

请扫码观看学前教育专业二年级学生的模拟教学视频"中班科学活动：制作不倒翁"，分析该学生在活动设计与执教过程中呈现了哪些操作材料，对其是否符合适宜性进行分析，可以讨论交流。

模拟教学
"中班科学活动：制作不倒翁"

"幼儿园科学活动：不倒翁"
提供的材料

2. 多样化

操作材料的多样化既包括不同材料的种类多样，也包括同一材料规格、型号等的多样。材料的多样化能确保幼儿探索过程的进一步丰富、深化。如"有趣的复制"科学活动可提供能够复制的多种材料：剪刀、笔、印章、复写纸、模型、模具等；"修椅子"科学活动中教师提供的钉子有长的、短的、粗的、细的、尖的、扁的、圆的、弯的、坏的，锤子有大的、小的、双头的等，可让幼儿在操作中进行比较研究。请扫码观看幼儿园老师为幼儿提供的制作不倒翁相关材料，体会材料的多样性对幼儿科学学习的支持。

（四）过程设计——灵活调控

幼儿园科学活动的过程设计与指导相比其他活动更难，主要原因在于在指导过程中有很多教师难以预测的不确定性的因素。因此，活动过程的设计要参照前面的设计建议，清晰体现环节，每个具体活动要包括相应的几个小环节，这样总体上看科学教育活动开展起来就有了基本保障，不容易出现无序、混乱状态。

考虑幼儿知识、经验的差别以及幼儿容易兴奋的特点，幼儿园教师在指导幼儿园科学活动过程中，要在下面这些方面予以重点关注，体现教师灵活的调控能力。需要注意的是，下面指导内容是幼儿园教师要关注的要点，而不能理解为具体的活动过程。

1. 幼儿的操作——细心观察

在科学活动中，教师要学会安静地、仔细地观察幼儿，倾听幼儿的问题和谈论，查阅幼儿的活动成果，不要轻易打断幼儿的操作。只有了解孩子的参与过程及完成任务情况，才方便给予孩子恰当的评价和指导。

2. 幼儿的探索——鼓励支持

孩子的探索往往是无止境的，甚至有时还会带来一些小破坏，无论哪种情况，作为教师或其他成人，能做的事情就是鼓励孩子、支持孩子。对于一些破坏性情况的出现，只要没有安全隐患，教师就可以在鼓励、宽容的基础上，引导孩子采用其他合适的探究方式，这样既保护了幼儿的好奇心，又不会导致幼儿园玩具、教具或其他财物有较大损失。

3. 幼儿的发现——为之赞叹

幼儿的探索发现，常常出乎成人意料。如果孩子有了新的发现，或者虽然算不上新发现，但是

Note

对有的孩子来说是第一次发现、第一次的亲力亲为得到的结果，教师可以表现出高兴的样子，为他们的发现而赞叹！

4. 幼儿的困难——适时引导

幼儿在科学探索过程中碰到困难无法解决时，教师应适时引导。当个别幼儿在经历多次尝试后还是不能成功，或者大部分幼儿都进行不下去要放弃时，教师就要根据实际情况进行适时指导，否则，幼儿就无法进行下一环节的探索活动。

5. 幼儿的问题——引导解决

科学教育的核心价值就是让幼儿不断产生新问题，并有解决问题的欲望。当幼儿出现问题时，教师不要急于回答或帮助解决，要鼓励引导幼儿通过自己的探究找到答案。如果现场无法找到解决办法又不影响后面活动的开展，就鼓励幼儿与老师、同伴、爸爸妈妈等共同查找资料，寻找问题的答案。

6. 幼儿的成功——分享快乐

科学活动的重点在于探索过程，而不在于活动结果。教师应多创造机会让幼儿体验成功，分享孩子的成功。教师要善于采用多种方式表示肯定、表扬、鼓励等，与孩子一起分享成功的快乐。

7. 幼儿的失败——总结经验

一般来说，幼儿在科学活动过程中会有不成功的情形。在科学实验或科学制作中，即便没有成功或没有得到正确的答案，教师也要肯定孩子的努力，并适当分析幼儿不成功的原因，指导幼儿在失败中自我修正，寻找到成功的途径。

8. 幼儿的结论——归纳提升

幼儿在科学活动中得出的结论往往是比较浅显、零碎的，甚至是错的，教师应在师生互动的基础上进行总结、梳理，增加幼儿的科学经验。

总而言之，科学教育活动在实施前重在设计，包括内容的选择、目标的指导、材料的准备、过程的设计等。科学教育活动在实施中重在指导，教师在指导过程中要灵活调控。科学教育活动在实施后重在评价，要充分利用幼儿的互评、他评和教师评价，发挥评价的作用。科学教育活动的设计与指导两大模块部分工作是相辅相成的，共同完成科学教育的目标。教师只有把握好科学教育活动的设计与指导要点，才能大力提高幼儿园科学教育的有效性。

实训操练

请为小班科学活动"青菜"、中班科学活动"制作不倒翁"制订适宜的活动目标。

课外拓展

　　请扫码观看小班科学活动"青菜"、中班科学活动"制作不倒翁"的模拟教学视频（见本书第 103 页），了解学生模拟教学的过程，并尝试分析学生模拟教学以及活动设计的优缺点。

小班科学

活动：青菜

真题再现

一、选择题

1. 小班幼儿观察植物时，下列哪条目标最符合他们的发展水平（　　）。

A. 能感知到周围植物的多种多样　　　　B. 会观察记录植物生长变化过程

C. 能察觉到植物外形特征与生存环境的反应关系　　D. 能发现不同种类植物之间差异

2. 按照教育目标分类的观点，了解青蛙的生长发育过程属于（　　）。

A. 情感目标　　　　　　　　　　　　B. 认知目标

C. 动作技能目标　　　　　　　　　　D. 行为目标

二、活动设计题

3. 请根据下列素材设计一个大班科学活动，要求写出活动名称、活动目标、活动准备、活动过程。

　　大班的胡老师为幼儿提供了各种吹泡泡的工具，有吹管、铁丝绕成的圈、塑料吹泡泡棒等（见图 5-1-1），让幼儿在户外活动时自己吹泡泡玩。幼儿在吹泡泡的时候，有的能吹出很大的泡泡，有的只能吹出小泡泡，有的能一次性吹出好多个泡泡，有的一次只能吹出一个泡泡。结果有的幼儿得意，有的幼儿沮丧。针对上述现象，胡老师打算组织一个科学教育活动，以引发幼儿深入探究的兴趣，并使幼儿了解不同吹泡泡工具与吹出的泡泡之间的关系。

图 5-1-1　吹泡泡的工具

过关练习

1. 引发幼儿最初探究行为的是（　　）。

A. 问题　　　　　　　　　　　　　　B. 好奇心

C. 情境　　　　　　　　　　　　　　D. 材料

2. 幼儿科学探究活动的第一环节是（　　）。

A. 猜想 　　　　　　　　　　　　　　B. 讨论和交流

C. 提出问题 　　　　　　　　　　　　D. 验证猜想

本节参考
答案与解释

第二节　专门性和随机性的科学教育活动的设计与指导

幼儿园科学教育活动的类型如果采用二维分类，可以分为专门性的科学活动和非专门性的科学活动。专门性的科学教育活动指的是幼儿园教师开展的有组织的科学教育活动，具体可以分为三种类型：正规性科学教育活动（集体科学教育活动）；非正规性科学教育活动（区角或个别科学教育活动）；渗透性科学教育活动（其他领域活动渗透科学活动内容）。非专门性的科学教育活动指的是随机出现的科学教育机会，教师利用这个契机进行科学教育活动，也叫偶发性科学教育活动，有的教材称之为随机性科学教育活动。

正规性科学教育活动是由教师根据幼儿园科学教育的目标，有计划、有目的地选择课题内容，提供相应的材料，有步骤地开展的科学探索活动。正规性科学教育活动是面向全体儿童的教育活动，也就是说，是要求全体儿童都必须参与的科学活动。

非正规性科学教育活动是由教师为儿童创设一个宽松、和谐的环境，提供各种科学活动需要的设备和丰富多样的有结构的材料，引发儿童的好奇心，每个儿童按照自己的兴趣和意愿，从自己的发展水平出发，自己选择活动内容，自己决定活动的时间，并用自己的方法进行的科学探索活动。

在幼儿园中，儿童的非正规性科学教育活动主要是指在班级的自然角、科学桌或科学角，以及室外的饲养角、种植园地中开展的科学探索活动。

正规性科学教育活动主要指专门性教育活动，一般以集体形式开展的科学教育活动为主。非正规性科学教育活动主要是区域科学活动和生活中的科学教育。渗透性科学教育活动一般与其他领域活动相结合。这三种都是专门性的科学教育活动。本节重点阐述科学教育集体教学活动、区角科学教育活动和偶发性科学教育活动的设计与指导，这三种活动类型是幼儿园科学教育活动的主要具体类型。

一、科学教育集体教学活动的设计与指导

本节讨论的是科学教育集体教学活动的设计与指导，其内容与本章第一节"幼儿园科学教育活动的设计与指导策略"大同小异，为避免重复，此处仅作简要阐述。

（一）科学教育活动内容的选定

作为集体教学科学教育活动，在内容上一般是教师根据幼儿园科学教育的总目标和教育内容范围，结合本地、本园的具体情况，同时也充分考虑本班儿童的兴趣特点而选择和确定的。教师所确定的活动课题，就是要求每个儿童都必须学习的内容。教师不仅确定学习内容，还会根据这一内容制定出统一的活动目标，这是班上所有儿童通过这一活动所应达到的目标要求。

（二）科学教育活动目标的制定

在活动目标的制定上，一是要尽量体现行为化和可操作性，不能笼统描述。二是要结合活动的具体内容，提出有针对性的目标。三是要结合幼儿的发展水平和具体特点，提出有层次性的目标。四是要具有一定的灵活性，以适应活动过程中可能出现的变化。

（三）科学教育活动材料的准备

在材料的选择上，第一，要考虑材料和活动目标的关系。材料的选择能影响教育目标的实现。第二，要考虑材料的结构性或层次性，还要符合幼儿年龄发展特点。第三，要考虑材料的数量。要确保分组或个别操作都能完成相应的任务，不要因为材料不足导致幼儿争吵现象的出现。还要注意材料的卫生和安全。

（四）科学教育活动过程的指导

作为集体类科学教育活动，其活动过程的设计与指导可以参考以下步骤：

（1）教师首先根据科学教育活动的内容及目标，从幼儿已有的经验出发，提出问题或简短指令，引起幼儿好奇与探究的欲望，激发幼儿参与活动的兴趣与积极性。

接下来各步骤以中班科学教育活动"睡莲花开"为例。

导入：教师引导幼儿观看睡莲花开的录像，引发幼儿的好奇心。

（2）教师围绕活动的主题，提出启发性问题，引导幼儿从多方面、使用多种方法去探索，与同伴互动、与材料互动、与环境互动，去感知、操作、发现和思考。

看完视频教师提问：看了录像，你觉得这些花美丽吗？知道这是什么花吗？它生活在哪里？睡莲是怎么开花的？

（3）教师观察、了解幼儿探索活动的情况（包括幼儿参与的主动性、积极性，幼儿的操作方法，幼儿的自言自语或表达交流，幼儿的情绪表现），根据观察情况对活动的内容及过程进行灵活调整。

老师抛出问题，引导幼儿猜测结果，激发幼儿对实验的兴趣。

指导语："如果把这朵纸折成的睡莲放到水里，猜一猜会发生什么变化？""这朵睡莲放到水里真的会开花吗？请小朋友们去试一试"。

Note

（4）教师要求和鼓励幼儿开展第一次活动后进行分享与表达自己的发现（表达、交流、分享）。

鼓励幼儿动手做一做小实验。

教师指导幼儿将事先折好的睡莲轻轻地放在水面上，认真观察它在水面上的变化。要求幼儿手不碰水。

幼儿交流、分享实验结果。

引导幼儿说一说自己的睡莲放到水里发生的变化。它是怎样开花的？睡莲开花的时候你发现了什么秘密，为什么纸折的睡莲一放到水里花瓣就会张开呢？

（5）教师概括、小结幼儿发现与交流的结果，再次提出针对性问题，或者对第一次活动中出现的错误进行纠正，启发、鼓励幼儿再次或进一步探索。

教师小结：小朋友做实验的时候观察得都很仔细，原来是因为纸张能够吸水，所以纸张折成的睡莲放到水里，花瓣会向外开花。

（6）幼儿再次探索或参与活动，教师巡回观察、指导，对于有困难的幼儿适时指导帮助。

第二次探究：比一比（合作实验）

提出实验要求：

a. 三个人一组进行实验，每人拿一种不同质量的纸折成睡莲；

b. 把三朵睡莲同时放到水中并仔细观察，比一比哪种纸折的睡莲开花最快，哪种纸折的睡莲开花最慢，哪种纸折的睡莲花开不快也不慢。

c. 每组推选一名记录员将比赛结果记录在表格上，用幼儿喜欢的符号来表示睡莲开得最快、开得最慢、开得不快也不慢。

（7）教师鼓励幼儿进行第二次操作或练习后的表达、交流、分享，鼓励幼儿向同伴学习。

幼儿交流、分享实验结果并讨论：为什么有些睡莲花开得早，有些花开得晚。

（8）教师总结、梳理本次活动的知识点，进行全面评价（包括幼儿自评、他评、教师评），增加幼儿的经验，引导幼儿将本次学习的知识或原理在生活中或其他场景中进行迁移应用。

教师播放实验视频引出结论：有的纸吸水性强，吸水的速度快，所以花开得早；有的吸水性弱，所以花开得慢。

（9）活动结束，收拾整理物品，有的还可以设计活动延伸，在幼儿园区角或一日生活中巩固、应用。

（五）集体科学教育活动过程设计的策略

为让大家对集体科学教育活动设计有更多的具体了解，这里再介绍一下活动导入、教师提问、活动结束三个部分的具体设计策略。

1. 活动导入的设计

活动导入环节设计方法很多：

（1）让幼儿直接操作材料导入活动。

（2）通过简短的指令导入活动。

（3）利用幼儿已有的经验，通过提出问题导入活动。

（4）通过演示现象导入活动。

（5）通过谜语、儿歌、故事导入活动。

2. 教师提问的设计

科学活动中的提问设计很重要。教师设计的问题应以开放性问题为主，避免限制幼儿思维。以下这些可以参考：

（1）"请你试一试、玩一玩，等一会儿告诉大家，你发现了什么。"

（2）"它是什么样的?""它像什么?"

（3）"还有什么……""你有什么办法……"

3. 活动结束的设计

活动结束的设计要充分体现开放性，在形式上不必拘泥于常规。这些活动的结尾设计不错，可以参考一下：

（1）和幼儿一起总结评价后结束。

（2）提出要求或建议，让幼儿在活动结束以后继续探索，或在今后生活中注意观察。

（3）制作活动可以在幼儿展示自己的作品后结束。

（4）以艺术方式（如绘画、唱歌、跳舞）结束，让幼儿充分、自由地表现自己的发现或感受。

（5）迁移幼儿的学习经验，教师提出类似问题情境，让幼儿用所学来解决问题。

（六）集体科学教育活动（集中教育活动）的指导要点

在集体科学教育活动过程中，教师要注意以下几点指导要求：一是注意及时和仔细观察、分析幼儿的行为。二是要适当参与幼儿的活动，可以以活动角色的身份间接指导。三是要保证幼儿的活动机会，尽量让每个幼儿都有充分的参与机会和活动时间。四是要合理运用评价手段，多鼓励、多欣赏，除了教师自评，还要利用幼儿同伴之间的互评。五是要注意集体、小组和个别指导结合，虽然是集体活动，也要兼顾小组指导和个别指导。

二、区角科学教育活动的设计与指导

幼儿园的区域活动也叫区角活动。常见的科学区角有各种各样围绕科学内容并有相应命名的科学区，以及以科学内容为主的探索区、种植区、饲养区等。如果进行细分，可以分为主题性的区角，如汽车（模型）展览馆；日常性的区角，如生活超市、益智区；集体教学中的区角，这个是配合集体教学临时设置的区角，有点类似分组参与的区角。

Note

（一）区角活动的特点

区角活动又称区域活动，指幼儿在班级中或班级外创设的区角中进行的自主学习活动。文中所指的区域活动介于集体教学活动与自主性游戏活动之间，呈半开放、半松散的特点，是一种狭义的"区域活动"。现在，许多幼儿园在主题活动开展过程中，教师会结合主题内容在活动区中投放丰富的材料，引导幼儿在活动区中主动探索与学习，每个区域教师都有设定的目标和引导幼儿发展的关键经验。

（二）科学区角活动的设计要求

科学区角活动的设计要体现三个特性：

1. 多样性

多样性指的是科学类区角活动要丰富多样，可以设置不同材料和内容的区角。如有的幼儿园设置有弹力探索区、汽车展览馆、动物世界等不同科学区角。科学活动区投放的材料应丰富多样，给幼儿较多的选择机会。有成品、半成品；有购买的现成玩具（如电子积木、放大镜、磁铁、电池、电线等）；有自制玩具（如乒乓球、电话传声筒、降落伞等）；有教师投放的，也有幼儿搜集来的，等等，体现科学区角活动的丰富多样。

2. 层次性

这主要体现在科学活动的区角有难易区分，材料的投放上体现梯度差别。

（1）年龄相同，同一活动内容材料的层次不同。在适合幼儿发展水平的基础上，应考虑幼儿的"最近发展区"，使不同层次的幼儿都能选择到适合于自己的材料及方法进行操作、探索，有效地促进每一个幼儿在原有的基础上得到发展。

经典案例

中班探究"纸的吸水性"系列活动

层次一：报纸开花

指导幼儿事先将花藏在报纸中央，然后将四个角向中心折，最后轻轻地放到装满水的盆中，观察所呈现的现象，并思考是谁让花开放的。

层次二：花开变色

在水中滴入红墨水或蓝墨水，再次展开游戏，重点引导幼儿观察变色的报纸，让幼儿理解报纸吸水的特性。

层次三：提供不同材质的纸张，观察在同一时间内，不同材料的纸张的吸水情况，比较哪种花开得快。为什么？并做观察记录。

评析：从上述案例可见，在中班幼儿探究"纸的吸水性"系列活动中，教师先从最易吸水的报纸入手，通过操作让幼儿获得最直接的感受。然后以类似于民间工艺"染纸"的技法让幼儿在游戏中进一步感知"纸的吸水性"，激发兴趣的同时引发深入探究的欲望。最后通过观察、比较、记录几种不同材质的纸张吸水的快慢，将"纸的吸水性"引向深层次的探究。

（2）内容相同，不同年龄段材料的层次不同。同一种材料在不同年龄段应体现不同的操作要求及难度。

小班幼儿思维方式以具体直观为主，投放材料时要设置逼真的情境，吸引幼儿参与。同主题的操作材料，数量要多，以满足小班幼儿平行游戏的特点。

中班幼儿语言表达能力、动手操作能力和思维水平，都有了一定的提高。在材料投放后，用故事的方式导入更能吸引他们。材料的数量一定要充足，以保证幼儿进行多种选择和组合。

大班幼儿探究观察能力、经验迁移能力、情绪控制能力都有了很大提高，可以直接投入操作材料，再用提问的方式引导幼儿在观察、比较中发现问题。

3. 生活化

这里说的生活化一方面指的是投放的材料尽可能是生活中常见的材料，另一方面是指区角内容与生活紧密相关，除了常见的自然科学区角，种植、养殖区角也符合生活化的特点。

（三）科学区角活动的指导要求

虽然幼儿园科学区域活动是幼儿自由活动、自主学习的地方，但是教师不能放任不管。教师要清楚科学区域活动的实质与功能，不同的科学活动区域有不同的功能，不同的规则要求对于教师的指导也不同。科学区域活动不仅需要教师的指导，而且对教师的指导要求更高、难度更大，具体需要关注以下五个方面：

1. 对科学区域活动进行介绍，并提出规则

对于刚进入科学区域活动的幼儿来说，区域活动是新鲜的、刺激的，幼儿很愿意进入，但是，幼儿往往不知道该怎么做。因此，教师在第一次介绍区域活动时，就要向幼儿讲解区域活动的内容，如何使用以及活动规则，促使幼儿自觉遵守活动规则。教师通过各种各样的方式对幼儿的活动施加影响，支持、帮助幼儿顺利过渡到活动阶段。

2. 教师要掌握科学区域活动学习与游戏统一的思想

教师通过创设区域活动来影响幼儿的游戏和学习活动。区域活动即幼儿的游戏活动，也是幼儿的学习活动。但是，区域活动的"学习"不是传统意义上的"教学"，而是要幼儿在操作中直接感知得到相应的经验、概念。区域活动更多强调的是幼儿自主选择活动区域进行活动，幼儿自己决定

Note

或伙伴之间商量决定活动的内容、方式，同样的材料，不同的幼儿就有不同的玩法，对材料赋予不同的意义。这就要求教师不要一味地将区域活动学习化，而应该更加强调区域活动的游戏性。

3. 教师要使科学区域活动之间既有开放性又有联系性

科学区域活动应该是开放的，方便幼儿出入，方便区域之间加强联系。教师在介绍区域活动的内容和活动方式时，应选择最基本、最主要的内容和形式，但不是固定的、模式化的内容和形式。科学区域活动在开放之初，应该逐个进行开发，以提高区域活动的功效，增强有序性。区域活动开放之后，可以让各个区域之间建立联系，便于各个区域之间的合作。例如，自然角与种植园之间既有联系，又有区别。联系在于都是对植物的观察。区别在于在自然角更多的是观察植物的表面现象，如形状，颜色等；而在种植园要观察植物生长的全过程，以对植物有全面的认识。又如，饲养角，可以在雨天把小鸟放在室内的饲养角中，晴天的时候放在室外的饲养角中，观察在不同的地方小鸟的不同表现。

4. 注意各科学区域活动内容的整合

科学区域活动的教具虽然是按照区域内容投放的，但在幼儿活动中要进行整合，不能只是强调教具的操作方法，还要结合教具本身的特点进行多方面的挖掘。例如，科学区不仅仅提供材料让幼儿操作，更主要的是操作形成的经验在实际生活中的运用。工具的操作不仅仅在科学区，也包括在自然角、饲养角、气象角中，教师要对各科学区域进行研究，要有发掘教育潜能的思想意识，注意活动材料的多领域性。

5. 主要任务是观察、记录幼儿的活动状况

教师在区域活动中主要是评估各个区域的使用频率，以此来考虑材料的投放比例和调整。观察分析后，教师要明确对哪一个区域有进行指导的必要并明确指导的方法。指导的方法一般有以下几种：

（1）教师介入法。教师以自身为媒介参与到活动中去，在活动中担任的角色要有控制地位，以此了解幼儿的想法、需要和问题，帮助幼儿解决问题或扩展情节。教师介入时要注意，教师不能取代幼儿参与活动的主动性，对幼儿的想法采取积极、鼓励的态度，对于不当的地方，教师要斟酌用词、用句。

（2）材料介入法。教师在活动中提供相应的材料来解决幼儿在活动中出现的问题，及时帮助幼儿在活动中学习。

（3）伙伴介入法。教师让同伴中能力比较强的幼儿参与到活动中，对于活动中出现的问题及时进行解决。这一方法在幼儿中容易被接受，并且能够促进同伴之间的交流。

（四）常用实用科学区角活动（含其他区）

幼儿园可以设计与科学有关的区角，直接命名为科学区，或细分为具体的区角。另外，还有一些区角往往是与科学活动无关的。以下这些区角及投放的材料便于幼儿开展相关科学区角活动，大家可以参考一下。

（1）科学区：动物、空气、气象、磁、光、力、人体、植物、声、数、水、电池。

（2）操作区：有趣的瓶宝宝、嗅觉瓶、分类配对、小动物找座位、日历书、开火车、拼摆、玩牌。

（3）劳作区：喂娃娃、剥豆、动物造型、玩具树、我给汽车装轮子、折折叠叠、卷袜子、自己动手冲饮料、图书拼书、缝补刺绣、理发店、木工、户外劳动、生活自理。

（4）美工区：敲一敲、滚车轮、装饰杯子、塑料布粘贴画、趣味画、理发店、小制作、剪贴、印画。

（5）沙水区：玩沙、玩水、家务劳作。

（五）区角科学活动的有效运用

区角科学活动作为幼儿园科学活动的重要补充，发挥了正规性科学活动不一样的价值。

（1）与主题科学结合的区角科学活动。即科学区角活动的内容、材料与主题科学活动有关。在某一个新的主题科学活动开展后，教师首先要考虑创设什么科学区角，在科学区角区中提供哪些材料能够激发幼儿主动探索、拓展幼儿的思维。

（2）与幼儿发展水平结合的科学区角活动。即设定的区角科学活动内容、投放的材料与幼儿发展水平有关。投放的科学材料具有较强的层次性，可针对幼儿的强项或弱项来进行，满足不同发展水平幼儿的需要。

（3）确定主指导的科学区。在制订周计划时，要考虑设置2～3个主指导的科学区，制定每个区角的活动目标和幼儿的关键经验，投放、添置不同层次的科学材料，这样便于教师进行重点的观察与指导。其他不是主指导的区角教师也要关注，适当指导。

（4）确定活动规则。如规定入区的人数、拿放材料的要求、活动区的交换、活动区角色分配等。规则的制定最好是教师和幼儿相互讨论，教师启发幼儿自己用绘画或小制作的形式来表现，这样幼儿就能主动地遵守规则。在自主选择区角的情况下，教师可提醒幼儿每周必须进主指导区活动一次。

（六）区角科学教育活动案例评析

下面的案例区角活动"五官"是一个设计不错的科学区角活动，从类型来看属于小组的区角活动。从活动流程来看，环节清晰，各环节如下：引发兴趣→第一次操作探索→交流分享→第二次操作探索→第二次表达交流→活动拓展。活动开始是激发兴趣，通过儿歌来引发幼儿对五官表象经验的回忆与梳理。在第一次操作中，幼儿自主选择物品，感受探索的乐趣，不同的孩子选择体验的五官不同。然后通过孩子的分享、表达交流，教师进行小结，得出五官各个本领都很大。第二次的探索是本次活动的高潮，也是创新点，让孩子体验失去五官中的某个功能会有什么样的后果，小朋友都要保护好五官。通过第二次的表达交流，幼儿的感受和体会是非常深刻的，这种亲身体验眼睛看不见的后果等探索，比教师直接给孩子们说要保护眼睛等类似讲解，效果要好得多。

区角活动"五官"

● **活动过程**

1. 引发兴趣

教师：我看见你们的小脸了。

我们的小脸上有什么？（幼儿讲述，教师出示娃娃脸，一一摆放。）

它们长在小脸的什么地方？

朗读儿歌：

小小鼻子本领大，长在脸的最中央。

鼻子上面是眼睛，鼻子下面是嘴巴。

耳朵耳朵最听话，长在我的头两旁。

教师小结：我们的小脸上有眼睛、鼻子、嘴巴、耳朵。

2. 第一次操作探索

教师：小朋友旁边有许多东西，你可以自己找一个地方，用你的小耳朵去听一听、小眼睛去看一看、小鼻子去闻一闻、小嘴巴去尝一尝，看看有什么秘密。

（幼儿自主选择物品，感受探索。）

教师注意引导幼儿运用各种感官感受探索。

3. 交流分享

教师：刚才你玩了什么？你是怎么玩的？你用什么玩的？

师生共同小结：我们的小眼睛会看东西、小鼻子能闻味道和呼吸、小耳朵可以听声音、小嘴巴会吃东西和说话，它们的本领可真大！

4. 第二次操作探索

教师鼓励幼儿大胆猜想：如果没有了眼睛、鼻子、嘴巴、耳朵，会怎么样呢？

这里有许多东西，你可以戴上试一试，看看会发生什么事情？

（幼儿自主选择物品，感受探索。）

5. 第二次表达交流

戴上了这些东西，感觉怎么样？

想一想为什么会这样？

师生共同小结：没有了眼睛、鼻子、嘴巴、耳朵，我们很不方便，所以我们要好好保护它们！

● **活动延伸**

回去与爸爸妈妈玩闭眼摸物游戏，蒙上眼睛，用手摸东西并猜出来。

三、偶发性科学教育活动

偶发性科学教育活动是指在儿童的周围世界中，突然产生的某一自然科学现象、自然物或有趣、新奇的科技产品和情景，激起儿童的好奇，导致儿童自发投入的一种科学探索活动。科学就在儿童身边，儿童每天都会遇到各种各样的事物，看到各种各样的现象，这些事物和现象都有可能引发儿童的偶发性科学探索活动。

（一）偶发性科学教育活动的特点

（1）探索活动常由偶然的情景引起，教师无法事先估计。
（2）探索的内容广泛，常常就地取材。
（3）活动的时间地点不定，随机性强。
（4）活动的过程多样、多变，容易受外界因素干扰。
（5）活动的主体具有强烈的内在探索动机。

（二）偶发性科学教育活动的作用

1. 能满足儿童探索周围世界的好奇心

偶发性科学教育活动是在儿童内在的好奇心激发下而发生的。而在偶发性科学教育活动的过程中，儿童的好奇心也得到了强化和充分满足。正由于偶发性科学教育活动常常是一种处于自发状态的活动，儿童没有在成人注视下的拘束，可以按照自己的愿望行事，他们的探索欲望和动机得到充分满足。

2. 能有效拓展儿童学科学的时间、空间及学习内容的范围

由于偶发性科学教育活动是在日常生活中随时随地地发生的，这样便充分地利用了儿童生活中的随机事件和周围环境的条件，使得儿童的学科学活动遍布于儿童的一日生活。同时，儿童学科学的内容范围也拓展到儿童的全部生活，而不限于教师提供的那些内容了。它的作用是其他科学活动所不可替代的。

3. 能培养儿童对周围世界的敏感和关注

儿童在偶发性科学教育活动中，不仅可以获得生动、具体的科学经验，更能形成对周围世界的敏感和关注。由于偶发性科学教育活动是儿童自己发起的活动，在活动中儿童的主动性、积极性特强，探索兴趣特浓，持续的时间特长，给儿童留下的印象也特深刻。他们在直接探索大自然的活动中得到满足，同时这也促使他们更加关注周围世界、探索周围世界，增进和大自然的亲近感。

4. 有利于具有科学潜能的儿童的进一步发展

很多科学家的轶事记载了他们在童年时期对大自然的强烈好奇和探索欲望。实践也证明，那些具有科学潜能的儿童，往往对周围世界显示出强烈的好奇心，对自然现象怀有浓厚的兴趣，他们喜欢提出别人不会提出的问题，并且自己想办法解决问题，他们会注意别人不会注意的事物，并且会发现很多有趣的细节，他们会专心致志地投入到探索周围世界的活动中去，而不受他人的干扰。偶发性科学教育活动正能激发这些儿童的科学潜能。教师如果仔细地观察儿童的偶发性科学教育活动，不仅可以发现和鉴别这些具有科学潜能的儿童，还可以为他们的进一步发展提供更好的条件。

Note

（三）偶发性科学教育活动的指导

偶发性科学教育活动作为随机教育的科学教育活动，是具有特殊价值的科学教育活动，但在实践过程中，许多教师容易忽视这类活动的价值，采取了不同的态度反应。

1. 教师态度对儿童偶发性科学教育活动的影响

一般说来，教师对于儿童的偶发性科学教育活动的态度有三种类型：

第一种态度是深入了解、鼓励支持、积极引导。采取这种态度的教师在发现了儿童的科学探索活动后，会主动地观察、了解他们在干什么，鼓励和支持儿童的探索行为，能抓住这些稍纵即逝的机遇，引导儿童进行有意义的探索活动。显然，这种态度能使儿童的偶发性科学教育活动朝健康的方向发展。它不仅充分利用了日常生活中的教育机遇，还对儿童自发的探索活动给予了积极的反馈，鼓励了儿童的探索行为。

第二种态度是干预、制止，甚至训斥。这是教师对偶发性科学教育活动认识不足的表现。当这样的教师看到儿童聚在一起捉西瓜虫时，就会认为"西瓜虫太脏"，坚持要让儿童扔掉。这样的态度会使儿童颇有兴趣的探索发现活动被迫终止，从而熄灭那些刚刚点燃的科学火花。从长远来看，将会磨灭儿童的好奇心，对儿童产生不利的影响。

还有第三种态度，那就是忽略，或者视而不见、充耳不闻，致使儿童已经出现的科学探索和发现活动自生自灭。这种态度尽管不会像前一种态度那样打击儿童科学探索的积极性，但也有"失察"之过。儿童科学探索的行为需要教师的肯定、鼓励和支持。如果他们自发的科学探索行为得不到教师的及时发现和肯定，久而久之，他们进行科学探索活动的兴趣也就会逐渐减弱，这是非常可惜的。

2. 偶发性科学教育活动的指导要求

1）观察、发现、了解

偶发性科学教育活动往往发生在不起眼的时间和地点，而且往往是不易发觉地进行着。这就需要教师具有这样的心理准备，随时随地关注儿童平时的一切活动，观察、了解他们在干什么、说什么，特别是当某一个儿童单独待在某个地方，或者几个儿童聚在一起而对外界其他的事物"漠不关心"时，也许这正是偶发性科学教育活动出现之时。教师就应予以特别的关注。

教师发现了儿童的偶发性科学教育活动，不必急于参与其中，因为这样会惊扰儿童。教师应该深入地了解他们的具体情况，在仔细观察儿童行为的基础上，表现出惊奇，使儿童知道老师也对此感兴趣。继而对观察到的儿童的探索行为提出启发性的问题，作出针对性的引导。

2）热情支持

教师在充分了解了儿童的行为，并判定这是儿童的偶发性科学教育活动之后，就应该热情地支持儿童的行为。比如，询问儿童有什么困难，帮助他们解决困难；对于儿童提出的问题，也积极地鼓励他们继续探索，自己寻求答案；如果儿童提出一些合理的要求，也尽量地予以满足；当活动难以深入发展时，教师可以适当介入，使其继续开展下去；当儿童发生争吵时，教师可以帮助儿童通过协商解决；当儿童有了成功的发现时，教师要和他们分享；当儿童表现出一些出格的行为时，教师也要予以谅解。

总之，要让儿童感到他们的探索行为不但是教师所接受的，而且是教师所赞许、鼓励和支持的。

3）适当引导

教师在支持儿童的探索活动的同时，还可以加以适当引导，以帮助儿童发现其中蕴含的科学概念。比如，儿童发现天空中有很多蜻蜓在飞，都非常感兴趣，教师则有意识地引导儿童讨论：为什么会出现这么多的蜻蜓？帮助儿童理解蜻蜓低飞和天气的关系。

但是教师的引导应适度，不能把儿童的偶发性科学教育活动变成教师讲科学的活动，而应以儿童自己的探索为主。如果教师觉得儿童探索的内容确实很有价值，可以作进一步的探索，可以建议儿童把探索活动延伸到教室里继续进行，或者就此内容组织一次专门的正规性科学活动。这样的引导，不仅使儿童获得丰富的科学经验，更重要的是让儿童的好奇心得到满足，并且体验到成功和快乐，使儿童天生的科学火花迸发出更绚丽的光彩。

在幼儿园的科学教育中，有必要将这几种科学活动相互联系和结合起来，以充分发挥它们各自的优势，相互补充，使各种科学活动作为一个有机的整体，促进儿童的全面发展。

实训操练

一、利用在幼儿园的机会，观摩幼儿园科学区的创设与组织指导

实训目标：增强对幼儿园科学区的创设与组织指导的认识，加深知识的理解。

内容要求：现场观摩、了解幼儿园科学区的创设与组织指导，对科学区活动内容、活动材料、活动指导等方面有一个全面的观察、记录和反思。

教师指导：

（1）布置任务，提出实训要求。

（2）学生实践，撰写听课笔记，进行自我反思。

（3）全班汇报、交流观摩体会。

二、设计各年龄班科学区活动

实训目标：学会科学合理地设计小、中、大班科学区活动内容。

内容要求：每人独立完成，设计小、中、大班科学区活动内容（任选1个），加强对各年龄班科学区活动设计的理解和训练。

教师指导：完成后分组交流、汇报设计的活动内容。

课外拓展

请扫码观看小班科学活动"颜色变变变"、大班科学活动"奇妙的浮力"两个模拟教学活动视频，在观看基础上讨论，如果要将这两个活动中涉及的科学实验内容变成区角活动，你会如何设计？

Note

小班科学活动：
颜色变变变

大班科学活动：
奇妙的浮力

真题再现

1. 幼儿园班级种植区的植物首先要符合（　　　）。

A. 美观性　　　　　　　　　　　　B. 安全性

C. 实用性　　　　　　　　　　　　D. 经济性

2. 辉辉一边拆卸遥控汽车一边说："我想知道汽车是怎么跑起来的。"这说明辉辉（　　　）。

A. 好动　　　　　　　　　　　　　B. 不爱惜玩具

C. 具有探究欲望　　　　　　　　　D. 没有规则意识

过关练习

1. 在幼儿园一角安放桌子或者分层木架，将一些动植物、非生物等物品有秩序地布置其中的场所是（　　　）。

A. 动物角　　　　　　　　　　　　B. 生物角

C. 图书角　　　　　　　　　　　　D. 自然角

本节参考
答案与解释

2. 以下不是专门性的科学教育活动是（　　　）。

A. 集体科学教育活动　　　　　　　B. 区角科学教育活动

C. 偶发性科学教育活动　　　　　　D. 渗透性科学教育活动

Note

第六章　不同类型幼儿园科学教育活动的设计与指导

▶ 学习目标

1. 了解并领会不同类型科学教育活动的设计原理与指导要点。
2. 学习设计不同类型科学教育活动并尝试组织实施活动。
3. 学习分析科学教育活动案例，增强理论联系实际、理论运用解决实际问题的意识和能力。

核心知识

观察类科学教育活动、实验类科学教育活动、制作类科学教育活动、交流讨论类科学教育活动。

本章导学

	观察类科学教育活动的设计与指导	观察类科学教育活动概述 观察类科学教育活动的设计 观察类科学活动的组织指导 观察类科学活动的指导要点
不同类型幼儿园科学教育活动的设计与指导	实验类科学教育活动的设计与指导	实验类科学教育活动内容的选择 实验类科学教育活动目标的设计 实验类科学活动过程的设计 实验类科学教育活动的指导要点 实验类科学教育活动案例评析
	制作类科学教育活动的设计与指导	制作类科学教育活动的价值 制作类科学活动目标的设计 制作类科学活动过程的设计 制作类科学教育活动的指导要点 制作类科学教育活动案例评析
	交流讨论类科学教育活动的设计与指导	交流讨论类科学活动与语言教育中谈话活动的异同 交流讨论类科学活动目标的设计 交流讨论类科学活动过程的设计 交流讨论类科学教育活动的指导要点

Note

本章概要

　　本章作为教材的第六章，阐述的是不同类型幼儿园科学教育活动设计与指导的设计原理与基本问题。根据不同类型的划分，幼儿园科学教育活动可以划分为：观察类科学教育活动、实验类科学教育活动、制作类科学教育活动、交流讨论类科学教育活动等四个类型。四种类型的幼儿园科学教育活动的设计各有不同，具体从设计活动的注意点、活动内容的选择、活动目标的设计和活动过程的设计等方面显示出各自的特点和侧重，同时四种类型的科学教育活动从指导要点上也各有不同。但无论是哪一种类型的科学教育活动都有自身存在的重要价值，具有不可替代性，而且它们也都是幼儿园科学教育活动的重要组成部分，对于幼儿科学素养的早期培养发挥着重要的教育作用。幼儿园老师需要正确掌握不同类型幼儿园科学教育活动设计与指导的基本规范，了解四种类型科学教育活动的价值取向，更加科学地开展幼儿园科学教育活动，更好地引导幼儿通过直接感知、亲身体验和实际操作进行科学学习。

 案例导入

> ### 科学活动是幼儿的探索还是教师的探索？
>
> 　　小林是刚入职的幼儿园老师，她在工作过程中发现，园所开展的所谓科学教育活动，只有探究的形式，且没有探究的本质。在科学活动开展过程中，教师因害怕幼儿因探索造成混乱，有的拒绝让幼儿与材料发生互动，幼儿几乎没有机会去探索，一些人把幼儿的探索直接变成教师的演示，呈现出结果再让幼儿记住；有的虽然有幼儿的探索，但对于幼儿探索过程高度控制，甚至只是走走过场，只是让幼儿简单操作材料就草草结束，没有给幼儿自己探索寻找答案的过程，教师就直接将答案和盘托出。

　　幼儿园科学教育根据不同的划分角度会有不同的活动分类。根据幼儿在科学活动中主要涉及的动作类型（或者说该类活动幼儿用到的主要方法），我们可以把幼儿园科学教育活动分为四大类，一是观察类科学教育活动，二是实验类科学教育活动，三是制作类科学教育活动，四是交流讨论类科学教育活动。这在幼儿园科学教育活动中是最常见的一种分类方法。本章就重点介绍这四种类型科学教育活动的设计与指导方案，其中重点是前三种，因为第四种类型交流讨论类类似语言活动，只不过是交流讨论类的内容与科学有关。

第一节　观察类科学教育活动的设计与指导

　　观察类科学教育活动是幼儿园最重要的科学教育活动类型。观察是幼儿认知世界最常用的方法与手段。《3～6岁儿童学习与发展指南》也建议教师"有意识地引导幼儿观察周围事物，学习观察的基本方法，培养观察与分类能力"。

一、观察类科学教育活动概述

在幼儿园科学教育中，观察类科学教育活动十分重要，而且是基础性的科学教育活动。在观察类科学教育活动中，教师要引导幼儿通过视、听、嗅、触、味等多感官并用的方法，按顺序、有步骤地对特定的观察对象或现象进行考察与探究。

（一）观察类科学教育活动的含义

观察是指通过感觉器官来感知事物或现象，将各种感觉捕捉到的信息经过思维的加工形成概念，来获取对客观事物或现象认知的一种方法。幼儿园科学教育活动是以观察为主要认知手段，让幼儿探索事物、现象的特征，发展幼儿的科学认知、培养科学情感、形成科学态度、训练科学方法的一种启蒙教育活动。

（二）观察类科学教育活动的价值

皮亚杰曾说过，如果儿童科学教育还有什么价值的话，那就是对儿童观察能力的训练。这句话虽然有失偏颇，但也证明观察对于幼儿学习科学的重要意义。

1. 观察类科学教育活动是幼儿科学教育活动类型的主要形式

观察是幼儿了解自然的基本途径，是他们认识世界的重要方法。婴儿从出生后，接触各种各样的人和外界事物，都是通过各种具体的感知方式来进行的，包括听觉、视觉、味觉、触觉等感官，认识物体的形状、颜色、味道、软硬、轻重等特性。幼儿园老师经常收集甚至请家长收集各种各样的自然物品、废旧材料等，也是想让学生通过观察来认识物体多方面的属性。

微视频：
什么是观察类
科学活动？

2. 观察能促进幼儿多元智能的发展

幼儿在观察时需要调动多方面的能力，如注意力、记忆力、想象力、思维以及语言表达能力等，观察时往往还需要结合实践操作，还涉及记录、统计、比较等技能，总之，良好的观察能促进幼儿多元智能的发展。

3. 观察是一种基本的科学技能

观察力是关于全面、深入、正确地认识事物特点的能力，是人在观察中所表现出来的个性品质。观察能力是一种综合能力，观察的要素包括观察的目的性、敏捷性、正确性、概括性、细致性、全面性、顺序性等方面。因此，多观察、会观察、科学的观察，能提高幼儿的观察力，从而促进幼儿科学技能的发展。

Note

（三）观察类科学教育活动的分类

观察类科学教育活动一般分为一般性观察、比较性观察和长期系统性观察三大类。

1. 一般性观察

一般性观察指对某一自然物或自然现象作特定的观察，即在一定时间内，观察认识某一事物的外形特征或生活习性、用途等。如认识橘子、认识菊花，这种科学活动就是一般性观察科学活动。一般性观察是幼儿最常见的、最基本的观察形式。

2. 比较性观察

比较性观察是指对两种或两种以上的物体或现象进行观察比较，找出它们之间的不同点和相同点。如认识橘子和柚子。比较性观察是幼儿学习分类的基础。

3. 长期系统性观察

长期系统性观察指在较长一段时间内，有计划地观察某一自然物体和现象的发展变化，从而对其发展过程有较为完整的认识。幼儿为探索自然现象的发生（如动物、植物的生长与变化，天气与季节的变化等）而进行的连续、持久的观察。如种植区的种植活动中的观察，对饲养动物进行观察，就属于长期系统性观察。

二、观察类科学教育活动的设计

在科学教育活动中，除了以观察为主的科学活动外，在其他的实验、制作等类型的活动中，都离不开观察方法的应用。一次正规的观察活动，要做好如下设计工作：设计的注意事项、观察内容的选择、活动目标的设计、活动过程的设计等方面。

（一）设计的注意事项

观察类科学教育活动的设计是一种专门性的观察活动，其主要目的是培养幼儿的观察技能、表达技能及获得有关观察对象的科学认识。为了保证活动的顺利进行，同时也需要关注一些注意事项。

1. 准备工作要充分

要想取得好的观察效果，老师或家长事先要做好相应的观察准备工作，包括观察的内容、时间、地点、工具、人数等，如果幼儿第一次观察，还需要提前教会孩子观察的方法，要多准备一些提问的内容。

2. 内容选择要合理

在选择观察的对象上，要选择典型、特征明显便于观察的对象，同时在观察要求上注意由易到难，能让幼儿独立或在老师指导下完成观察任务。因此，观察内容的选择要仔细考虑。

3. 观察方法很重要

同样的观察内容或观察任务，有的幼儿在观察后很少能说出观察到了什么，有的说出来的内容并不是老师布置的观察内容，或者说出来的内容很凌乱、缺乏条理性，这里面大多涉及观察方法的使用问题。在观察时，是否按一定观察顺序，如从上到下、从里到外、从左到右等，是否通过多种感知手段（视觉、听觉、触觉、味觉等）来观察等，是否抓住观察对象的主要特点，观察的效果大不一样。

（二）观察内容的选择

在选择观察内容时，要注意以下几点：

1. 典型、特征明显，便于观察并力求美观

幼儿年龄小，经验也少，理解力有限，因此在选择观察对象或观察内容方面，要注意选择那些典型、特征明显，容易观察到的作为观察内容。

2. 变化明显，且变化周期短

幼儿在园时间短，平常观察活动也不会持续很长时间，大部分的观察内容需要在较短时间完成。因此，在选择对象上应选择短时间内变化明显、变化周期短的作为观察内容或观察对象。比如，如果要了解植物的生长过程，可以选择种植小白菜、空心菜等，而不能选择铁树作为观察对象。

3. 容易选取和照顾，无安全隐患

幼儿园毕竟是公共教育机构，在提供或选择供幼儿观察的内容对象时，首先要确保没有安全隐患，其次考虑观察对象是否容易照顾，如选择乌龟就比金鱼更好。

（三）活动目标的设计

作为观察类的科学活动，观察就是核心的科学目标，另外与观察有关的还有表达技能。在观察过程中，自然也有一些事物的基本属性要了解，这就涉及部分知识层面的目标。因此，围绕观察技能，在设计观察活动具体目标时，可以参考如下年龄班不同技能、知识方面的目标。

观察技能经常用的词有：多种感官（动脑、动手、看、听、摸等）、细致、辨认等。表达技能常用到语言、图示、符号等词语。有关观察对象的科学认识主要是对事物特点或属性的认识。下面有关目标的关键词用下划线予以突出。

Note

1. 观察技能的目标设计

观察是幼儿认识周围世界的基础，探究未知问题的第一步需要观察。在观察类幼儿科学活动中，培养幼儿的科学观察技能十分重要，应结合不同年龄班幼儿的特点和具体观察内容，设计出适宜的观察技能目标，有效地促进幼儿科学观察能力的提升。

（1）运用多种感官感知事物特征（小班或以上）；

（2）对不同对象进行比较观察（中班或以上）；

（3）有顺序地观察实物（中班或以上）；

（4）对事物进行长期系统地观察（中班或以上）；

（5）观察事物的明显变化和现象的发生（小班或以上）。

2. 表达技能的目标设计

表达能促进幼儿不断思考，观察类幼儿科学教育活动中的表达技能培养方式，具体可以分为语言和非语言的方式，应根据不同年龄班幼儿实际，选择适宜的表达技能目标，让幼儿明确在观察类科学教育活动中所发现的事物特征和关系，以及说明自己的观察探索经历。

（1）运用语言大胆讲述自己在观察中的发现（小班）；

（2）运用完整的语言讲述并交流自己在观察中的发现（中班或以上）；

（3）用图画、数字等多种方式记录自己观察的结构（中班或以上）。

3. 有关观察对象的科学认识（知识）的目标设计

有关观察对象的科学知识是科学观察探索过程的必然结果，可以根据抽象程度具体分为经验层次、概念层次和理论层次的知识，结合不同幼儿的年龄特点，关注幼儿学习的前期经验，让幼儿在观察过程中获得与观察对象有关的广泛的科学经验。

（1）认识观察对象的显著特征（小班）；

（2）认识到观察对象的多样性（小班或以上）；

（3）认识到各个观察对象的不同和相同（中班或以上）；

（4）探寻或感知观察对象的变化规律（大班）。

（四）活动过程的设计

幼儿观察认识活动和一般教育活动过程一样，由导入、展开、结束、延伸四部分构成。就具体活动环节的设计来看，可以分为导入部分、中间活动过程、结束部分、延伸部分。导入部分可以参考其他类型活动的导入方法，很多可以通用。为方便大家掌握观察类活动的设计总体思路与策略，我们就不再细分析不同观察类科学教育活动的设计思路了，而是将其共同性的设计思路与策略进行分析，这样化繁去简，大家更容易掌握观察类科学教育活动的设计要点。这里重点说说中间活动过程的设计思路。

1. 活动过程设计的要点

一般观察类科学教育活动可以分为物体类观察、展示类观察、科学现象类观察和户外观察。物体类观察根据观察数量可以分为单个物体观察和多个物体观察，活动重点在于对物体的外在特征、结构等方面的观察。展示类观察一般用于观察认识事物的多样性，渗透于收集展品、布置展览和参观展览环节，活动的重点主要在参观展览及交流讨论环节，见经典案例"小汽车展览会"。科学现象类观察重点在于观察变化的发生，可将观察、指导和交流相结合。户外观察一般既有物体观察也有现象观察，可采用分组形式，在活动环节设计上尽量减少集中指导，注重个别指导和个人体验。

经典案例

中班科学观察活动：小汽车展览会（展示类科学活动）

园所：福建幼儿师范高等专科学校附属幼儿园

执教教师：何圣予

● 活动目标

1. 学习按照一定的顺序较为全面地观察小汽车外部的主要结构，初步获得科学的观察方法。感知了解小汽车结构局部与整体之间的关系，发展空间方位的知觉。

2. 学习运用数学方法观察、记录小汽车外部部件的数量和位置，进一步建构对小汽车的正确认知。

3. 在欣赏、观察各类汽车展览的过程中体验科学探究的快乐。

● 活动准备

1. 经验准备：

(1) 幼儿自由观察实物小汽车，初步了解小汽车外部的主要部件。

(2) 具有简单的记录经验。

2. 物质准备：车模（每组一辆）、记录表（人手一份）、水彩笔、部件图标一份、自制小汽车与主要部件一份、展板、投影仪等。

● 活动过程

1. 说一说小汽车外部的部件有哪些。

(1) 引导幼儿回忆小汽车主要的外部部件，并展示相对应的部件图标。

师：欢迎小朋友参加今天的小汽车展览会。前几天我们欣赏了老师的小汽车。我想考考小朋友，小汽车的外部都有哪些主要的部件呢？（雨刮器、车门、车轮、后视镜、车灯、车牌等）

教师根据幼儿所说的在黑板上展示出相应的部件图标。

教师结合图标进行小结，帮助幼儿重温对部件的认识。

(2) 进一步提出问题：我们找到的小汽车部件有几个呢？它们在小汽车上各有几个？

2. 数一数每个部件的个数。

(1) 介绍记录表，教师示范有序、全面观察记录的方法。

① 通过投影仪介绍记录表，进一步帮助幼儿熟悉图标。

指导语："刚才小朋友说的部件也都在这张记录表上，你认识它们吗？"

② 教师尽量通过体态、语言来体现前后左右观察的方法，并提示幼儿逐栏对应记录。

③ 提醒幼儿根据实际观察的情况进行记录。

指导语："小汽车有各种品牌，款型不同，部件的组成也不同，所以小朋友记录部件数量时不能单凭猜测，而要仔细看、认真数。"

（2）幼儿分组观察车模，记录部件数量，教师巡回指导、帮助幼儿。

（3）看一看记录得对不对。

① 幼儿展示记录表，并相互观摩、交流。

② 通过投影仪放大具有代表性的记录表，师生互动讲评与验证记录的结果。

③ 指导语：我们了解了小汽车外部的主要部件和数量，那么该怎样组装成一部小汽车呢？

3. 试一试组装小汽车。

（1）教师以小结的方式有序介绍组装的小汽车，增强幼儿有序观察的意识，进一步整合幼儿对小汽车整体方位、布局的认知。（关键词：车头、车中间、车尾）

（2）交代下次活动的要求：请幼儿尝试自己组装小汽车。

● **活动延伸**

1. 和幼儿一起收集废旧纸盒，引导幼儿自己绘画、剪贴主要部件，组装小汽车。

2. 根据幼儿组装的情况，进一步了解幼儿有关小汽车外部结构的建构水平，通过组装进一步引导幼儿对小汽车进行细节观察，继续开展记录活动。

2. 活动过程设计步骤

在过程设计与结束部分，我们可以设计这样的思路：出示观察对象（观察内容）、提出观察要求→幼儿第一次自由观察→幼儿在小组或全班分享表达交流→小结观察情况→教师再次提出观察要求，引导幼儿第二次观察（观察要求更高或观察不能再有错）→幼儿再次在小组或全班分享表达交流→教师最后总结、梳理提升。

模拟教学
"小班科学活动：
有趣的溶解"

科学现象类观察需要首先引出观察对象或讨论的问题，中间过程的设计思路都是类似的，如"有趣的溶解"这个活动就是科学现象类观察活动，本次呈现的是设计要点，不是完整的活动设计过程。

为了更好地了解，请扫码观看学生的模拟教学片段视频，看这位同学是如何进行活动过程设计的。

科学现象类观察活动：糖到哪里去了

● **核心目标**

　　感知糖在开水中溶解的现象。

● **材料准备**

　　各种糖（白糖、方糖）、盘子、一次性透明杯、温开水、汤匙。

● **指导建议**

　　1. 白糖到哪里去了？

　　（1）材料投放：白糖、盘子、一次性透明杯、温开水、汤匙。

　　（2）探索点：糖在水中会溶解。

　　（3）玩法：取一个装有温开水的透明杯，尝试用汤匙舀一小勺白糖，加入杯中并搅拌，引导幼儿观察杯中白糖的变化。

　　2. 什么样的糖溶解得快？

　　（1）新增材料：方糖，幼儿人手两个标有白糖与方糖标记的杯子。

　　（2）探索点：白糖、方糖在水中溶解的速度不同。

　　（3）玩法：取两个标有白糖与方糖标记的杯子（内装有温开水），分别在两个杯子内加入一小勺白糖、一块方糖后搅拌。幼儿观察杯中白糖和方糖在水中溶解的速度。

（案例来源：福州市蓓蕾幼儿园王蓉）

3. 活动结束时的设计策略

　　在活动结束这一环节，教师应和幼儿一起总结并评价这次活动。比如提出要求或建议，让幼儿在活动结束后继续探索，或在今后的生活中注意观察，这样的结束可以使活动继续得到拓展与延伸。如果是制作活动，可以让幼儿展示自己的作品；也可以艺术的方式（如绘画、唱歌、跳舞）结束，这样可以让幼儿充分地表现自己；可以迁移幼儿的学习经验，由教师提出一个问题情境，让幼儿用自己原有的经验去解释幼儿对新知识的理解。

三、观察类科学教育活动的组织指导

　　观察类科学活动从组织方式上来看，可以分为一般性观察活动、比较性观察活动和长期系统性观察活动。不同类型的观察类科学教育活动在组织指导中的注意事项也不同，在设计中应注意区分。

（一）一般性观察的组织指导

一般性观察活动，教师的指导重点：一是激发兴趣，二是明确观察目的，三是掌握观察方法。

1. 一般性观察的步骤

第一步，引起幼儿观察的兴趣，要让幼儿觉得观察这个活动是一件有趣的事情。

第二步，明确观察的目的，将要观察的对象、观察的具体要点或任务，用生动简练的语言或游戏的口吻予以明确，也可用儿歌、谜语、讲故事、提问题和启发性谈话等方式开始。

第三步，运用一定的观察方法，调动多种感官，运用多种观察手段，感知观察对象的各种属性。

2. 一般性观察组织的注意事项

教师要引导幼儿按一定顺序进行观察，如从上到下、从左到右、从中间到外围等。观察植物可从根→茎→叶→花→果实的顺序开展观察；也可以从花→叶→茎→根的顺序进行观察；观察动物可从头→身→尾→四肢的顺序进行观察；观察水果可从外到里进行。

调动幼儿的多种感官，如视觉、听觉、嗅觉、味觉、触觉等。通俗来说，看一看、听一听、闻一闻、摸一摸、捏一捏、掂一掂，能吃的还可以尝一尝。参与的感官越多，方式越多，观察效果就越好。

除了用多种感官参与观察，还可以教幼儿在观察基础上进行比较，比较两者观察对象的异同点。

要注意引导幼儿观察，教师不是直接告知幼儿答案。教师要提出有质量、有助于幼儿思考的启发性问题：

（1）根据观察目的，提出明确的问题，使幼儿对观察的范围和思考的线索十分清楚。

（2）提出的问题应有启发性，避免暗示性或直接指明观察的要点。提"是什么""什么样"一类问题，可使幼儿将观察到的和记忆中的事物描述出来。提"为什么""怎么样"一类问题具有启发性，可促使幼儿动脑筋思考问题。而对于"是不是""对不对"等一类问题应尽量避免。

（3）环环相扣，步步深入。在观察过程中，教师可用生动的语言适当地讲解，以帮助幼儿加深印象。结束时要巩固、加深幼儿所获得的印象。

（二）比较性观察的组织指导

比较性观察一般是从事物的不同点开始进行观察比较，然后再比较事物的相同点，仍应是对事物各个相应部分按顺序进行。

1. 观察对象的选择

一般作为比较观察的对象，应属于同类的物体或现象，尽量不要提供两个不同类别的对象来比较，如可以比较猫和狗，但不宜比较猫和鱼。因为事物的不同点易被观察到，而事物相同点却要经过比较、概括才能找到。如果不是同一类别或基本属性相同的两种（或多种）事物或物体，就不好比较。

2. 活动目标的达成

教师要紧紧围绕观察教学的目的，引导幼儿比较观察事物的本质特征，不要纠缠在一些非本质的特征上，还可以引导幼儿认识一些规律。

如下面的小班科学活动"小板栗和小红枣"就属于两个物体的比较性观察，通过看一看、摸一摸、尝一尝等方式感知两者的不同，幼儿容易达到科学教育活动的具体目标。

活动实录

小班科学活动：小板栗和小红枣

园所：福建省儿童保育院

执教教师：陈晶

幼儿园指导教师：许铮、郑晞

高校指导教师：彭琦凡、陈凤玉、苏玲

● **活动目标**

1. 运用触觉、视觉、听觉等各种感官进行有序学习，感知板栗和红枣的特征及其功用。
2. 乐于参与观察与品尝活动，并大胆表达自己的看法。

● **活动准备**

1. 生、熟板栗和可食用的红枣若干。
2. 树洞5个、毛巾每人1条、小罐子每人2个。
3. 观察记录表一份，篮子、垃圾桶等。

● **活动过程**

1. 创设情境，激发幼儿探索兴趣。

(1) 摸一摸小松鼠家藏了几种食物？

师：冬天到了，小松鼠会储存足够的食物放在家里准备过冬，瞧！它已经把自己喜欢吃的食物都藏在这些树洞里了。你们想不想知道它到底藏了什么好吃的东西啊？小松鼠想请小朋友们先把手伸进它的树洞里摸摸看，不能用眼睛偷看哦，猜猜它藏了几种不同的食物。哦！原来小松鼠藏了两种不同的食物啊！

(2) 看一看小松鼠藏了什么食物？

师：现在请小朋友们摸出两种不同的食物，抓在手里看看，到底是什么呢？请摸到的小朋友立刻回到座位上吧！

2. 幼儿通过触摸和观察，比较板栗和红枣的不同。

(1) 认识红枣和板栗。

师：刚才你们发现小松鼠藏了什么好吃的啊？这是（红枣），这是（板栗）。原来这些都是小松鼠爱吃的东西。

（2）出示观察记录表，比较两种食物的不同。

师：小松鼠还想考考小朋友们，你们觉得这两种食物一样吗？哪里不一样？

① 你们觉得红枣摸起来是什么感觉？（皱皱的）板栗呢？（光滑的）

② 哪个摸上去更硬些？（板栗）红枣摸起来呢？（更软些）

③ 它们是什么颜色的？红枣是什么颜色？板栗呢？

（3）按照食物的外形特征进行分类。

师：小朋友观察真仔细，太棒了！瞧，这里有两个小篮子，一个篮子是板栗的家，另一个篮子是红枣的家，现在小松鼠想请小朋友帮个忙，将手中的食物分别送回它们的家中好吗？

3. 摇一摇、听一听，进一步感知两种食物的不同。

师：小松鼠感谢你们的帮忙，刚才它悄悄地把红枣和板栗分别藏在了这两个罐子里，想看看小朋友的小耳朵灵不灵，猜一猜它们分别躲在哪个罐子里呢？

（1）出示小罐子，教师示范操作。

师：你们觉得听起来声音一样吗？现在请小朋友们把你们椅子下面的罐子拿出来，先摇红色的罐子听一听，再摇绿色的罐子，听听看，它们的声音一样吗？

（2）幼儿操作。

师：刚才你们听到哪个罐子发出的声音比较大呢？举起来我看看。哪个罐子发出的声音比较小呢？也举起来看看。

（3）教师开罐验证，声音大的是板栗，声音小的是红枣。

师：你们觉得声音大的罐子里藏的是什么食物呢？我们打开看看，原来声音大的是板栗。声音小的罐子里装的是什么呢？（红枣）

（4）引导幼儿把罐子收放到指定的篮子里。

4. 通过品尝活动，感受食物的功用。

（1）提出要求。

师：小松鼠说你们太棒了，所以它要与你们一起分享它的美食。瞧！小松鼠已经把美食准备好了，但是它还有个小小的要求：

① 吃东西之前，先用毛巾把小手擦干净。

② 到盘子里选择一个你爱吃的食物坐到位置上慢慢吃。

③ 剥下的板栗壳不能随地乱扔，一定要放到垃圾桶。

（2）幼儿品尝，并大胆进行表述。

师：教师提醒幼儿要小心品尝。提问：它们是什么味道？你吃了有什么感觉？

"小班科学活动：小板栗和小红枣"公开观摩活动视频剪辑

活动延伸

剩下的板栗和红枣，送给其他班的小朋友一起分享！

（此活动在福建省幼儿园环境创设与领域教育观摩研讨会上进行展示）

（三）长期系统性观察的组织指导

长期系统性观察在幼儿园用得相对比较少。观察对象可以是动植物生长发展过程、四季特征和轮换顺序。此类型观察是在观察对象发生显著变化时组织的一系列观察。在组织每一次观察时，应引导幼儿将眼前的现象与前一次观察的情况进行对比，以了解观察对象发展变化的情况，也可引导幼儿找出变化的原因，从而看到事物之间的关系。

1. 组织指导适用途径

这种做法主要采用集中教育活动进行重点观察或呈现观察结果，活动之外的时间（如晨间活动、散步、户外活动、其他自由时间）主要是观察、记录、统计等。

2. 组织指导的注意事项

在指导幼儿进行长期系统性观察时要注意观察的方法和儿童良好观察习惯的培养；注意选择适宜的内容和适合儿童认知特点的观察形式。由于长期系统性观察时间需要较长，次数也可能较多，教师不要直接传授给幼儿知识，而是让幼儿自己在观察活动中进行探究、发现，梳理、总结观察的结果，培养幼儿科学探究的意识。

四、观察类科学教育活动的指导要点

教师在组织和开展幼儿观察类科学活动时要注意以下几点：

（一）注重激发幼儿参与观察的兴趣

利用观察对象的显著特征激发幼儿的观察兴趣。如果教师提供的观察对象特征不显著就难以激发幼儿的观察兴趣。幼儿好奇心强，凡事都爱问，但对幼儿的问题，教师不必急于回答，可以引导幼儿自己去观察，去发现，去寻求答案。如幼儿问到："天上为什么有彩虹？"教师可以反问幼儿："天上什么时候有彩虹？是白天还是黑夜？是晴天还是雨天？有太阳时还是没有太阳时？"教师如果经常引导幼儿去观察，以后幼儿遇到类似的情况或问题，就会留心去观察，兴致盎然地去寻找答案，久而久之就会养成观察的好习惯。

微视频：
观察类科学
活动的指导要点

除了幼儿自发提问外，教师还可以根据幼儿的知识水平提出问题，让幼儿去寻找答案，引导其观察以前没有注意到的事物，使之产生兴趣，逐步学会自觉地观察周围事物。

（二）帮助幼儿明确观察的目的与任务

总体说来，幼儿的观察力水平不高，这与其观察的目的性不强有很大关系。由于幼儿的注意以无意注意为主，他们在观察时往往东张西望，走马观花，抓不住观察的重点和要领。在幼儿观察时，教师要有意识地给幼儿提出明确的观察要求，具体指出要观察什么内容，怎样观察，以加强观察的目的性与任务意识，使幼儿的观察更具有选择性和针对性，长此以往，可以极大地提高幼儿的观察能力。如对小班幼儿说："请小朋友仔细观察图上的鸡和鸭，看看它们有什么不同？"还不如以下这样提问："请小朋友仔细观察图上的鸡和鸭，看看它们的头、身体、尾巴、脚、羽毛各是怎样的？鸡和鸭有什么不同？"后者的观察要求比较具体，幼儿容易找到本质的东西，前者的观察要求太泛。

（三）引导幼儿学习有效的观察方法

观察方法直接影响观察效果，幼儿如果掌握了有效的观察方法，观察起来就会事半功倍，观察能力将极大地提高，否则，幼儿观察会事倍功半，甚至得出不正确的观察结果。通过多种感官和感知方式，能更快地让幼儿完成观察任务，观察质量也相应得到提高。

（四）注重启发性提问，发挥语言的作用

要鼓励幼儿用语言表达观察中的发现。在观察活动中，需要调动幼儿的语言表达积极性，可以让他们边说边观察，也可让他们将自己的发现告知同伴，或在分享表达交流环节向同伴进行展示。通过启发性问题引导幼儿观察。幼儿在观察时可能走马观花，教师需要及时通过启发性的问题引导幼儿注意观察，同时这也是让幼儿集中注意力的一种方法。

语言的参与可以使幼儿的观察效果大大提高，在游览、参观时我们常有这样的体会。平常在游览、参观过程中我们自己边走边看，对于不突出的景点或景色，我们一般不太留意去看，可是经导游一说，我们就开始注意看。导游说这是……那是……这像……那像……导游没说之前，我们没有去注意看，即使看到了，也没有看出它像什么东西（因为不太明显），但导游一说，并且有板有眼地讲起故事、传说、历史事件等，我们就会发现越看越像，还真像导游说的那样。幼儿在观察时，教师通过语言的指导，可以指明观察的方向。使幼儿明确观察任务，调动幼儿观察的积极性；鼓励幼儿持久地观察；提供有关知识，使幼儿更完整、深入地认识现象；等等。因此，教师在引导幼儿观察时，必须注意将观察与语言讲解结合起来，以提高幼儿的观察效果。

（五）及时回应儿童发展的需要

引导幼儿通过对观察对象的操作、摆弄，将观察和操作相结合，以全面地观察事物，并了解观察对象的变化。在必要时要引导幼儿通过亲身操作、动手体验等感知物体的属性，获得更多感性或直观经验。

幼儿在观察时，教师既不能一味放任幼儿任意观察，也不能过多干预幼儿观察，而要在幼儿碰到困难且无法解决或观察偏离目标时，教师才有必要介入或给予应答，方式包括积极的响应、巧妙的设疑、加入讨论、以角色身份加入等，让孩子的兴趣得以持续，使观察目标更加明确，观察程度更加细致。这样孩子就会在观察中不断寻求问题的答案，逐渐解除心中的疑惑；同时也在观察中感受着发现的快乐，体验着用多种方式记录发现的愉悦。

（六）运用多种方式记录观察结果

指导幼儿学习用各种方法记录观察的结果。除了口语表达外，观察过程中还可以培养幼儿的记录能力。在幼儿观察时，教师应引导幼儿将观察结果记录下来，可以运用符号、文字、表格等方式，这样有利于提高观察结果的准确性，有利于幼儿发现观察结果和规律，增强观察的效果。比如"比较认识菊花和月季花"的教学活动设计了两个需要幼儿进行记录的表，很实用。

最后强调一点，这里说的是一般物体类观察，展示观察类、现象观察类等略有区别，在指导不同观察类活动时，应紧扣活动主题。

经典案例

大班科学活动：比较认识菊花和月季花

林　莹

● 设计思路

在"可爱的小动物"科学活动中，幼儿通过观察喜欢的动物，初步培养了有序观察和比较观察的方法和能力，本次活动旨在以此为基础，进一步培养幼儿从粗到细的观察能力，借认识、比较观察菊花和月季花，使幼儿有序观察和比较观察的方法和能力得以强化，从而培养幼儿全面、细致地观察、感知事物的习惯。

● 活动目标

1. 能迁移已有的从上到下观察顺序的经验，细致地观察比较菊花和月季花外形特征的不同点，感知认识菊花和月季花。

2. 进一步学习有序地观察和比较观察的方法，继续学习从粗到细、从整体到局部的观察顺序。

● 活动准备

一、经验准备

1. 观看关于"花"的视频，初步了解菊花和月季花。

2. 有关"菊花"的基本知识。

二、材料准备

1. 菊花和月季花若干盆（每4～5人一盆）。

2. 教师引导幼儿比较观察时用的大张记录表，如表6-1-1所示。

表 6-1-1　观察记录表（1）

部位	特征	菊花（图片）	月季花（图片）
花瓣	形状		
	颜色		
叶子	形状		
	颜色		
茎	颜色		
	刺		
图片			

三、环境创设

布置幼儿写生的"菊花"展示板。

活动过程

1. 参观"菊花"展示板,回顾菊花的外形特征,学习从粗到细的观察方法。

教师引导幼儿边参观边思考:小朋友画的菊花有哪几部分(花、叶、茎)?菊花的花瓣是什么形状的?都有哪些颜色的菊花?(菊花的花瓣是细长型的,它有许多的花瓣向中间包拢,它有黄色、白色、粉色等多种颜色。)菊花的叶子是什么形状、什么颜色的?(菊花的叶子呈山型,叶子上有许多的叶脉,叶子的表面摸起来很光滑,叶子的边缘有锯齿,叶子是绿色的。)菊花的茎是什么样的?(菊花的茎是长长的、绿色的。)

2. 比较观察菊花、月季花外形明显的不同点,继续引导幼儿从粗到细地观察花卉。

(1)找出菊花、月季花的不同点;引导幼儿细致、有序地观察,教师在表格里记录。

教师出示并告诉小朋友这是月季花,问:月季花和菊花有哪些地方不一样呢?我们一起从它们的花、叶、茎来看一看、找一找。教师引导幼儿从上到下、细致地进行对应比较观察,并进行对应记录。

观察记录的顺序:

花瓣:菊花的花瓣是细长形的,月季花的花瓣有点圆,一片一片地重叠。

叶子:菊花的叶子是山形的,月季花的叶子是圆长形的。

茎:菊花的茎没有刺,月季花的茎有刺。

(2)在与菊花比较的基础上,总结月季花的外形特征。

教师总结:月季花的花瓣有点圆,一片一片地重叠,有多种颜色;月季花的叶子是圆长形的,也是绿色的,旁边都有锯齿;月季花的茎有刺。

3. 音乐游戏:花儿找朋友,巩固对菊花、月季花的认识。

活动延伸

1. 在益智区投放菊花、月季花等花卉的拼图及记录表,学习记录这些花的不同点(见表6-1-1)。

2. 在美工区投放月季花的盆景,进行月季花的写生。

3. 在益智区玩"比一比"游戏,引导幼儿迁移以上的观察方法,继续比较认识"百合花与海棠花的外形特征"。继续培养幼儿会从粗到细的观察比较两种事物的习惯。(先玩拼图游戏,把百合花与海棠花拼好,然后进行观察比较并进行记录,如表6-1-2所示。)

表6-1-2　观察记录表（2）

部位	特征	百合花（图片）	海棠花（图片）
花瓣	形状		
	颜色		
叶子	形状		
	颜色		
茎	颜色		
	刺		
图片			

实训操练

请设计一份观察类科学教育活动计划，活动主题自拟，年龄班不限，要求：写出活动名称、活动目标、活动准备、活动过程、活动延伸等，并面向幼儿进行组织和实施。

真题再现

1. 幼儿观察西红柿的生长过程属于（　　）。

A. 一般性观察　　　　　　　　　　　　B. 个别物体观察

C. 比较性观察　　　　　　　　　　　　D. 长期系统性观察

2. 比较性观察是对两种或两种以上的物体或现象进行观察比较，找出它们之间的不同点（　　）。

A. 正确　　　　　　　　　　　　　　　B. 错误

过关练习

1. 观察认识某一事物的外形特征或生活习性、用途等的幼儿园科学教育活动，如"认识橘子""认识菊花"，属于哪个类型的观察科学活动？（　　）

A. 一般性观察　　　　　　　　　　　　B. 比较性观察

C. 长期系统性观察　　　　　　　　　　D. 自然观察

2. 简述观察类科学教育活动的指导要点。

本节参考
答案与解释

第二节　实验类科学教育活动的设计与指导

实验是指在人工控制现象发生的条件下，对现象进行感知和测量的方法。它是科学实践的重要形式，是获取信息和检验理论的基本手段。幼儿园科学实验活动是在人为控制条件下，教师或幼儿利用一些材料、仪器、设备，通过简单操作或演示，对周围常见的科学现象加以验证的一种方法。

一、实验类科学教育活动内容的选择

科学实验的内容选择相对观察类、制作类科学教育活动来说更有难度。幼儿的科学知识与经验少，动手能力相对较弱，因此教师要选择适合幼儿年龄特点又具有一定趣味性、探究性的实验内容，这样才方便开展活动。具体科学实验内容的选择需考虑以下几个方面特点：

微视频：
什么是实验类
科学活动？

（一）具有可探究性

选择的实验内容有可探究的问题，有科学原理支持，科学现象外在表现明显。

（二）具有可操作性

幼儿探究的问题或科学原理可以物化，可以将结构化的材料用于常规教育活动。

（三）实验材料要安全，取材方便，易于组织和操作

有的实验有一定的危险性，教师要准备好相应的材料，确保安全、卫生。

二、实验类科学教育活动目标的设计

幼儿园的实验类科学教育活动是预定性科学教育活动的一种。科学实验活动的目标主要是通过幼儿亲自动手、摆弄、操作实验对象，发现事物的变化及其相互关系。

（一）实验类科学教育活动目标设计的注意事项

实验操作教育活动强调让幼儿自己动手操作，自主探索，亲历探究的过程。为了保证活动的顺利进行，需要关注以下注意事项：

（1）具体化、明确化。科学实验活动的目标设计在表述上要具体明确，不要太泛。

（2）考虑科学知识、科学方法、科学情感态度兼顾。一是科学知识经验的掌握，二是科学方法的习得，三是科学情感态度的培养。

（3）考虑幼儿的年龄特点，在目标的设计上层层递进、层层分解。

（4）考虑幼儿科学实验的特点，区别于一般性观察类科学活动、制作类科学活动。

（二）实验类科学教育活动的目标设计

根据实验类科学教育活动目标的三维角度（认知、情感、能力），我们在目标设计上可以采用以下三个角度的表述，参考不同年龄班的目标设计，在年龄班目标的设计上可以相对笼统，而具体的科学活动的目标设计要具体、可操作。激发幼儿对科学的好奇心和探究能力是实验类科学教育活动的核心目标。在具体活动目标的设计上，就要结合实验类活动内容把目标设计更具体、更明确。下面分为科学好奇心、探究能力、科学知识等方面进行阐述，其中具体目标表述中有下划线的系目标中的关键词。

1. 科学好奇心

好奇心是幼儿的天性，幼儿最初的好奇是自发的，但幼儿的好奇心要发展成对科学的好奇和求知欲，还需要后天社会环境的强化和教育的刺激。所以在实验类科学教育活动中，保护和发展幼儿的好奇心，激发幼儿的求知欲是极为重要的任务。

在不同年龄班，涉及好奇心的目标可以采用如下的表述：

（1）注意到新异的事物或现象（小班或以上）；

（2）愿意探究新异的事物或现象（中班或以上）；

（3）对新异事物或现象提出问题并进行探究（大班）。

2. 科学探究能力

科学探究能力其实就是帮助幼儿获得探究、解决问题的策略，在实验科学教育活动中，这些探究问题的具体策略可以包括观察操作、假设验证、推理和解释预测等，具体应根据幼儿的年龄特征选择适宜的目标，以帮助不同年龄幼儿发展科学探究能力。

在探究能力目标上面，不同年龄班的目标可以这样设计：

（1）能通过自己的观察操作获取发现（小班或以上）；

（2）能对问题作出假设并用自己的经验来加以检验（中班或以上）；

（3）能根据已经获取的资料进行合理推理，得出结论（中班或以上）；

（4）能根据过去的经验或逻辑推断对现象进行解释和预测（大班）。

3. 有关实验现象的科学知识（认识）

在知识层面的目标上，没有特别的规定内容，可以根据具体实验类活动内容来制定，一般来说，实验操作的结果、所呈现出的实验现象就是该类活动所要关注的科学知识。

三、实验类科学教育活动过程的设计

实验类科学教育活动还可细分为演示探究类科学教育活动、引导探究类科学教育活动、猜想验证探究类科学教育活动。

（一）设计思路

在开展具体的实验类科学教育活动前，必须先明确不同类型实验类科学教育活动的设计思路，才能更好地保证科学教育活动的有效开展。实验类科学教育活动的设计思路可以分成以下三类：第一类演示探究活动设计思路：教师演示实验操作→幼儿依样操作（或看图示操作），并通过自己的观察获得发现→分享交流或运用获得的经验解决问题；第二类引导探究活动设计思路：教师创设问题情境，幼儿自由探究→引导交流，发现并提出问题→有目的有计划地探究→解决问题或得出结论；第三类猜想验证探究活动设计思路：教师提出问题→猜想、假设→验证探究→得出结论。

1. 演示探究活动设计思路

演示探究类科学教育活动，顾名思义，就是教师先进行演示，然后幼儿在观看基础上尝试自己操作。因此这类活动的设计思路可以是这样的：教师<u>演示实验操作</u>→幼儿<u>依样操作</u>（或看图示操作），并通过自己的观察<u>获得发现</u>→分享<u>交流</u>或运用获得的经验<u>解决</u>问题。

下面的"科学实验：淀粉遇碘变蓝"是比较典型的演示探究活动。教师以游戏方式开头作为导入，中间通过教师演示、幼儿操作、观察验证等方式，为幼儿园开展类似活动提供帮助。下面案例中有下划线的内容系教师要重点注意的。

经典案例

科学实验：淀粉遇碘变蓝

● **活动目标**

1. 通过实验，<u>了解淀粉遇碘变色这一化学现象</u>。
2. <u>主动观察和操作</u>淀粉遇碘变色实验，体验探索化学现象的乐趣。

● **活动准备**

1. 森林背景图六张（图中藏有用米汤作画的精灵形象）；装有不同液体的水枪每人两把。

2. 幼儿人手一份实验材料，如米汤、碘、滴管、勺子等；每人一小杯作画用的米汤、棉签、图画纸。

3. 教师演示的教具：装有不同液体的水枪两把、透明玻璃杯两个、课件一份。

● **活动过程**

1. 以"捉迷藏"的游戏形式，让幼儿初步了解淀粉遇碘发生反应的现象。

（1）引导幼儿观察背景图，引出主题。

（2）介绍水枪等游戏材料，提出游戏要求：边喷边看图上发生什么变化？

（3）幼儿游戏，教师观察指导，重点指导幼儿观察图片是否发生变化。

（4）集中提问：你使用什么颜色的水枪？发现什么了吗？教师结合幼儿的回答进行小结，让幼儿明确只有黄色液体的水枪才能找出隐藏的精灵。

2. 通过实验，让幼儿进一步明确淀粉遇碘发生反应变蓝的现象。

（1）教师向幼儿介绍实验操作材料，并提出操作要求。

① 用滴管取碘滴入米汤中，观察其变化。

② 启发幼儿探索不同浓度的碘水滴入不同浓度的米汤，观察发生的变化有何不同。

③ 要求轻拿轻放实验材料。

（2）幼儿分组实验，教师重点引导幼儿观察并描述实验中出现的化学现象。

（3）集中提问：你在实验中是怎么做的？发现了什么？结合幻灯片演示各种实验现象。

3. 以"画一画，喷一喷"的形式，让幼儿进一步验证化学现象。

（1）介绍操作材料、方法，提出要求：先用米汤在纸上画自己喜欢的图案，待干后，将碘水喷在图案上，观察发生的变化。

（2）幼儿作画，教师观察指导。

（3）幼儿作画后，引导幼儿用装有碘水的水枪喷图案验证化学现象。

4. 在喷喷、玩玩中自由结束活动。

2. 引导探究活动设计思路

所有科学类的活动目标设计结构或设计要素相同，就不再具体讨论目标设计。对教师来说，活动的过程设计是重点环节。

引导探究类科学教育活动就是教师先要通过情境创设，引导幼儿发现问题、提出问题，最后解决问题。从过程设计的环节来看，重点是围绕问题来设计环节。思路可以这样设计：教师创设问题情境，幼儿自由探究→引导交流，发现并提出问题→有目的有计划地探究→解决问题或得出结论。

经典案例

中班科学实验活动：有趣的漩涡（活动展开部分节选）

园所：福建幼儿师范高等专科学校附属第二幼儿园

执教教师：尹立锴

指导教师：游万玲

● 活动过程

一、介绍材料，激发幼儿兴趣。

1. 出示漩涡瓶，引发幼儿猜想。

师：这个瓶子是不是看上去非常眼熟？是的，就是上一周我们一起制作的玩具，我们还一起往里面加了什么？而且瓶子里的水会怎么样呢？既然说是玩具，那么我们可以怎么玩呢？好，那请你们先去试一试吧！（提出要求）现在我已经把我们一起事先做好的玩具放在你们的桌子上了，请你们开始玩吧！

2. 第一次玩，交代要求，教师巡回观察。

活动要求：

（1）每位幼儿一套瓶子。

（2）探索玩法，发现现象。

（3）听信号，放下瓶子，回到座位。

3. 幼儿操作。

4. 交流分享（预设：气泡，水慢慢往下流，有漩涡）。

师：说一说你是怎么玩的？旋转后发生了什么？有什么发现？水快速地旋转，像龙卷风一样，产生了气泡，这种现象我们叫它漩涡。

师：谁还记得，我们在哪个地方见过它？（出示图片）在我们的生活中也有很多出现漩涡这种现象的地方，你们瞧！

二、第二次玩漩涡，提出猜想。

1. 猜测：刚刚已经有×××小朋友制造出漩涡了，你们想不想也挑战一下呢？

2. 操作要求：

（1）记住方法，尝试制造漩涡。

（2）听信号，放下瓶子，回到座位。

3. 幼儿操作。

4. 交流分享，教师鼓励幼儿用简单的符号来做记录。

师：你们制造出漩涡了吗？说说你们的方法吧。

小结：孩子们太会想办法了，有各种方法可以变出漩涡，用力甩、上下摇、左右摇、连续拍打等，真是了不起。

师：我想问问你们，水在下面的瓶子也能制造出漩涡吗？有没有什么方法可以制造出更大一点的漩涡呢？

小结：哦，原来水在上面的时候，可以更快制造出漩涡，这个秘密你们记住了吗。

三、第三次玩漩涡，记录漩涡。

1. 出示表格，提出要求。

师：接下来你们看，小锴老师今天带来了一张漩涡记录表，这个表格上有什么？（手和眼睛分别代表的是什么）。好，我们又要开始新的挑战了。

（1）制造漩涡，观察漩涡的样子。

（2）使用表格，运用符号记录现象。

（3）记录后，贴在黑板上，坐回椅子。

2. 幼儿操作。

3. 交流分享。

师：说说你们记录的发现？

小结：每个人的发现不一样，记录就不一样。每个人的方法不一样，记录也不一样。今天每个小朋友都通过自己的尝试，制造出了漩涡还近距离观察了漩涡并把它给记录了下来，为自己在尝试的过程中的坚持、不放弃鼓鼓掌吧！

四、迁移拓展：生活中的漩涡。

师：小锴老师带来了一个漩涡小视频，我们一起来看看各种各样的漩涡吧。看来小小漩涡的本领真大，能给我们的生活带来这么大的方便！漩涡还有一些不好的地方，比如我们的五一假期快到了、天气也渐渐热起来了，小朋友们到湖面、小河边去玩耍，小河、湖面上经常会出现漩涡，所以请你跟好自己的爸爸妈妈。

3. 猜想验证探究活动设计思路

猜想验证探究活动与引导探究科学活动差不多，也是围绕问题来设计，过程环节也基本一样。教师可以先抛出问题，然后引导幼儿猜想，最后通过实验来验证猜想是否正确。设计思路为：教师提出问题→猜想、假设→验证探究→得出结论。

"颜色变变变"是幼儿园科学实验类中的一个经典活动，请分析这个活动的设计有哪些方面的优点。请扫码观看小班模拟教学视频"颜色变变变"，分析学生在模拟教学或片段教学中的优缺点。

经典案例

中班实验类科学活动：颜色变变变

● **设计意图**

幼儿在升入中班后对丰富的色彩更加关注，更加敏感，为了进一步激发他们对色彩变化的探索欲望，我选择了"颜色变变变"的活动内容，尝试旧教材新教法。活动以"魔术师"变魔术的游戏情景贯穿整个过程，希望通过游戏活动调动幼儿对科学实验的初步探究兴趣，并且在与各种操作材料的互动中掌握简单科学操作的方法，锻炼幼儿小手肌肉协调能力，使幼儿真正做到从玩中学，在玩中体验操作的成功感。从而解决幼儿自由探索与教师传授简单科学操作方法的"玩与教"之间的矛盾。

● 活动目标

1. 感受颜色变化带来的乐趣，体验操作的成功感。

2. 知道两种颜色混合后可以变成另一种颜色，并懂得运用调色的方法来解决问题。

3. 初步学习按步骤进行实验操作，学习记录观察的结果。

模拟教学
"小班科学活动：
颜色变变变"

● 活动准备

1. 物质准备如下。

教具：颜料（蓝色、黄色、红色）、记录表格一张、展板一块、磁铁若干、滴管两个、布一块、分类盒一个。

学具：人手一份管剂、小勺、针筒、颜料（蓝色、黄色、红色），以及记录表格一张、图画一张、投放架一个、分类盒一个、颜色胸牌一份。

2. 知识准备：幼儿有做操作记录和使用滴管、针筒、勺子的经验。

● 活动过程

1. 以魔术游戏引导幼儿进行实验猜想，激发幼儿对颜色变化的兴趣。

（1）教师引导幼儿进行猜想，调动探索的兴趣。

教师引导幼儿对流程图中的两张颜色贴图进行结果猜想。

师：黄色和蓝色合在一起，会变色吗？会变成什么颜色？

（2）教师引导幼儿对只有一张颜色贴图的流程图进行实验操作步骤讲解，并根据实验结果进行猜想。

师：我们来选种颜色和黄色一起变魔术。那黄色和红色合在一起会变成什么颜色？

要求：

① 每一个滴管、针筒、勺子只用一个颜色，用后归放原位不能混色。

② 不小心弄脏了手，用边上的布擦干净，注意手、衣服、桌面的整洁。

③ 教师引导幼儿对没有颜色贴图的流程图进行示范操作，并根据实验结果进行猜想。

师：你喜欢框子上的什么颜色？请小朋友选两种喜欢的颜色。它们在一起会变成什么颜色？

2. 幼儿分组实验操作并记录实验结果，教师帮助有困难的幼儿。

指导要点：

（1）引导幼儿有序操作并及时记录。

（2）教师帮助在操作与记录中有困难的幼儿。

（3）提醒幼儿使用工具不混色。

3. 展示幼儿记录表格，引导幼儿完整表述自己的发现。

（1）师：你将两种颜色合在一起，发生变化了吗？发生了什么变化？

教师请幼儿将实验结果与实验猜想进行对比，大胆说出自己的实验结果。

（2）师生共同小结：两种不同的颜色合在一起可以变成一种新的颜色。红色和黄色合在一起变成了橙色，黄色和蓝色合在一起变成了绿色，红色和蓝色合在一起变成了紫色。

4. 迁移所获得的经验探索解决配色问题，体验操作成功感。

（1）教师提出问题，调动幼儿的配色经验解决问题。

（2）幼儿操作探索，教师巡回指导。

5. 分类展示作品，结束。

● **活动延伸**

1. 引导幼儿观察上次的作品，发现所调配的颜色有深浅，引出新的探究问题。

2. 实验探索同色系深浅颜色的调配方法。

（二）过程设计

针对实验类科学教育活动的过程设计，我们将其分解为三个环节：一是活动导入，主要是激发兴趣，集中幼儿的注意力；二是活动过程的展开，主要教学内容或实验操作环节在这一部分要完成；三是活动结束与延伸，主要是总结经验、梳理知识，同时在活动后可以继续开展相应的探究活动。

1. 活动导入

实验类科学教育活动的导入方法可以有多种方式，如操作材料直接导入；教师演示导入；问题情境导入；生活中的科学现象导入；谜语、魔术、故事、影像资料等导入。这些导入在其他科学活动或其他领域活动中也经常使用。

2. 活动展开

在活动展开部分，在活动的设计上，首先要设计不同环节的活动，条理清楚，层次分明，活动能层层递进。其次要考虑组织形式和活动方法的多样性，既有集中教育活动，也有小组教育活动、个别活动，既可采用常规教学形式，也可采用游戏化教学、竞赛方式等，寓教于乐。再次在材料的投放上要注意投放适宜的材料，可分次投放，逐一投放，根据幼儿水平投放相应难度的材料。最后在问题的设计上，问题要具体，要有针对性，提出的问题要以开放性问题为主，对幼儿有所启发，但又不能直接找到答案，让幼儿在探索中寻找到问题的答案。

Note

中班科学活动：穿越弯管（活动展开部分节选）

园所：福建省金山幼儿园

执教教师：陈巧月

福建幼儿师范高等专科学校指导教师：苏玲

幼儿园指导教师：朱娜珍

1. 活动导入（略）。

2. 出示弯管，师生操作探索水和口中呼出的气是否能穿越弯管。

（1）观察认识几种常见造型的弯管，有L型、T型、U型和S型等。

（2）师生操作探索水和气的穿越，引导幼儿发现流动的物质能穿越弯管。

3. 幼儿自主选择材料，进一步操作探索并明确珠子、电线、筷子和手电筒的光是否能穿越弯管及穿越的方法，教师观察指导。

（1）教师介绍材料。

（2）鼓励幼儿大胆猜测这些物品是否能穿越弯管。

（3）幼儿操作，教师指导。

指导要点：

提醒幼儿边操作边记录。

当物体不易通过的时候，鼓励幼儿大胆尝试不同的方法。

4. 分享交流操作的过程和结果，发现能穿越弯管的物体特点。

（1）提问：你玩了什么管？哪些物品能穿越，哪些不能？为什么？

（2）分享使物体穿越弯管的方法。

小结：水和口中呼出的气这样能流动的物质能穿越弯管，珠子又小又圆，能顺着弯管滚动，所以能穿越；电线能弯折所以也能穿越；木棒又长又直又硬，不能拐弯，所以不能穿越；手电筒的射出的光是直的不能拐弯，所以也不能顺利穿越。

（此活动在彰显游戏精神的幼儿园教育活动观摩研讨会上进行展示）

3. 活动结束和延伸

在活动结束环节，可以这样设计：① 交流讨论后小结、评价，着重对过程、方法和现象观察进行评价；② 提出要求，让幼儿将本次活动中习得的经验应用于生活，或提出关联现象，让幼儿在生活中继续探索；③ 提出类似问题，让幼儿用获得的经验去解决类似问题或情境，巩固所学知识，能进行迁移应用。

四、实验类科学教育活动的指导要点

在开展科学小实验时，教师在指导上要注意以下几点：

（一）创设宽松、和谐的探究氛围

不要因为科学实验可能涉及贵重的材料或有一些安全方面的考虑而制造紧张气氛，也不要给幼儿过多压力，允许幼儿不成功。

（二）联系生活实际

在内容的选择上尽量与生活相联系，避免选择一些离生活较远或者幼儿很难理解的内容。我们前面所选的几个小实验一般幼儿园都能做，在生活中也往往能看到这些小实验应用的例子。来自生活的科学小实验有助于幼儿与周围环境、材料积极互动，促使幼儿在原有认识与新问题的冲突中建构新的经验。

（三）注重启发性提问

鼓励幼儿提出问题，但不要急于把问题的答案交给幼儿，以避免超越幼儿理解能力的灌输或变相灌输。由于小实验往往都含有比较深的科学原理，教师不一定非得用专业术语对幼儿进行讲解，可以用通俗的语言解释，但要注意用语的科学性，不能使用一些不科学、不规范的用语。

（四）提供充足、多样的实验材料

提供充足、多样的实验材料，以保证幼儿能反复操作、与材料互动，在亲历实验探究中探索、发现、判断，自己找出问题的答案。在科学小实验的材料投放上要特别注意以下几点：一是投放的材料以简单、直观、有趣、适宜为佳，材料特点或属性明显，比较容易看到实验的效果；二是注重材料的生活性，生活中常见的材料更容易激发幼儿的探索兴趣；三是突出材料的操作性和游戏性，动手操作的实验幼儿印象更深刻，体验更真实。

（五）积极引导幼儿主动参与活动，自主探索、主动建构认知

留有充足的时间让幼儿主动操作、探索，提醒幼儿认真、仔细观察实验现象，引导幼儿用语言进行交流和探讨，教师进行归纳和小结，并促使幼儿得到经验和知识的提升。教师实验操作要注意面向全体幼儿，使每个幼儿清楚感知操作过程，体验实验的神奇与魅力。教师在幼儿操作过程中一定要实施具体的指导。

微视频：
实验类科学
教育活动的
指导要点

（六）运用多种方法进行观察和记录

引导幼儿仔细观察实验材料在操作中的变化，记录实验中的发现，必要时对幼儿的实验操作方法给予适当指导。组织幼儿就实验的现象和结果开展讨论、交流，引导幼儿分析实验中观察到的现象，鼓励幼儿解释实验结果。

（七）活动开展注意安全

在科学小实验中要注意安全，这里既包括材料的选择安全，也包括实验操作的安全，特别是一些化学小实验，教师尤其要提醒小朋友注意安全，在不能确保安全的情况下，可以采用教师演示、小朋友观看的方式进行，而不宜让小朋友直接操作实验。

五、实验类科学教育活动案例评析

　　"大班科学活动：有趣的支点宝宝"这个科学活动属于实验操作类。这个活动设计和指导均不错。第一，这个活动的选题或内容选择与幼儿的生活紧密相连，幼儿在生活中常常能见到与支点有关的设备设施或工具。第二，这个活动的内容具有很强的探究性，能激发孩子的强烈兴趣，也体现了科学活动的做中学、做中玩、做中求进步的思想。第三，提供的操作材料多，体现了材料的层次性和结构性，方便幼儿与材料充分互动。第四，本次活动很好地体现了科学教育的试误性特点，通过幼儿在错误中不断调整操作而完成任务。第五，教师充分发挥了教师主导、幼儿主体地位，让孩子在讨论和操作中完成活动目标，没有过多的指导和说教，让幼儿更多地进行自主探究。

活动实录

大班科学活动：有趣的支点宝宝

　　园所：福州市鼓山中心幼儿园

　　执教教师：郑珺

　　幼儿园指导教师：陈春艳、魏秀芳、陈颖

　　福建幼儿高等师范专科学校指导教师：王先达、陈凤玉、王传辉

● 设计意图

　　"支点"是杠杆赖以支撑物体而发生作用的固定不动的一点，是杠杆绕着转动的固定点。《纲要》指出：科学教育应密切联系幼儿的实际生活进行，利用身边的事物与现象作为科学探索的对象。因此，我们选择了"有趣的支点宝宝"这个活动作为研讨内容。大班幼儿对科学的探索欲望更强，对于各种发明创造更具有探究性，为了提高幼儿探索钻研的积极性，我以皮亚杰的建构主义理论为指导，结合陶行知先生的教育思想，通过操作体验、联系幼儿生活，让幼儿在"玩中学""做中学""错中学"，感受支点的位置不同，其作用也不同，使幼儿了解杠杆原理给生活带来的方便，萌发对科学兴趣和对发明家的崇敬。旨在通过这个活动，激起幼儿愿意尝试创造发明的兴趣，使幼儿愿意动脑发现周围生活中的问题，尝试探索解决问题。

● 活动目标

　　1. 在寻找支点的活动中体验探究的乐趣、感受勇于尝试的科学精神。

　　2. 能够运用长条积塑和支点进行组合、探索。

　　3. 了解支点的位置不同其作用也不同的基本知识。

● **活动准备**

1. 教具：教师用展示篮、长条积塑、支点宝宝若干、PPT、展示板、剪刀组合等。
2. 学具：幼儿每桌一个篮子、长条积塑、支点宝宝若干、小纸团等。

● **活动过程**

1. 夹纸团游戏引入，激发幼儿探索的兴趣。

教师：今天老师带来了一个神奇的东西，它有很多的秘密，我们来看看它身上有什么？

2. 出示操作材料，让幼儿进行初步探索。

（1）幼儿操作，教师观察幼儿的操作情况。

（2）请幼儿把自己的操作结果告诉大家，并演示过程。

（3）教师小结：当我们把支点宝宝放在中间时，就像跷跷板、陀螺；当我们把它放在旁边时，就像滑滑梯、小山坡。

3. 增加一根长条积塑，让幼儿组合、探索。

（1）幼儿自由探索两根长条积塑和支点位置的关系。

（2）幼儿交流：你把支点宝宝放在哪里？可以变成什么来玩呢？

（3）教师出示PPT归纳：用两个长条积塑，加上一个支点宝宝就变成许多对我们生活有帮助的东西。原来，支点宝宝藏在我们生活中的方方面面，它的位置不同，作用也不同。这就是大人们说的杠杆原理！

4. 出示剪刀组合，引导幼儿探索发现。

（1）引导幼儿观察，尝试在做中学。

教师：请小朋友们看一看、数一数这个剪刀组合，需要用多少根长条积塑和支点宝宝，支点宝宝放在哪里合适呢？开动你的小脑筋，动手试一试吧。

（2）引导幼儿发现问题，在错中学。

教师：谁完成任务了？请展示给大家看看。发现了什么问题？我们一起来找找原因吧。

（3）教师小结：原来这个剪刀组合，是由两把小剪刀变成的，小剪刀的支点宝宝在中间，连接两把小剪刀的两个支点宝宝在顶端。现在请小朋友对照检查，快速地把自己的剪刀组合修理一下。

5. 自主尝试，鼓励幼儿积极探索。

（1）教师出示PPT，帮助幼儿了解支点在生活中的运用。

教师：我们在生活中见过这样的复合杠杆吗？在哪里见过？

（2）幼儿大胆探索，体验发明的快乐与辛苦。

教师：请小朋友们也当小小发明家，你想试试做什么？

Note

● 活动延伸

　　教师：发明家们做出这些都是经过一遍遍的尝试，一次次的失败，最后才能成功，今天我们知道了支点宝宝的巨大作用，我们带着材料回到班上再试一试，我相信你们一定能成功的！

　　（此活动在福建省幼儿园领域教育活动观摩研讨会上进行展示）

"大班科学活动：
有趣的支点宝宝"
公开观摩活动视频

实训操练

　　请设计一份实验类科学教育活动计划，活动主题自拟，年龄班不限，要求：写出活动名称、活动目标、活动准备、活动过程、活动延伸等，并面向幼儿进行组织和实施。

课外拓展

　　1. 通过网络搜索观看一些有趣的科学小实验，例如："有趣的虹吸现象""蜡烛吹不灭""空气的张力"等，分析这些小实验的内容和适宜性，思考这对于你设计与组织实验类科学教育活动有哪些启发？

　　2. 请扫码阅读科学实验活动"有趣的漩涡"完整活动设计（含活动意图、活动目标、活动准备、活动过程、活动延伸、活动反思，及观察记录表、活动现场照片）。

"中班科学
实验活动：
有趣的漩涡"
设计及反思

真题再现

　　1. 在实验操作中，让幼儿经历试误—探究—领悟三个阶段，这种设计思路是（　　）。

　　A. 自由—引导式　　　　　　　　B. 猜想—验证式

　　C. 感受—操作式　　　　　　　　D. 运用—操作式

　　2. 以"有魔力的磁铁"为活动内容，设计一份中班科学教育活动计划。

　　要求：写出活动名称、活动目标、活动准备、活动过程、活动延伸。

过关练习

　　1. 实验类科学教育活动中的好奇心目标"对新异事物或现象提出问题并进行探究"对应的年龄班是（　　）。

　　A. 小班　　　　　　　　　　　　B. 中班

　　C. 大班　　　　　　　　　　　　D. 三个年龄班均可

　　2. 请简述实验类科学教育活动的指导要点。

本节参考
答案与解释

Note

第三节 制作类科学教育活动的设计与指导

制作类科学教育活动是指幼儿通过充分感受和操作使用简单的科技产品，学习使用工具设计并开展小制作等活动，投入到对科技活动的探究之中，学习在操作使用中发现问题、在实践中解决问题的一种科学教育活动。制作类科学教育活动以科技小制作为核心内容，以科学技术产品或者工具的使用和操作为主要内容。与幼儿园美术教育活动中的手工制作有明显区别，科技小制作只是通过美术制作手段来完成科学活动，重点是在制作过程中感受科学的原理或规律，而不是在美术的制作技能上。

科技小制作包括科技玩具的制作与设计，如不倒翁、纸飞机、纸船、风车、降落伞等；科学模型的制作与设计，如岩石标本、树叶标本、昆虫标本等；常见的食品的制作与设计，如面包、饺子、月饼等。

微视频：
什么是
制作类
科学教育
活动？

一、制作类科学教育活动的价值

制作类科学教育活动对幼儿的发展有多重意义。制作类科学教育活动可以促进幼儿的精细动作能力发展、心理发展、智力的提升以及培养幼儿的善心，使之获得美的熏陶。制作类科学教育活动对幼儿发展的价值是多方面的：

（一）制作类科学教育活动能让幼儿获得对制作技术的直接体验

幼儿通过剪、折、压、团、搓、粘等方法，感受科技制作的具体操作过程。

（二）制作类科学教育活动能加深幼儿对科学现象的理解

有些科学现象或科技作品，只有通过亲身制作过程才能更深刻了解其中的原理或规律。

（三）制作类科学教育活动能发展幼儿的动手实践能力

这个方面的作用是非常明显的，让幼儿多动手、多制作，熟能生巧，能培养心灵手巧的未来高素质公民。

（四）制作类科学教育活动能培养幼儿的意志品质

科技小制作需要一定的制作能力和专注力、细心等品质，有的制作通常需要反复尝试才能成功，这样也能对幼儿的意志品质培养有帮助。

Note

二、制作类科学教育活动目标的设计

科技小制作作为科学教育活动的一种类型，在目标方面自然也包括情感态度、技术操作能力（制作能力）、知识经验等目标，其中技术操作（制作能力）能力是该类科学教育活动的核心目标。当然，这里还是需要强调一下，这个制作能力不是指向美术方面的，而是指为完成一个科学知识或原理论证需要的科学探究能力。

技术制作类科学教育活动的目标包括以下四个方面的能力培养：

（1）充分感受和正确操作科技产品的能力。

（2）掌握简单工具的使用方法。

（3）在教育者的指导下按规定步骤的操作能力培养。

（4）幼儿自行设计并动手开展科技小制作的能力培养。

同时，活动目标还应包括对幼儿科学态度、科学世界观的培养。

三、制作类科学教育活动过程的设计

制作类科学教育活动以学前儿童的最大限度参与为目的，活动过程的设计理念应体现技术制作类科学教育活动的本质，即是让幼儿通过实际操作去获取知识，通过实践去解决问题。操作并不仅仅是动手去做，它也是一种研究，要引导孩子们动脑筋、想办法去创造。设计过程包括提出问题→研究问题→解决问题→交流感想→完善提高→展示分享，共六个环节，这六个环节并非固定的排列，而是相互交织、相互结合。

（一）设计思路

科技小制作可以分为两大类：一类是模仿成人操作现成产品为主的科学活动，为以后幼儿自己开展科技小制作打下基础；另外一类就是直接进行科学制作。如果从更小角度，可以分为四类：第一类活动即感受—操作（充分接触和感受、运用技术产品，先以观摩成人操作为主，后尝试操作）；第二类活动即运用—操作（学习直接使用工具进行操作，可以模仿成人的操作方法）；第三类活动即模仿—制作（按固定步骤学习制作产品，可以做与教师提供范例一样的作品）；第四类活动即设计—制作（进行简单的科技创作，教师没有提供范例，幼儿可自由创作，直接做自己想做的科技小制作）。

1. 学习使用科技产品或工具的活动设计

学习使用科技产品、工具的活动往往以这样的几个步骤展开：幼儿观察，初步了解探究工具或科技产品的特征；鼓励幼儿自己尝试操作，在幼儿自己操作探究的基础之上，进行交流讨论，说说如何操作，发现了什么；最后可以由教师总结或者师生共同总结操作方法。根据不同设计要点，可以分为以下两类：

（1）感受—操作式。充分接触和感受、运用技术产品，以观摩成人操作为主。设计思路可以参考这样的步骤：观察教师（或其他人）的操作演示→幼儿尝试自己模仿成人操作→幼儿在操作过程中表达和交流讨论→正确操作、强化练习→活动后延伸性操作练习。如中班"榨果汁"的科学活动就可以采用这样的流程设计。

（2）运用—操作式。这个类型的活动，基本环节设计思路是与"感受—操作式"一样的，可以在活动开始前收集某种科技产品、工具，然后进行观察，具体中间过程的设计可以参考"感受—操作式"活动的设计思路。如中班"学做豆浆"，老师先提供豆浆机供幼儿参观了解，后面环节设计就差不多类似了。

2. 学习科技小制作的活动设计

设计制作类活动往往以这样的两种设计思路展开活动：教师演示或幼儿自己设计→制作→交流讨论→展示分享；教师演示或幼儿自己设计→第一次制作→交流讨论（第一次）→更正错误或提高要求再制作（第二次）→交流讨论（第二次）→展示分享（可用在环境创设中）→活动延伸。

（1）"模仿—制作"模式（主要是模仿老师的，有范例），如跟老师学习制作陀螺。

（2）"设计—制作"模式（幼儿自己发挥创意，没有范例，幼儿可以自由设计），如幼儿自己设计制作漂亮的风筝。

以上两种小制作设计过程可以采用基本类似的设计思路，可以参考下面的过程设计环节。

（二）过程设计

科技小制作的科学活动过程设计可以分为六个小环节。

1. 导入环节，引入话题，吸引幼儿注意

导入的方法很多，教师可灵活选择，其目的是调动幼儿的好奇心，把他们吸引过来，使他们集中注意力，积极思考。技术制作类集中教育活动中较常见的导入方法有：通过直接操作材料导入；演示操作过程导入；利用简短指令导入；设置相关问题导入等。

2. 教师抛出问题，幼儿猜想预测

作为幼儿学习科学的支持者和引导者，教师应充分考虑到幼儿的年龄、经验和认识水平的特点。他们常常用独特的、不同于成人的眼光和思维方式去思考，不可能完全按教师的设计思路展开，因此我们应积极鼓励幼儿大胆假设和猜想，尊重幼儿间的差异，接纳幼儿的观点，因材施教，逐一点拨。

3. 可以就前面提出的问题进行讨论，通过讨论明确后面的操作方法和步骤

给幼儿足够的时间，提出启发性的问题，让幼儿带着疑问，按自己的想法去选择材料进行操作，验证自己的想法和假设正确与否。教师没有必要在幼儿动手操作之前就把答案告诉他们，也不要在幼儿的操作过程中左右他们的思想，暗示结果，而是要放手让幼儿大胆地动手做，并从活动中了解他们的探索情况，鼓励幼儿表达自己的发现，帮助他们按自己的想法进行验证。

Note

4. 在讨论后可以开展分组操作或个人独立操作，教师进行观察和个别指导

在这个环节当中，重点是指导幼儿进行制作活动，由于制作能力存在较为明显的强弱差别，教师主要指导能力弱的，同时提醒或引导同伴进行互助或合作，增加幼儿成功的信心。

5. 在制作开始一定时间后，可以让幼儿在本组分享表达交流，也可在全班面前介绍本人或小组制作情况

当幼儿在操作中有了发现之后，无论他们验证的结果与设想是否一致，教师都应尽可能地为他们的交流创造条件，让每个幼儿都能表达自己的实践过程。同时，教师还应尽量帮助幼儿总结发现，鼓励幼儿在前次探索、发现的基础上进一步寻求答案和新的发现。

6. 教师在幼儿分享、表达交流基础上进行总结梳理，提升经验层次，还可将本次制作延伸到家庭继续尝试

由于部分幼儿可能还没完成制作，愿意继续制作，也有的幼儿还需要巩固或提高制作能力，因此设计简便易行的延伸活动，能提升幼儿的经验层次。

四、制作类科学教育活动的指导要点

技术制作类集中，教育活动中教师的角色是不断地鼓励孩子们通过实践操作去证明他们的猜想，鼓励他们一边做一边思考："你为何要这样做？""告诉我你发现了什么？""与过去的发现相比较，有什么不同？"一个富于探索的儿童群体，一个有趣的实践内容，加上能提出明确制作目标的指导教师，技术制作类集中教育活动的开展才能真正成为一种和谐的、积极的科学研究。教师在科学制作的指导上要注意如下几点：

（一）提供适宜的制作材料

提供科技小制作的材料非常关键，有合适的材料才能做出相应的作品。

（二）明确制作的目标，探索制作的方法

在制作前，要通过讲解、示范等让幼儿明白制作的东西和制作要求，但是不宜提供全部的操作步骤或示范，可以让幼儿进行必要的探索，锻炼动手能力。

（三）加强制作过程重难点的个别指导，引导同伴间的互动

制作类科学教育活动中，幼儿之间的差别是比较大的。老师除了示范外，还要鼓励幼儿之间互帮互助。同伴互动交流也是很好的学习方式。

微视频：
科学小制作
科学活动的
指导要点

（四）让制作的作品成为幼儿的玩具、用品

与其他科学类活动不同，制作类科学教育活动可以让大多数幼儿拥有自己的作品。教师可以将好的制作成品进行展示，还可以用于幼儿园环境的创设中。

（五）加深幼儿对科学现象的感知与理解

有的幼儿在制作时往往制作不成功的重要原因是幼儿对该制作作品包含的科学原理没有理解。比如有的小朋友制作的飞机飞不了多远就会掉下来，是因为制作的纸飞机，一边明显偏大，一边偏小，导致飞起来不平衡，自然飞不远。

（六）注意内容和方法的趣味性

即便是科学制作类的活动，幼儿也会感兴趣。教师还可以在方法上进行挖掘，激发幼儿的兴趣。当然，不顾科学性只追求活动的有趣，则达不到科学教育的目标。

（七）注意过程的操作性

既然是科学制作就应该让幼儿在动手操作中获得科学知识，掌握一些粗浅的科学原理。如果只是教师一人的演示，或者在过程中包办过多，幼儿则失去了很多亲身体验的机会，影响科学教育的效果。制作类科学教育活动重在培养幼儿动手能力和丰富的想象能力，教师在组织活动时选择的内容要适合幼儿动手制作，让幼儿亲历制作的过程。教师注意不要以成人的思维方式影响幼儿的制作过程，给幼儿充分的制作空间。

（八）发挥评价的功能

在活动过程中或活动结束阶段，教师可以让幼儿说说他们玩的情况，发现了什么，碰到什么困难，又是怎样克服的，在同伴互评、小组互评、个人点评的基础上，教师要对活动情况予以归纳、总结，提升幼儿的认识能力。

五、制作类科学教育活动案例评析

大班科技小制作"小小不倒翁"是个简便易行的科学活动。该活动设计很有实践价值，让孩子有多次探索机会，教师投放的材料多种多样，还体现材料的层次要求，让幼儿在操作中体验材料的不同属性与功能。提供的这些材料具有较好的问题导向功能，隐含了教育目标。幼儿在制作不倒翁的过程中，通过观察、操作、讨论等，也了解了不倒翁的基本原理及制作方法。这样的活动设计就很容易得到幼儿的喜爱。

经典案例

大班科技小制作：小小不倒翁

● **活动目标**

1. 探索不倒玩具不倒的秘密，了解不倒翁的基本特性。

2. 学习自制不倒玩具，发展动手操作和比较探究能力。

3. 体验在制作不倒翁过程中的快乐。

● **活动准备**

1. 经验准备：玩不倒玩具，探索不倒玩具的特点。

2. 材料准备：各种会倒和不倒的玩具，套蛋、海洋球、小胶粒、玻璃珠、小纸团、小石头、螺母、海绵、棉花、胶带、双面胶、橡皮泥等。

● **指导建议**（注意，这是指导建议或指导要点，不是具体的过程设计）

一、探索问题1：怎样让套蛋娃娃站立不倒？

1. 材料投放：套蛋、海洋球、小胶粒、玻璃珠、小纸团、小石头、螺母、海绵、棉花。

2. 探索点：在套蛋底部投放较重的物体或套蛋有适合的支撑物时，能站立不倒。

二、探索问题2：怎样制作一个推也推不倒的套蛋娃娃？

1. 新增材料：胶带、双面胶、橡皮泥等固定材料。

2. 探索点：在套蛋底部的中间处固定较重的物体，就能让套蛋娃娃推也推不倒。

3. 活动后引导幼儿讨论：用什么材料能固定得更牢固？

三、探索问题3：什么材料可以用来做不倒玩具？

1. 新增材料：剪成一半的海洋球等底部呈弧形的材料、底部呈平面的瓶子等。

2. 探索点：底部呈弧形的废旧材料适宜用来制作不倒玩具。

3. 活动后引导幼儿讨论：用什么材料能做不倒玩具？

四、探索问题4：怎样让不倒玩具更美丽？（可与美工区结合，装饰不倒玩具）

1. 新增材料：各种蜡光纸、皱纹纸、贴贴纸等装饰材料。

2. 幼儿装饰时，重点指导他们合理搭配色彩。

（案例来源：福州市蓓蕾幼儿园王蓉）

想一想

为了进一步掌握科小制作类科学活动，本书选取中班科学活动"制作不倒翁"的模拟教学片段，分析视频中这位学生模拟教学的优点与不足。如果是你，你会如何设计？

模拟教学
"中班科学活动：
制作不倒翁"

实训操练

请设计一份制作类科学教育活动计划，活动主题自拟，年龄班不限，要求：写出活动名称、活动目标、活动准备、活动过程、活动延伸等，并面向幼儿进行组织和实施。

课外拓展

通过网络搜索观看一些有趣的科学小制作，例如："潜水艇""气球直升机""简易水轮车"等，分析这些小制作的内容和适宜性，思考它对你设计与组织制作类科学教育活动有哪些启发。

真题再现

请根据下列素材设计一个大班科学活动，要求写出活动名称、活动目标、活动准备、活动过程。

大班的胡老师为幼儿提供了各种吹泡泡的工具，有吸管、铁丝绕成的圈、塑料吹泡泡棒等，让幼儿在户外活动时自己吹泡泡玩。幼儿在吹泡泡的时候，有的能吹出很大的泡泡，有的只能吹出小泡泡，有的能一次吹出好多个泡泡，有的一次只能吹出一个泡泡……结果有的幼儿得意，有的幼儿沮丧。

针对上述现象，胡老师打算组织一次科学教育活动，以引发幼儿深入探究的兴趣，并使幼儿了解不同吹泡泡工具与吹出的泡泡之间的关系。

过关练习

1. 制作类科学教育活动的价值与美工活动等同，因此不需要再另外开展。
（　　）
A. 正确　　　　　　　　　　　　　B. 错误
2. 请简述科技制作类科学教育活动的指导要点。

本节参考
答案与解释

第四节　交流讨论类科学教育活动的设计与指导

科学教育中的交流讨论类活动通常是教师和幼儿或幼儿作为独立主体对某些与科学有关的主题进行探究活动后的总结，或某一生活现象触发的丰富经历体验的即时表现。无论哪种科学教育活动，在活动中或活动后的交流讨论是必不可少的。而作为专门的一类科学活动类型，就需要教师围绕科学活动来设计有目标、有主题的交流讨论活动。

交流讨论类科学教育活动运用得当，可以有如下三个方面的作用：① 活动信息量大，能满足幼儿旺盛的求知欲。② 有助于培养幼儿的语言表达与倾听能力。③ 有利于培养幼儿收集信息的意识和能力。

一、交流讨论类科学教育活动与语言教育中谈话活动的异同

交流讨论类科学教育活动与语言教育中的谈话活动，从形式上来说，都属于谈话类活动，这点是相同的；不同点主要在于谈话的核心内容是否围绕科学活动来进行（见表 6-4-1）。为了方便大家了解这两者之间的异同，我们列表进行阐述，两者之间的异同点一目了然。

表 6-4-1　科学教育中的交流讨论类活动与语言教育中的谈话活动的异同

类型		科学教育中的交流讨论类活动	语言教育中的谈话活动
相同性	基本特征	都拥有一个中心话题，围绕中心话题的谈话素材多，谈话氛围宽松自由，教师在谈话中起引导或指导作用。	
	目标	培养幼儿的表达、交流能力，拓展与中心话题有关的知识或视野。	
	方式	使用的都是对话言语。	
	指导策略	创设情境，引出话题；围绕话题，拓展内容；提问质疑，大胆参与；隐性示范，间接指导；面向全体，分类指导；等等。	
差异性	目标侧重	语言表达交流只是完成目标的方法，交流讨论重在通过分类、比较、概括、推论和预测等能力，建构科学概念，感受沟通的乐趣——侧重于"真"和逻辑思维能力。	促进幼儿倾听能力、口语表达能力的发展，提高幼儿的语言交往水平。重视"真"，更侧重"语言美"和想象力。
	话题性质	话题更具体，如"汽车博览馆""交通工具"。	更多样，可有开放性强的话题，如"我要上小学了"。
	表达表现方式	运用语言、动作、实物、模型、图画、图表等多种方式表达、表现。	主要运用语言，辅以动作进行。

二、交流讨论类科学教育活动目标的设计

交流讨论类科学教育活动的目标重点围绕三个方面来设计：

（一）表达能力

交流讨论类活动，主要通过幼儿在资料收集的基础上围绕某一主题的表达交流以达到分享知识

经验的目的。交流讨论类科学教育活动的核心目标是幼儿表达交流的情感及能力的发展（见表 6-4-2）。参考前面观察类科学教育活动目标的设计即可。

表 6-4-2　交流讨论类科学教育活动的表达能力目标设计

教学目标		举例
表达能力	运用语言大胆讲述。	大胆讲述自己所知道的河水污染现象（河水污染）。
	倾听理解和评价他人的观点。	学会从别人的讲述中积累有关海洋动物的经验（它们怎样保护自己）。
	借助于图画表格、动作等方式表达与交流。	学会用绘画的方式来记录小河污染的情况（大班：河水污染）。

（二）收集整理信息能力

了解资料收集与整理的途径和方法，这两个方面在撰写时可以合并在一个大的目标里面。

（三）科学知识和经验

可以围绕谈话交流科学内容的主题，在教学目标方面，明确将有关的科学知识和经验作为其中的维度目标（见表 6-4-3）。其他如情感目标，参考与其他类科学教育活动的表述即可。

表 6-4-3　交流讨论类科学教育活动的科学知识和经验目标设计

教学目标		举例
科学知识和经验	丰富有关讨论主题的科学知识和经验。	通过收集资料了解几种常见的海洋生物保护自己的方法。（大班：它们怎样保护自己？）
	学习在收集和鉴别信息的基础上建构自己的科学知识体系。	根据所获得的信息作出茶叶是不是树叶的判断。（大班：茶叶是树叶吗？）

三、交流讨论类科学教育活动过程的设计

根据交流讨论需要准备的知识经验来源于直接经验还是间接经验，以及在交流讨论环节所占的时长，一般可以分为四类："参观调查—汇报交流"模式、"收集资料—共同分享"模式、"个别探究—集中研讨"模式、"科学阅读—交流讨论"模式。一般在实验类科学活动后都会进行一些讨论交流，但是占用的时间不长，很少专门用一次活动来讨论交流，因此，就没有把实验操作—交流讨论列为单独的一种类型。

（一）设计思路

交流讨论类科学教育活动的分类有几种形式。一类指幼儿知识准备来源于直接经验，根据具体的途径分为"实验操作—交流讨论"模式、"观察调查—汇报交流"模式两种。一类指幼儿知识准

备来源于间接经验，根据具体途径又分为"收集资料—共同分享"模式、"个别探究—集中研讨"模式、"科学阅读—交流讨论"模式三种。还有一类指幼儿知识经验准备的途径，可分为"参观调查—汇报交流"模式、"收集资料—共同分享"模式、"认识探究—交流研究"模式。这里主要讲述以下几种设计思路。

1. "参观调查——汇报交流"模式

这种类型的科学活动是在前期参观调查基础上开展的交流讨论活动，依靠幼儿在参观调查过程中的直接经验，进行分享、交流、讨论。为方便讨论交流，在参观调查过程中，可以借助拍照、摄像、简单记录等方式收集素材，以便于交流讨论的开展。

2. "收集资料——共同分享"模式

这种类型的科学活动与"参观调查—汇报交流"不同的是，"收集资料—共同分享"交流科学活动需要事先给幼儿准备或幼儿自己准备相关的资料，通过收集、查找、阅读等多种方式，积累讨论谈话的素材，方便在幼儿园班级开展集中交流分享。

3. "个别探究——集中研讨"模式

这种类型的科学活动前期需要幼儿对某一科学活动进行较多的关注，产生疑问，而且这些关注和疑问也是大多数幼儿会碰到的，可以是源于生活中的问题或在科学活动中发现的问题。如"鱼儿是怎么睡觉的？""人类是怎么来的？""为什么太阳只有白天才出来，晚上不出来？""我们吃的食物吃到身体中以后去哪里了？"带着幼儿这些问题，教师可以开展集中研讨。

4. "科学阅读——交流讨论"模式

大多数幼儿喜爱阅读各种儿童教育类作品或文学作品，这些作品中往往包含了很多科学知识和科学原理，还有一些专门的幼儿科普读物，更是开展科学教育的好素材。如很多幼儿都听过或看过的"乌鸦喝水""掩耳盗铃""拔苗助长"等故事，这些故事中包含了不同的科学知识与原理。在幼儿阅读后可以开展相应的讨论交流，通过阅读、交流讨论，帮助幼儿进一步了解相关的科学知识与原理，拓宽其科学视野。

（二）过程设计

在具体的活动过程设计中，一般的交流讨论类科学教育活动主要环节包括四个方面。

1. 提出恰当的问题或要研讨的话题

通过抛出问题，幼儿可以先初步思考，还可尝试提出自己的解决办法或思路。

2. 教师要指导幼儿围绕前面的问题或话题开展资料收集，以及素材的整理

交流讨论类科学教育活动建立在幼儿资料收集的基础之上，我们倡导让幼儿尽可能通过直接实验、操作、参观、调查来亲身获取事实材料，也可以在父母帮助下进行分类、整理，这些资料也可在

讨论交流时予以展示。资料收集主要有两个渠道：幼儿观察、参观、实验和操作获得直接的经验；幼儿或在成人的帮助下通过查阅有关图书或通过网络等获得间接经验。同时，教师要鼓励幼儿运用多种手段来表达科学认识，如绘画、泥塑、折纸、照片、录音，或者用记录表进行资料记录与整理。

3. 进入现场的研讨交流

围绕事先收集的素材、资料和自己的思考，提出自己的看法，聆听别人的意见分享，再进行讨论交流。

4. 总结、提升并获得初步结论的环节

教师在幼儿讨论交流的基础上做总结、梳理，纠正错误的表述或看法，提供正确的科学知识，树立正确的科学态度。

四、交流讨论类科学教育活动的指导要点

幼儿园组织专门的交流讨论类科学教育活动不多，如果开展这类活动，教师需要在以下方面加以注意，从而让活动的效果更好。

（一）交流讨论应建立在幼儿具有丰富的直接和间接经验的基础上

在交流讨论前教师或家长需要给幼儿创设良好的条件，让幼儿能查找或收集与讨论话题有关的资料。

（二）要提出合适的问题或研讨主题

如果没有合适的问题或研讨主题，幼儿在收集资料与信息过程中，或者在讨论过程中，就没有一个聚焦的话题，容易跑题或讨论内容分散、不够集中，从而导致讨论不深入，这样效果就不佳。

（三）交流讨论要营造民主平等、宽松自主的氛围

首先教师要营造一个民主平等、宽松自由的交流氛围，使幼儿想说、敢说、喜欢说、有机会说；讨论的形式应多样化，如集体讨论、分组讨论、自由讨论、借助图片讨论、创设情景讨论、自选主持人讨论、不同观点讨论等；在讨论的过程中，注意幼儿交流表达技能的锻炼，鼓励幼儿大胆表达自己的观点，注意语言的完整准确性，根据幼儿的不同年龄特点提出不同的要求；在交流讨论的过程中，既要面向全体又要照顾到个别幼儿的需要。

（四）围绕主题或问题讨论交流

教师要及时把控全班讨论的节奏，避免个别幼儿发言过长，导致其他幼儿参与机会少。如果幼儿发言跑题，与研讨主题关系不大，教师要及时引导幼儿回到研讨的内容上来。

实训操练

请设计一份交流讨论类科学教育活动计划，活动主题自拟，年龄班不限，要求：写出活动名称、活动目标、活动准备、活动过程、活动延伸等，并面向幼儿进行组织和实施。

课外拓展

网络搜索并阅读一些有趣的科学绘本，例如："小水滴旅行记""动物吃些什么呢？""幸亏有重力"等，分析这些小制作的内容和适宜性，思考这对你设计或实施交流讨论类科学教育活动有哪些启发。

真题再现

1. 科学领域活动中交流讨论型活动较适合开展的年龄段是（　　）。

A. 3～4 岁　　　　　　　　　　　　B. 4～5 岁

C. 5～6 岁　　　　　　　　　　　　D. 4～6 岁

2. 科学教育活动"我最喜欢的鸟儿"最适合采用的教学方法是（　　）。

A. 实验法　　　　　　　　　　　　B. 观察法

C. 交流讨论法　　　　　　　　　　D. 制作法

3. 阅读下列材料，按要求作答。

材料：

一天，在大班的种植园地里，一个小朋友看到一条蚯蚓从土里钻了出来，立即大声招呼："快看，快看，这有一条蚯蚓！"这叫声吸引了许多小朋友聚拢过来。蚯蚓是怎么在土里生活的呢？它是吃什么长大的呢？它是吃青菜的根。它应该是吃土长大的。孩子们七嘴八舌地议论开来。林老师见到了，建议小朋友一起上网查蚯蚓的不同种类、生活习性等方面的资料。在班级墙壁上粘贴了各种各样的蚯蚓图片。两周后，林老师组织大家开展了一个交流讨论会活动"我认识的蚯蚓"。

问：（1）结合材料分析林老师在组织该科学教育活动中的教育行为特点。

（2）结合材料为"我认识的蚯蚓"活动设计至少三个供幼儿交流讨论的问题。

过关练习

1. 教师利用"乌鸦喝水""掩耳盗铃""拔苗助长"等故事，在孩子阅读后可以开展相应的讨论交流，通过阅读、交流讨论，属于交流讨论类的哪一个模式。（　　）

A. "参观调查——汇报交流"模式　　B. "收集资料——共同分享"模式

C. "个别探究——集中研讨"模式　　D. "科学阅读——交流讨论"模式

本节参考
答案与解释

2. 简述交流讨论类科学教育活动的作用。

3. 简述交流讨论类科学教育活动的指导要点。

Note

下篇　怎样更好地开展幼儿园科学教育

本篇为全书的下篇"怎样更好地开展幼儿园科学教育"，包括第七章和第八章两章。第七章是不同内容的幼儿园科学教育活动的设计与指导，包括人体教育、动植物与环境保护、自然科学现象、材料工具和科技产品科学教育活动的设计与指导策略，让幼儿园教师能更好地开展科学教育。第七章讨论的科学教育活动，在类型上基本上属于观察类、实验类、制作类、讨论交流类，具体活动目标设计、过程设计等，可参见中篇第六章不同类型的科学教育活动类型。但这些不同主题内容的科学教育活动在设计与指导上还是有些不同，因此第七章也专门列出不同具体主题内容科学教育活动设计与指导的技巧策略，掌握这些技巧策略能提高科学教育的质量。第八章阐述的是借助科学的评价提升幼儿园科学教育的质量，介绍了幼儿园科学教育评价的内容与方法、幼儿园科学教育活动的具体评价策略。

第七章 不同内容幼儿园科学教育活动的设计与指导

1. 掌握不同内容幼儿园科学教育活动的目标制定和内容选择要求。
2. 掌握不同内容幼儿园科学教育活动的设计与指导策略。
3. 能初步设计并实施不同内容的幼儿园科学教育活动。
4. 尝试根据四种不同内容的科学活动设计思路和指导策略观摩、分析幼儿园科学教育活动。

核心知识

人体教育、动植物与环境保护教育、自然科学现象教育、材料工具和科技产品科学教育

本章导学

本章概要

本章在读者已了解各种不同类型科学教育活动设计与实施要求的基础上，为进一步提高幼儿园科学教育的质量，从活动内容的角度将幼儿园科学教育再次细分为人体教育、动植物

与环境保护、自然科学现象、材料工具和科技产品等四个内容模块的科学教育活动。在活动目标的设计上，详细阐述了如何结合不同内容模块的科学教育活动设计更为适宜的三维目标；在活动内容的选择上，提出如何结合幼儿年龄发展特点，选择贴近幼儿日常生活的内容来开展科学教育活动；在具体设计、组织与指导要点上，介绍了如何将不同的科学教育内容以集中教学活动、区角活动和随机教育的形式来有效开展，并详细阐述依托不同教育形式开展不同内容的科学教育活动时的指导要点。

自然科学现象科学活动的设计要考虑目标的适宜性，关注内容与要求，在设计与指导中要注重幼儿兴趣的激发，体现生活化，注重活动的探究性，突出过程的体验性、操作性、程序性，发挥科学区角的作用以及日常生活活动的随机教育。材料工具和科技产品教育活动内容的选择范围包括现代科技在家庭生活和社会生活中的运用、科学技术的发展、简单工具的使用、简单的科技小制作和科学家的故事等。材料工具和科技产品教育活动的设计与指导应以材料工具和科技产品的了解和使用（操作）为主；突出材料工具和科技产品与人类的关系；帮助和引导幼儿整理生活经验；发挥区角的教育功能。

案例导入

如何根据活动内容的特性进一步优化幼儿园科学教育活动？

小尹是某省示范性幼儿园一名新老师，在一次幼儿园公开课展示活动中，专家在点评他设计与实施的中班科学教育活动"蚯蚓的故事"时说到，这是一节典型的观察类科学活动，活动的设计与组织流程基本没有问题，但可惜的是，教师未能进一步根据活动内容的特点，从生态观的角度引导幼儿更好地认识到动物与人类、与环境之间的相互作用，从而引导幼儿形成更加科学、准确的环境保护观念，如果能做到这点就更好了。小尹很困惑，幼儿园的科学教育活动不已经根据活动内容分为观察类、实验类、制作类等几种活动类型吗？为什么专家还提到要进一步结合活动内容的特点来更好地设计与组织活动？什么是生态观？学习本章的内容后，你将可以回答以上问题。

不同内容的科学教育活动，在设计上会有所不同。前面章节中介绍了幼儿园科学活动的基本类型设计，如观察类科学活动、实验类活动、制作类活动，教师掌握这些基本类型科学活动的设计与指导策略后，基本能够开展常规的科学教育活动。但是，如果再细分内容范围，教师仅掌握上述基本活动类型的设计与指导要求是远远不够的，还需要进一步把握这些细分科学教育活动内容的设计与指导要点。教师要结合科学教育内容的细分范围进一步设计活动目标、活动过程与方法、环境创设、师生互动等更具体的环节，这样就能有效提升科学教育活动的质量，让活动的成效发挥到最大。接下来本章将具体阐述科学领域的细分内容如人体教育、动植物与环境保护、自然科学现象、材料工具和科技产品等科学教育活动如何进行设计与指导。

Note

第一节　人体教育活动的设计与指导

观察类等四种基本类型的科学教育活动的目标或活动准备、活动过程的详细设计方法与指导策略，在中篇章节已具体阐述。为尽量避免与其他领域活动的设计与指导重复，本章进一步根据活动内容维度，将幼儿园科学教育活动细分为四大类：人体教育、动植物与环境保护、自然科学现象、材料工具和科技产品科学活动。在这一章中，只简要介绍这四种活动的目标、活动内容，重点介绍这类活动的设计与指导方面教师要注意或强调哪些内容，其他方面不详细展开。为便于学习，文中列举了较多案例，供读者参考和借鉴。本节重点介绍人体教育内容的活动设计与指导注意事项。

一、人体教育活动的目标

幼儿园科学教育活动的目标一般包括情感目标、能力目标和认知目标三个方面的内容。人体教育活动在目标设计上，同样要综合考虑这三个方面的目标。

（一）科学情感和态度

科学情感和态度主要表现在：激发幼儿对人体的好奇心和探索人体奥秘的欲望，培养幼儿对人体的兴趣和情感，引导幼儿形成关心、爱护身体的积极情感和态度。

（二）科学方法

能力目标主要体现在帮助幼儿掌握一定的观察与了解人体的科学方法。包括：让幼儿学习、学会主动运用多种感官观察事物，学习有顺序观察、比较观察、典型特征观察等观察方法，不断提升幼儿观察能力；引导幼儿学习测量的方法，使幼儿能以粗略的方法（目测或感知）和利用一些物体、工具（如木棍、绳子、尺子、温度计、体重器等）测量自己或别人，学习分类、操作等方法；鼓励幼儿探寻人体健康的基本条件与因素，懂得一些基本的人体保护方法。

（三）科学知识

认知目标主要体现在帮助幼儿掌握部分有关人体发展的科学知识。例如，引导幼儿通过对自己身体的认识，了解人体形态及其保健方法，帮助幼儿获取有关人体及健康的具体经验或知识；帮助幼儿获取有关人体健康与环境及其相互关系的具体经验或知识；了解身体保护与预防疾病的知识等。

以上是关于人体教育活动目标设计的总体思路，教师在具体活动设计时应根据活动内容及幼儿的知识经验和发展水平有所变化。

　　例如：大班"有用的牙齿"这一主题活动下的集中教学活动"我们的牙齿"，有的教师这样设定活动目标：① 了解牙齿的结构、数量和特点，愿意做龋齿检查和治疗。② 了解保护牙齿的常识，关注自己牙齿的健康，知道保护牙齿的重要性。这些表述虽然写了两点，但核心与重点都是知识层面的目标，且更像是一个健康领域而非科学领域的活动。教师如要将该内容设计成一个科学领域的集中教学活动，可进一步关注如何通过引导幼儿有效观察，帮助幼儿更好地了解牙齿的结构和特点，并养成保护牙齿的积极情感与态度。

　　想一想

　　　　分析以下科学教育活动的目标设计，思考其存在什么问题，并进行修改。
　　　　幼儿园大班科学教育活动：皮肤的秘密
　　　　活动目标：
　　　　1. 萌发探索人体奥秘的兴趣。
　　　　2. 初步了解皮肤的构造和功能。
　　　　扫描二维码，阅读参考答案分析，对比自己的分析，看看分析是否全面。

参考答案分析

二、人体教育活动的内容与要求

　　从国内外的教育政策文件及科学教育实践来看，学前儿童科学教育的内容都强调来源于儿童的日常生活。如美国明文规定生命科学是幼儿园到一、二年级儿童需要了解的八个方面自然科学内容之一。因此，围绕人体的外部特征和发展规律等内容来有效开展科学教育活动也是教师应掌握的教育能力。

（一）人体教育活动的内容范围

　　幼儿可以学习的有关人体与健康的内容范围包括以下几点：

1. 人体的结构、功能及保护

　　幼儿对自己的身体很感兴趣，特别是人体外部结构。如果要进行细分，可分为人体的整体结构、外部结构、内部器官等内容。学前教育阶段主要是向幼儿介绍人体的基本结构和功能，以及怎样保护自己的身体。

　　主要内容有：

　　（1）人体的基本结构，头、颈、躯干、四肢以及皮肤、骨骼、肌肉、血液等及其功能；

　　（2）人体感觉器官，眼睛、耳朵、鼻子、舌头、皮肤等及其功能；

　　（3）人体常识，人与人之间有共同的地方，也有不同的地方。不同种族的人在皮肤、眼睛、头发等方面有差异。

2. 人的生理活动和心理活动

主要内容有：

（1）了解人体的生理活动，如消化、呼吸、血液循环、排泄等；

（2）养成良好的卫生习惯，预防疾病，健康成长；

（3）初步了解脑可以思考问题，具有想象、记忆等功能；

（4）初步了解人有情绪、情感，学习应该怎样表达或控制自己的情绪等。

3. 个体的生命过程（生长、发育和衰老）

主要内容有：

（1）个体生长发育的环境与条件；

（2）观察生命的成长过程；

（3）懂得生命的宝贵及保护生命的措施方法。

例如，江苏省常州市武进区湖塘中心幼儿园（长安园）的沈阳老师组织了中班科学活动"我们的身体"。在该活动中，教师以幼儿的身体为认识的对象，通过设计"① 集体认知，了解身体部位；② 尝试操作，巩固身体部位；③ 拓展经验，保护身体部位"三个阶段的活动，引导幼儿有效了解不同身体部位的特征和作用，并懂得如何在平时的生活中学会保护自己的身体，不做危害身体的行为。[①]

（二）人体教育活动内容的选择要求

除了遵循幼儿园科学教育活动内容选择的一般要求外，开展人体教育活动时，在选择内容时还应特别注意以下三点：

1. 与健康领域教育活动相联系

健康领域中的身体保健教育同样要引导幼儿学会认识自己的身体、养成疾病的防治意识和培养幼儿安全自护的能力等，从内容维度上讲与科学领域的人体教育活动具有一定的一致性。因此，在开展人体教育活动时，可与健康领域身体保健活动有机整合，在具体的活动开展过程中，两个领域的目标定位有时可能略有不同。

2. 利用好幼儿自身人体资源

科学教育的内容源于生活，最终也将回归生活。因此，在开展幼儿科学教育，特别是人体教育活动时，应尽可能利用好幼儿自身人体资源。实践证明，立足于儿童已有知识经验而开展的活动，更能充分调动儿童的主观能动性，引导儿童在自主开展探究活动的过程中，有意识地运用各种感官能力扩展自身科学经验。

① 沈阳. 谈信息技术在幼儿园科学教育活动中的运用——中班科学活动《我们的身体》案例分析 [J]. 新课程（上），2016（07）：99.

3. 与幼儿日常生活紧密联系

教育内容和幼儿生活的关联程度越高，越能为幼儿创造探究体验的情境。因此，提升科学教育内容和幼儿知识经验的关联程度，有利于提升幼儿对事物关系和事物特征的认知程度，从而在新的探究过程中应用既有的知识经验，提升幼儿解决实际问题的能力。为此，开展人体教育活动时，教师有效选用生活中的一些典型事例、科普作品、人体教育的挂图、探索人体奥秘的声像资料等作为教育内容，可以使幼儿对人体教育科学活动产生更深刻的体验和认识。

三、人体教育活动的设计与指导

人体教育活动是幼儿非常喜爱的活动，也是与他们的生活紧密相连的活动。从类型来看，人体教育活动大部分属于观察类与实验类科学活动，因此在具体活动的设计上可参考中篇第六章相应的内容。本节重点讨论的是人体教育活动设计与指导的一些策略与技巧。总体而言，教师在设计或组织指导人体教育活动时应突出活动的体验性、应用性，引导幼儿理解人与环境的和谐关系。

具体来说，人体教育活动的设计、组织与指导要点主要有以下几点：

（一）与健康领域教育活动相结合及互相渗透

探索、研究人体是生命科学的重要内容，也是科学教育内容的重要组成部分。从幼儿园的整体教育来看，幼儿对人体的探索，既是一种认识的需要（如满足自身好奇心的需要），也是健康教育的需要。幼儿认识和探索人体具有重要的意义，它能使儿童获得对自己身体的认识，以及相关的人体科学和健康知识，对于保护幼儿的身体安全和身心健康都是非常必要的。这也为幼儿奠定了科学自然观的基础，因为幼儿对自己身体的认识和探索，也是对世界认识和探索的一部分。

由于人体教育活动本身内容的特殊性，人体教育活动常常要结合科学教育和健康教育两个领域活动进行，或者说互相渗透。有的活动既可以理解为健康领域教育活动，也可以理解为科学领域教育活动，教师在开展活动时应把握这个特点。

下面的小班人体教育活动"男孩、女孩"既可以说是健康教育活动，也可以说是科学教育活动。通过外部特征辨认、讨论等方式，让幼儿对性别形成更多的认知，学会保护自己，学会认同自己的性别。

小班人体教育活动：男孩、女孩

园所：福州市蓓蕾幼儿园

执教教师：郑玲

幼儿园指导教师：郑琼、陈擎红、陈宁

福建幼儿师范高等专科学校指导教师：王先达、陈凤玉

● **设计意图**

该活动不仅从穿着打扮上帮助孩子区分男女，更重要的是通过这个活动让孩子进一步了解男孩、女孩身体结构的不同，知道每个人的身体都是自己的秘密，建立初步的性别意识，从而在今后的生活中懂得保护自己的身体。

● **活动目标**

1. 喜欢自己的性别，形成性别意识。
2. 知道男孩、女孩在穿着、打扮、外形上的明显差别，能根据自己的性别装扮自己。
3. 初步懂得保护自己的身体。

● **活动准备**

男孩、女孩图片各一张；男孩、女孩身体特征图片各一张；男女入厕图片；男女卫生间标志图片；男女睡裤各一条，项链、头饰、帽子、领结、背包、围巾等若干；背景音乐。

● **活动过程**

1. 幼儿听音乐，按自己的性别看男女标志找座位导入活动。
2. 幼儿观察、区分男孩和女孩在外形穿着打扮上的不同，喜欢自己的性别。

（1）从穿着上观察比较，区分男孩和女孩。

教师：你们发现男孩和女孩在服装上有什么不一样吗？你们可以互相看看！

提问：今天的女孩漂亮吗？男孩帅吗？

你觉得自己哪里漂亮？你觉得自己哪里帅？（幼儿相互交流）

教师小结：女孩穿上裙子可以让自己更漂亮；男孩穿上西装，戴上领带或领结就显得更帅。

（2）从头饰上观察比较，区分男孩和女孩。

提问：男孩和女孩的头发有什么不一样呢？

教师小结：女孩头发长了可以留头发扎起来，或者戴上头箍、夹上发夹让头发变得很整齐，既可以剪短发，也可以留长发。可是，大部分男孩是剪短短的头发，头发长了要剪短，看起来很有精神。

Note

3. 通过师生交流，引导幼儿喜欢自己的性别。

提问：你是女孩，你喜欢当女孩吗？

你们是男孩，你们喜欢当男孩吗？

教师小结：对了，不论你是男孩还是女孩，都应该喜欢自己，你们都可以做自己想做的事！

4. 结合生活实际，让幼儿了解男孩与女孩在身体特征上的不同，懂得保护自己的身体。

(1) 出示男孩、女孩的睡裤，幼儿根据自己的身体特征区分男孩、女孩。

提问：孩子们，你们知道这两条睡裤，哪条是男孩的，哪条是女孩的吗？你从哪儿看出来的？

(2) 逐一出示图片，增强幼儿性别意识，初步懂得保护自己的身体。

① 出示男、女身体特征图片，增强幼儿的性别意识。

提问：你们看，哪张是男孩，哪张是女孩呢？哦！男孩和女孩的身体不一样。

② 出示男女卫生间标志图片，提示幼儿按性别入厕，并懂得要保护自己的身体。提问：要上厕所了，男孩要找哪个卫生间？女孩呢？你是怎么知道的？

③ 通过讨论，幼儿初步懂得保护自己的身体。

讨论：上完厕所要怎么做呢？

教师小结：我们每个人的身体都是自己的秘密，所以我们都要穿上衣服。我们还要保护自己身体的"秘密"，上厕所时不要随便去看别人身体的重要部位。上完厕所后，要穿好裤子再出来，不能随便让别人看到你的"秘密"。

5. 根据自己的性别，幼儿装扮游戏，进一步巩固自己的性别意识。

(1) 提出装扮游戏的要求。

教师：小朋友长大后，男孩可以在家当什么啊？女孩呢？你们的爸爸妈妈是怎么打扮自己的？今天，老师准备了许多东西，有帽子、项链、丝巾、领带……小朋友可以去选你自己喜欢的东西，打扮自己。打扮完可以给老师看看你是"漂亮妈妈"，还是"帅爸爸"？

(2) 幼儿根据自己的性别，选择适宜的材料装扮自己。

(3) 幼儿向周围的老师们展示自己的装扮。

"小班人体教育活动：男孩、女孩"公开观摩活动视频

● 活动延伸

1. 在日常生活和游戏中，强化幼儿性别意识。

2. 在表演区，继续开展装扮表演。

(此活动在福建省幼儿园环境创设与领域教育观摩研讨会上展示。)

（二）突出人体教育活动的形象性和体验性

由于人体的构造和部分功能有时是难以外显的，为帮助幼儿更直观地感受与认识，人体教育活动的设计要突出形象性和体验性。首先可以从活动区的创设和材料的准备上来考虑，其次则要考虑活动过程中如何将抽象的内容具象化并帮助幼儿获得亲身体验。

1. 创设直观形象的活动区并提供充足操作材料

在区角、活动室创设时，应考虑提供与近期人体教育活动相关的材料和内容。

（1）图书、画册类。可以在墙壁或其他的适当地方张贴或悬挂一些照片、图片，提供一些人体类的科普图书、画册资料，即布置一个有关科学的阅览区。幼儿在这里可以自由翻阅，尽情徜徉于科学知识的海洋里。

（2）影像资料类。如音频、视频等声像资料，提供电视机、影碟机、教学一体机或电脑，幼儿甚至可以操作设备进行观看。

（3）陈列观察类。指各种标本、模型、样品及科技小制作材料或作品。可根据幼儿园的条件量力而行。

经典案例

"会动的关节"活动延伸部分设计

1. 将人体骨骼关节图张贴于公共区域，让幼儿观察比照。回家后还可以找一找、比一比，看看爸爸妈妈身上的关节和自己的是不是一样。
2. 将幼儿组装好的会活动的小人拆开继续投放在公共区域，让幼儿再次练习组装。
3. 和幼儿一起收集关节会活动的各种玩具，投放在公共区域供幼儿玩耍或组装。
4. 有条件的幼儿园可投放布袋或提线木偶，教幼儿玩耍。

2. 强化活动过程中幼儿的亲身体验与实际操作

人体教育活动因其内容与幼儿自己身体有关，教师要抓住这个特点，突出活动过程的形象性和体验性。在活动过程中，通过幼儿自身的体验，在亲自参与、体验中获得科学经验和知识，培养良好的情感态度。如"会动的关节"在活动开展时，现场让幼儿找找自己身上的关节，体验一下关节的运动；利用生活中常见的关节受伤（脱臼、扭伤、错位）的例子，让幼儿说说他们的体会，对关节知识就会有更进一步的了解，平常在活动中就会特别注意保护关节。此外，还可以积极利用信息技术手段，将复杂的科学知识生动化，将平淡的教与学的过程立体化，融视听、探究、练习于一体，拓宽幼儿学习科学的路径，有效提升幼儿学习的兴趣。

经典案例

"我的小脸"单元主题系列活动

　　如"我的小脸"单元主题有三个游戏活动"耳朵听一听""眼睛看一看""鼻子闻一闻"，两个集中教育活动"嘴巴尝一尝""我的五官"。这几个活动在目标（包括活动总目标和活动分目标）、活动准备、活动过程的设计上都应涉及活动的体验性特点。如活动总目标：① 认识五官，感知、体验五官的主要功能，发展感知能力；② 愿意运用感官感知周围的物体，学习保护自己的五官。

（三）突出应用性，与幼儿自身及其生活紧密联系

　　人体教育活动与幼儿自身及其生活紧密联系，幼儿自身及幼儿自身生活中的经历就是活生生的教材。如果教师能紧紧抓住这个特点，人体教育活动就会成为一项幼儿喜欢并愿意探索的活动。

　　生活中蕴藏着丰富的、幼儿感兴趣的人体教育科学知识。教师在活动设计、组织与指导时，要注重活动的应用性，将所学知识、原理在生活中、教育中、活动中用起来，使他们在应用中进一步巩固所学知识。下面列举一些不同活动形式中的人体教育活动案例，供大家学习、参考与借鉴。

1. 集中教育活动中的应用

　　集中教学活动是教师组织幼儿科学认识人体奥秘的重要途径。教师可细心观察幼儿日常生活中的表现，包括了解幼儿身体的生长发育等，并从中选择适宜的内容来开展人体教育活动，从而有效增进幼儿对自身身体的认识，并养成在日常生活中更好地保护自己身体的意识和行为习惯。

经典案例

"会动的关节"案例评析

　　以"会动的关节"活动为例，在活动过程中，第一步，幼儿观看教师演示玩耍会活动的纸偶小人，激发幼儿对纸偶关节活动的兴趣。第二步，幼儿利用学习包中的材料，探索组装会活动的小人，感知人体的基本结构和主要关节。教师则在方法上重点指导，即幼儿先找到人体的躯干，再寻找和拼搭其他部位。第三步，幼儿组装好后，教师鼓励幼儿让小人表演各种动作，看一看小人身上哪些部位会动，数一数小人身上有几处会动。在组装小人并进行表演的基础上，教师提示幼儿："比一比小人身上会动的部位。小朋友身上会动吗？找一找小朋友身上还有哪些部位能动、能弯曲？"这就是教师让幼儿形成直接的体验。

　　幼儿有了操作经验和体验，教师及时让幼儿讨论："为什么这些部位能活动？如果这些部位不能活动，人就会怎样？"通过讨论与教师的总结，幼儿知道了关节的功能。但如果只停留在这一步（仅仅停留在记住了知识的程度），幼儿还不太容易真正理解，教师还

应该让他们有进一步体验和应用的机会。于是，教师又设计了一个游戏环境，玩游戏"学做木偶人"，通过控制身体某些关节不动，让幼儿感受和体验只有有了关节，人的身体才能自如地活动。到了这一步，幼儿可以大致懂得因为有了关节，人才能活动。既然关节很重要，那么要怎样保护呢？教师在其后还有一个环节的活动："出示人体骨骼关节图，请幼儿继续找一找我们的身体还有哪些关节能动。"让幼儿寻找身体上的其他关节，如腕关节、肘关节、踝关节、膝关节等，并活动这些关节，看看这些关节能帮助自己做什么动作，议一议我们应该怎样保护自己的关节。这个环节的活动提醒幼儿在生活中应注意保护自己的关节，进一步增强了"会动的关节"教育活动的应用性。

除了集中教育活动要突出活动的应用性外，延伸活动环节更是可以很好地突出活动的应用性。

2. 科学区角活动中的应用

科学区角活动，也叫作科学区域活动，在幼儿园是很常见的一种活动形式。一方面，幼儿园专门设置的科学区或益智区等可以开展科学活动；另一方面，在其他区域当中也可开展与科学教育有关的活动。下面案例中班科学教育活动"自助餐厅"，是结合幼儿日常生活很重要的环节午餐活动来设计的，这里涉及食物的认知、营养常识、自理能力培养等很多教育内容。

活动实录

中班科学教育活动：自助餐厅

园所：融侨锦江幼儿园

执教教师：陈晶

幼儿园指导教师：李晓蕾

福建幼儿师范高等专科学校指导教师：刘利敏

● 活动目标

1. 知道常见的不同食物的营养价值。

2. 能根据卡片上的圆点、颜色和数字取放相应的物品，能正确判断 7 以内的物品数量。

3. 感受科学知识包括数学经验运用于生活中的乐趣，体验科学知识的实用性。

● 活动准备

1. 知识经验准备。

（1）会点数 7 以内的数并能按量取物。

（2）幼儿已有在自助餐厅就餐的经验。

2. 物质准备。

（1）自制"自助餐券""用餐记录卡"人手一份（附后），1～7的数字卡及7种食品图片每桌一份。

（2）小篮子人手一份（共20份）、托盘7个。

（3）苹果、鸡蛋、面包、橘子、香蕉等7种仿真食品。

3. 环境创设。

布置"自助餐厅"——就餐区、取餐区。

● 指导要点

教师事先创设活动区以及相关的材料准备。教师主要以角色身份参与和指导，教师在实际操作中可以根据幼儿情况进行调整。

一、情境导入

教师扮演餐厅老板，请幼儿来餐厅参观用餐，引导幼儿整体观察。

1. 运用不同的方法数数餐厅中的各种物品。

2. 交流分享数数的方法（手口一致的点数、唱数、默数、按群数等）。

二、情境性游戏："自助餐厅"

（一）按餐券选取相应数量的食品

1. 教师出示自助餐券，指导幼儿观察。

要求：幼儿要先看清楚手上的自助餐券是什么颜色的，找出相对应的食品图片贴在左上角的框内，再数一数有几个，取出相对应的数字卡片贴在左下角的框内，然后拿个"盘子"按餐券取餐。

2. 幼儿游戏，教师依据幼儿能力差异进行指导。

3. 分享交流，幼儿互相验证所取食品是否与餐券一致，并找出对应的数字贴在点餐卡上。

4. 找一个同伴比一比，谁的多谁的少。

5. 请幼儿将食品按种类送回餐台上归类整理。

（二）按意愿选取7以内的食品，完成用餐记录卡

1. 教师出示"用餐记录卡"，示范记录方法。

操作规则：① 幼儿按自己的意愿选取一种食物；② 数量在7以内。

2. 幼儿按要求填写用餐记录卡。

3. 小组内分享交流。

三、按数量标记送食品

1. 请幼儿帮助整理餐厅：看看食品台上的数字标记，请幼儿将自己的食品送到相应的餐台上。

2. 幼儿分小组操作，教师指导，集体验证。

（此活动在福建省幼儿园环境创设与领域教育观摩研讨会观摩活动上展示，本次选入后，笔者对活动计划做了删改）

"中班科学教育活动：自助餐厅"公开观摩活动视频

Note

3. 随机教育活动中的应用

人体教育活动因其内容的特殊性，尤其适宜以随机教育的方式展开，关键在于教师是否能有效抓住教育契机。特别是针对幼儿日常生活卫生习惯和自我保护能力的培养，这些内容与幼儿的一日生活密切相关，但幼儿的行为表现又具有很强的个体差异性，因此不适宜组织集中教学活动，更适宜通过随机教育的方式来促进幼儿相关能力的提升。

经典案例

生活中的饮食营养等随机教育

幼儿自己制作食谱、配餐以及日常生活中的随机教育等。比如，利用吃午饭和吃点心的机会渗透卫生保健知识、营养知识。在吃饭、点心之前，问幼儿："洗手了吗？""肉为什么要煮熟才能吃？""吃到肚子里的东西到哪里去了？""菜变味了能吃吗？"这些问题会加深幼儿对人体健康知识的认识和理解。又如，在体育活动中碰到幼儿扭伤了脚、手擦破皮了，教师可以与幼儿一起探讨如何包扎、上药等，进而让幼儿探讨和重温在体育活动中要怎样保护自己和同伴的身体安全的知识与方法，将所学的知识运用到体育活动中，避免在日常活动、体育活动中身体受到伤害。

（四）突出人与环境的关系，养成良好的生活、卫生等习惯

在人体教育活动中，教师要引导幼儿理解人与环境的关系。例如，我们的祖先（猿人）和现代人在外形、生活方式等方面有什么不一样？为什么有些人容易生病，有些人却不容易生病？有些人长得很高，有些人却长得很矮？有的人皮肤很黑，有的人皮肤却很白？为什么人类既有男人，也有女人？……人要健康离不开基本的环境条件和要素，如阳光、空气、营养、锻炼等。在人体教育活动中，教师要引导幼儿理解人与环境的关系。

经典案例

小班科学活动：有趣的人体关节

● 设计意图

小班幼儿的思维是形象直观的，而认识关节这一活动内容对于孩子来说较为抽象，为此设计了适合小班幼儿的各种有趣的游戏，并投放了形象直观的活动教具，如关节图片和关节模型（用胶布黏合起来的两根木鱼棒），以此激发幼儿探究关节的兴趣，帮助幼儿获得更加直观深刻的认识。

● 活动目标

1. 了解人体主要关节的名称，感知关节与人体活动的关系。
2. 初步懂得保护关节的重要性。

● 活动准备

关节图片、关节模型（用胶布黏合起来的两根木鱼棒）

● 活动过程

1. 游戏：会动的身体。

请幼儿动一动自己的身体，找一找身体哪些地方会动。

2. 游戏：不灵活了。

（1）请幼儿用一只手握住另一只手的手腕，动一动手，引导幼儿感知手被握住和没有握住时动起来的区别。

（2）引导幼儿探讨"为什么手变得不灵活了"。

3. 出示关节图片、关节模型，引导幼儿认识关节及关节与人体活动的关系。知道骨头与骨头连接的地方就是关节，关节能帮助我们的身体动起来。

4. 提问："我们的身体哪里还有关节?"请幼儿找一找身上的关节，学习各关节的名称。

5. 跟随音乐配合儿歌动一动身上的关节。

6. 创设情景"小朋友摔倒了，小伙伴拉他起来"，引导幼儿讨论"这样做对吗？会发生什么事情?"通过演示被拉断的关节模型，引导幼儿感知关节脱臼、手就动不了的现象，帮助幼儿认识保护关节的重要性。

（案例来源：福州市直机关幼儿园郑凌云）

小班科学系列活动：小脚的秘密

● 设计思路

科学活动是以幼儿探索为主的一项活动，它强调以幼儿为主体，自主地进行操作、探索，从自己的操作中寻找问题的答案。小脚在幼儿身体的最下面部分，对于幼儿来说是神秘的，根据小班幼儿好奇好动，什么事都想亲自探究、操作的特点，教师设计了这次活动，旨在通过幼儿自身的操作、探索发现小脚的秘密，如小脚各部位的名称、作用等。

● 活动目标

1. 让幼儿了解脚各部分的名称、作用，进行保护脚的安全教育。
2. 提高幼儿探究、解决问题及合作、表达、交流的能力。
3. 培养幼儿乐于助人的同情心与爱心。

Note

● **活动准备**

1. 课件（交互式 Flash）：

(1) 脚的整体图，点脚趾、脚心、脚掌、脚背、脚跟各部位图会发亮。

(2) 小、中、大脚印图，点击大、中、小的脚印出现相应的人的图像。

2. 乒乓球、小石子、玩具、纸团、报纸、音乐磁带、颜料、盘子、背景图。

活动一：我们的小脚

● **活动过程**

1. 在轻快的音乐声中，与幼儿一起念儿歌活动小脚。

2. 幼儿自由探索用脚丫捡、撕东西，感知小脚的各部分。

(1) 数一数脚趾。引导幼儿数一数自己和别人的小脚上有几个脚趾。

(2) 挠一挠脚心。让幼儿挠一挠自己和别人的脚心，有什么感觉？

(3) 闻一闻小脚。

① 闻一闻小脚有什么味道？② 为什么有的小脚有臭味？③ 用什么办法可以保持我们的脚部清洁？

(4) 分组探索活动。

鼓励幼儿用多种方法探索，尝试用脚把乒乓球、小石子、玩具、纸团捡到盘子里，把报纸撕碎。

(5) 分享、交流探索过程，应用课件帮助幼儿认识小脚的各部位。

① 你是怎么捡的？② 用脚的什么部位捡的？（幼儿说到哪个部位，教师应用课件引导幼儿认识相应的部位，如：脚趾、脚掌、脚心、脚跟、脚面）

3. 音乐游戏"合拢放开"，巩固对脚各部分的认识。

4. 朗诵并表演儿歌，在活动中自然结束。

评析：教师在该活动中将音乐、语言与科学活动有机地整合在一起，在轻快的音乐声中，教师用亲切的语言建议幼儿一起动起小脚，使幼儿心情愉悦，很快进入角色，在轻松的环境中自由、愉快地学习。在中间环节，教师恰到好处地运用有声的课件帮助幼儿理解小脚的各部位，能够吸引幼儿的注意力，帮助幼儿整理零散的知识与经验，使幼儿在不知不觉中认识了小脚及小脚各部位的名称。

活动二：小脚真能干

● **活动过程**

1. 运用课件导入，出示小、中、大三幅脚印图，引导幼儿讨论。

(1) 这是谁的脚印？（根据幼儿的回答点击相应的脚印，出现与脚印相对应的幼儿、少年、成人等不同阶段的形象）

（2）为什么他们的脚印不一样？

2. 集体探讨脚丫的作用：脚丫会干什么？

3. 探讨如何保护脚丫，教育幼儿同情、帮助残疾人。

（1）我们应该怎样保护脚丫？

（2）如果没有脚丫会怎么样？

4. 分组印脚丫，体验合作成功的喜悦。

（1）让幼儿用手印脚丫，将脚丫印在画有草地、小路、山坡的背景图上。

（2）印下幼儿的脚丫，与明年的脚丫进行对比，让幼儿知道脚在不停地长大。

评析：活动开始，教师就应用了课件，生动、形象的动画激发了幼儿的兴趣，使幼儿展开了热烈的讨论，增进了他们探索的欲望。在活动过程中，教师能够注重对幼儿的情感教育，培养幼儿的爱心，这对当今的幼儿教育来说，是很有教育意义的。教师在最后环节，设计了印脚印这一活动，注重幼儿活动的动静交替，并将健康、美工和科学领域有机地结合，使幼儿更加积极地参与，大大提高了幼儿学习的主动性。

反思：本次活动以幼儿的兴趣为出发点，以认识幼儿自己的身体部位——小脚为题，符合小班幼儿的年龄特点，教师通过创设情境、探索操作、游戏、师生互动、演示等形式，为幼儿创设自由愉快的学习氛围，并在学习过程中，鼓励幼儿勇于探索、不怕困难，使幼儿身心愉悦，积极主动地参与活动，大胆地表达与交流自己探索的过程与结果，充分地体验活动带来的乐趣与成功。

总评：小脚是幼儿身体的一部分，每天他们用小脚走路、踢球、跳舞、做游戏，本次活动，教师以此作为教学内容，贴近幼儿的生活。在教学过程中，教师为幼儿提供了大小、软硬程度、形状不同的学具供幼儿操作，使能力不同的幼儿均能体验到成功的喜悦，充分调动了幼儿学习的积极性和主动性。为帮助幼儿更好地理解脚的各部分，教师还根据幼儿的能力水平，设计了生动、形象的课件。

从教学形式上，教师能够改变传统的教学模式，将科学、艺术、语言、健康领域等有机地结合起来，让幼儿在探索、操作中构建知识经验，体验同伴间合作、交流的快乐，从而使幼儿获得自信，学会学习。

（案例来源：三明市梅列区实验幼儿园黄芳）

实训操练

1. 请以"我们的身体"为题，设计一节中班科学教育活动，并在幼儿园尝试实施。

2. 当前通过 VR 眼镜技术把书本上关于科学探索、人体奥秘、宇宙星空、自然地理等"看不见"的知识变得立体鲜活，让小朋友身临其境的探索科学知识。这种做法目前正越来越普遍，请以小组为单位进行讨论，分析将 VR 技术应用在学前儿童教育，特别是学前儿童科学教育中的利与弊。

课外拓展

中班科学活动：我们的身体

扫码阅读中班科学活动"我们的身体"，与同学交流互动，分析教师是如何利用信息技术应用于科学教育活动的，对比分析与传统采用讲授及练习为主的科学教育活动教学模式的优缺点。

教学案例
"中班科学活动：
我们的身体

真题再现

1. 在科学活动"奇妙的气味"中，教师准备了分别装有水、食醋、酱油等液体的瓶子，请幼儿看一看、闻一闻，幼儿在活动中使用了什么方法？（　　　）

A. 实验　　　　　　　　　　　　　B. 参观

C. 观察　　　　　　　　　　　　　D. 讲述

过关练习

1. 简述人体教育活动的设计、组织与指导要点。

2. 教师在组织"会动的关节"这一科学教育活动时，巧妙运用多媒体信息技术手段来帮助幼儿直观感知关节受伤的原因，同时积极创设让幼儿自己动手找一找、动一动的操作环节来帮助幼儿深刻体会、了解相关的关节知识，体现了人体教育活动设计的以下哪个要点？（　　　）

本节参考
答案与解释

A. 与健康领域教育活动相结合及互相渗透

B. 突出人体教育活动的形象性和体验性

C. 突出应用性，与幼儿自身及其生活紧密联系

D. 突出人与环境的关系，养成良好的生活、卫生等习惯

第二节　动植物与环境保护教育活动的设计与指导

自然生态环境教育从内容上来看，可以细分为动物、植物、生态环境、环境保护等内容。在幼儿园科学教育中，生态环境教育的重点是动植物和环境保护教育，因此，本节主要介绍的是动植物与环境保护教育内容的活动设计与指导要求。

一、动植物与环境保护教育活动的目标

所有的科学教育活动目标设计都要兼顾科学情感和态度、科学方法、科学知识三个方面的目标。在开展动植物与环境保护的科学教育活动时，目标设计主要围绕以下几个方面内容。

（一）科学情感和态度

激发幼儿对动植物及环境的好奇心，探索动植物的奥秘，培养幼儿对动植物的兴趣和情感，培养幼儿关心、爱护自然和环境的积极情感和态度，乐于了解常见的小动物、花草树木的名称、习性、养护方法，培养幼儿主动参加科学活动的兴趣。

如某教师敏锐地把握了户外活动期间儿童观察到蝴蝶，并对此产生探究兴趣的活动契机，设计了"中班科学活动：蝴蝶的秘密（比较观察）"，将幼儿天生的好奇心转化为求知的欲望，使幼儿永葆探究和学习的热情，通过引导幼儿进一步关注蝴蝶更多的秘密，引发幼儿对蝴蝶的亲近感，获得与自然界和谐相处的经验。

（二）科学方法

科学方法主要有观察、分类、测量、操作等方法。如学习有顺序观察、比较观察、典型特征观察等观察方法，观察常见的动植物的特征，在观察的基础上能对常见的动物、植物进行分类，特别是与人类生活关系密切的水果、蔬菜、粮食作物、家禽、家畜、鱼类等。学习测量的方法，使幼儿能以粗略的方法（目测或感知）和非正式量具（如木棍、绳子等）、正式量具（如尺、温度计等）测量动物或植物。

在设计前面提及的"中班科学活动：蝴蝶的秘密（比较观察）"中，教师发现班上大部分的幼儿都有强烈的观察兴趣和愿望，但有一部分的幼儿观察的目的性仍比较弱，且观察的顺序较为凌乱，没有掌握一定的观察方法，无法做到较为完整、全面的观察。为此，教师将本次活动的重点定位：能运用一定的方法细心观察蝴蝶的身体构造，比较发现两种蝴蝶的不同特征。希望能通过这个活动将幼儿零散的知识经验进行一个有效的梳理、并学习比较观察的方法，学会有目的、有顺序、连续的观察，从而发现、比较蝴蝶的不同。

（三）科学知识

通过对周围的生命现象、生命体进行观察与比较，帮助幼儿感知生命的种类、形态与用途，了解生命体及其与环境的关系、生命体的繁殖与生长的过程，帮助幼儿获取有关常见的动植物与环境保护方面的感性经验与知识；帮助幼儿获取有关周围环境（有生命物质和无生命物质）及其相互关系的具体经验。

以上是关于动植物与环境保护教育活动的目标设计总体思路，教师在具体活动设计时应根据活动内容及幼儿的知识经验和发展水平有所变化。

在当前，环境教育显得日益重要和迫切，因此，这里我们单独介绍环境教育的目标问题。

Note

幼儿园环境教育目标必须根据幼儿园科学教育目标来制定。它主要包括以下三个方面的内容[①]。

（1）科学情感与态度：培养幼儿初步的环境意识，让幼儿意识到环境问题，关注周围的环境问题，意识到人类的生存、发展与环境的关系；培养幼儿热爱自然的情感，使幼儿乐于观察和探索自然，积极参与保护环境的活动；鼓励幼儿积极参与创设安全、健康、卫生、优美环境的各项活动。

（2）科学方法：帮助幼儿学习处理环境问题，保护和改善环境的基本技能，包括观察、测量、实验、比较、分类、表达等；帮助幼儿初步掌握解决实际环境问题的方法，如处理生活垃圾，保护花草树木等。

（3）科学知识：帮助幼儿获取人类与环境关系、动植物与环境关系的经验，如人类生存和发展对环境的依赖性，人类的行为对环境造成的影响；帮助幼儿获取与环境相关的一些常识，如生态平衡、资源利用与保护、污染来源和治理、人口增长与分布规律等。

二、动植物与环境保护教育活动的内容与要求

《幼儿园教育指导纲要（试行）》明确指出，学前儿童科学教育要引导幼儿"了解动植物知识，初步形成热爱大自然和环保的意识，并掌握探究大自然和保护大自然的基本方法。"学者刘占兰进一步系统论述了学前科学教育的具体内容；并提出在生物基本特征方面，幼儿需进行的科学探究包括四个核心概念，分别是：生物多样性、生物构造特征、生物的生命周期、群体内部关系以及生物和外部环境关系[②]。这对我们进一步明晰学前儿童科学教育中有关动植物与环境保护教育的内容范围具有重要启示作用。

（一）动植物与环境保护教育活动的内容范围

自然生态环境教育从内容上来分，可以细分为动物、植物、生态环境、环境保护等内容。包括无生命物质、动植物、微生物与人类的关系；动物与植物、动植物与微生物、动物与动物、植物与植物、无生命物质与有生命物质等的相互关系，以及幼儿关心、爱护周围环境的态度、行为和方法。具体可以分为以下几个方面的内容：

1. 自然界中常见的动植物及其与环境的关系

幼儿对动植物的兴趣较大，特别是对一些可爱的小动物更是有着特别的感情。教师可以利用幼儿对动植物的兴趣，引导他们观察各种动植物的典型外部特征，探索和初步了解动植物与人类及环境的关系。

有关动植物的教育内容，具体可以分为以下两类：

（1）观察常见动植物的生活及特征，探索动植物的多样性。观察动植物的特征，认识动植物的

---

① 根据吴荔红《幼儿园环境教育的目标及实施》改写。吴荔红. 幼儿园环境教育的目标及实施 [J]. 幼儿教育，1999（01）：12.
② 刘占兰. 幼儿园科学教育资源 [M]. 北京：人民教育出版社，2014：116-121。

多样性，是从小班到大班都要进行的内容。通过观察动植物，幼儿可以认识常见的动植物的典型特征，了解它们的生活习性，明白动植物的多样性。

如"美丽的树叶""可爱的小动物"活动，可以参考其中的活动内容和活动目标的设计（见表 7-2-1）。

表 7-2-1　"美丽的树叶""可爱的小动物"活动的内容和目标设计

活动名称	活动目标	内容类别	活动类型
美丽的树叶 捡树叶 小树叶找妈妈 树叶图书	1. 感知树叶形状是各种各样的，尝试按大小、颜色、形状的不同为树叶分类。 2. 使幼儿对树叶产生好奇心和兴趣，愿意亲近大自然。	植物	集中教育活动 游戏活动 亲子活动
可爱的小动物 我的动物朋友 可爱的兔子 调皮的小狗 谁会……（飞、游、走、爬）	1. 关注小动物，喜爱小动物，愿意亲近小动物。 2. 观察、感知常见小动物的明显特征。 3. 乐意与同伴分享关于小动物的经验。	动物	集中教育活动 游戏活动

（2）探索和初步发现动植物与环境的关系。在观察动植物的同时，还可通过具体的事实，引导幼儿探索和初步了解动植物与环境之间的关系，如动植物的多样性和环境的相互关系，"为什么有些动物一定要生活在水里？"；动植物的形态结构和环境的关系，"为什么北极熊的皮毛很厚？"；动植物的生长和环境的关系，"我种的花为什么会死掉，别人种的却不会？"；动植物和季节变化的关系，"冬天青蛙去哪里了"；动植物和人类的关系，"树：人类的供氧机器"；动植物之间的关系，"为什么河边的水草被人割了，水鸟就搬家了？"，等等。

2. 自然界中的无生命物质及其与人、动植物的关系

自然界中的无生命物质主要包括沙、石、土、水、空气等。

（1）沙、石、土。沙、石、土是幼儿在生活中经常接触到的物质，幼儿也很爱玩沙、玩石、玩土。除了要让幼儿感知和探索其物理性质、外部特征外，还要从环境生态的意义来教育幼儿。如让幼儿感知沙、石、土的特性，了解其作用，以及它们与人类、动植物的关系。

（2）水。幼儿每天都在跟水打交道，幼儿也爱玩水。幼儿对水的认识同样包括两个方面，一是水的物理性质、外部特征，二是水的生态意义。如让幼儿感知水的无色、无味、透明，水的流动性（动力），水的溶解现象，水的三态变化，各种各样的水，水对生命的重要性。

（3）空气。空气看不见摸不着，比较抽象，幼儿直接探索有难度，可以通过探索"空气的流动"（风）、充气等和空气有关的现象及空气污染的现象来增强幼儿对空气的感性体验。

幼儿园开展沙、石、土、水、空气科学活动，往往需要结合其他工具、材料进行，单纯地认识沙、石、土、水、空气活动比较少见，所以这类活动可以归为"材料工具和科技产品教育活动"。如"多样玩水"（中班科学活动）就属于典型的材料工具和科技产品教育活动，见表 7-2-2。

表 7-2-2　"多样玩水"活动的内容设计和目标设计

活动名称	活动目标	内容类别	活动类型
多样玩水 喷水 制作饮料 美丽的水风铃 物体的沉浮	1. 感受水的特性，探索水的多种玩法，体验玩水的快乐。 2. 在教师的指导下，学习有目的地操作和探究。	材料、工具和科技产品	区域活动

3. 人与自然环境的关系

自然生态环境的教育要特别体现人与自然的和谐关系，从小培养幼儿懂得人与自然中的事物是朋友的关系，从小关注环境，自觉养成爱护、保护环境的意识。

人与自然环境关系的教育一般不作为独立的教育内容，而是渗透和体现在认识自然界的动植物和无生命物质的内容中，因为脱离动植物、环境的"人与自然环境关系的教育"是无源之水。如在"可爱的小动物"单元中观察兔子、狗的特征时，还要引导幼儿和小动物交朋友，关心和爱护小动物的成长。

在当前，环境污染现象日益普遍和严重，环境保护教育也是重要的教育内容。同时，还可以向幼儿介绍环境保护的一些常识，带领幼儿参加力所能及的环境保护行动，使其养成良好的环境保护的行为习惯。

活动实录

大班科学活动：蔬菜造纸

园所：福建省军区机关幼儿园

执教教师：傅丹

幼儿园指导教师：倪秀云、黄丽敏

福建幼儿师范高等专科学校指导教师：陈凤玉、王先达、王传辉

● 设计意图

《科学教育中的人文素养培养实践研究》是我园"十二五"科学教育研究课题，在研究中我们充分挖掘园所良好的生态环境资源优势，给孩子们开辟了一个"开心农场"种植园，为此我们设计开展了一系列的科学活动，让孩子们在亲近自然的过程中学习种植、照料蔬菜，观察记录蔬菜的成长过程，体验合作、收获的喜悦。《蔬菜造纸》是系列活动之一，此活动是源于"开心农场收获"时菜地里剩下的叶、茎、皮等不能食用的蔬菜部分让孩子们产生的好奇探究而引发的师生共同思考，为此老师和孩子们共同查阅了大量的资料，教师进行了多次的实践尝试设计了此活动。通过活动旨在让孩子们明白蔬菜也可以代替木材造纸，明白变废为宝的道理，增强其环保意识和节约意识。同时通过合作实验，使孩子们的小手精细动作发展和与同伴的合作能力都获得了提升。

● **活动目标**

1. 喜欢蔬菜造纸的实验活动，能对寻找信息有好奇心，乐意进行验证与探究。
2. 与同伴合作，共同完成实验活动。
3. 学习记录实验过程，并能大胆讲述自己的实验、发现。

● **活动准备**

1. 知识经验准备。
(1) 幼儿和家长一起收集有关蔬菜造纸的信息内容，布置成展板。
(2) 活动前幼儿了解有关造纸的知识，做过废报纸造纸的活动。
2. 物质准备。
(1) 活动前幼儿收集各种剩下的菜叶，如：大白菜叶、花菜叶、芹菜叶等捣好的菜泥；葛根粉若干。
(2) 蔬菜造纸的各种工具，如杯子、水、造纸工具、抹布、海绵、勺子等。
(3) 观察记录表、笔。

● **活动过程**

1. 展示信息资料展示板，组织幼儿讨论。
(1) "我们做过报纸造纸的实验活动，造纸时用什么材料来制作的？"
(2) "我们的开心农场里有剩下不要的菜叶，小朋友的家里也收集了很多摘剩的菜叶，那么，这些不用的蔬菜叶子能造纸吗？"
(3) "你查找到的蔬菜造纸的信息是什么？蔬菜造纸需要哪些工具？方法是什么？"
2. 介绍工具材料，记录卡纸，鼓励幼儿大胆探索研究。
(1) 介绍蔬菜造纸的工具材料。
"老师为你们提供了葛根粉糊、菜泥，还有造纸的工具材料。"
(2) 介绍记录卡记录的方法。
"今天的蔬菜造纸实验也要把自己的实验过程记录下来，我们一起来看看蔬菜造纸的记录卡吧。"
(3) 鼓励幼儿两两合作，共同完成实验。
"今天又要做实验，又要做记录卡，我们怎样才能做得更好呢？"
3. 幼儿动手尝试制作蔬菜造纸，教师进行指导，鼓励幼儿多动脑、多思考。
4. 展示幼儿的实验成品，组织幼儿进行讨论。
"你们的蔬菜造纸实验成功了吗？你们是怎么做的？记录表上是怎么记录的？""其他小组为什么没有造出纸？你们在下次的活动中可以怎么改进自己的方法呢？"
5. 展示其他班级小朋友蔬菜造纸的成品，鼓励幼儿耐心细致地做好后面的工作。
"今天的蔬菜造纸已经全部完成了吗？接下来还有哪些工作需要做呢？"
小结：我们一起来欣赏大五班小朋友已经做好的蔬菜纸张吧，漂亮吗？蔬菜真的能造出纸张来，虽然和我们现在的纸张相比，它还是比较粗糙的，但老师相信，等你们长大了，学到更多的本领，一定能研制出更好的蔬菜纸张来，到那时就不用砍伐树木来制作纸张了，可以用剩下不要的蔬菜了。

"大班科学活动：蔬菜造纸"公开观摩活动视频

（选自福建省幼儿园领域教育活动观摩研讨会活动计划汇编）

Note

（二）动植物与环境保护教育活动的内容选择要求

动植物与环境保护教育的内容极为丰富、复杂，有些内容并不适宜，或者说幼儿不能有效体会、理解。因此，在开展动植物与环境保护教育时，可依据以下几个方面的原则选择合适的内容。

1. 内容选择突出"生活化""日常化"

动植物与环境保护教育非常明显的特点就是"生活化""日常化"。"日常化"是指在日常活动中进行或渗透；"生活化"中的"生活"泛指人类社会生活，大多侧重于幼儿身边的生活。"生活化""日常化"密不可分，有时也简称"日常生活化"。

"生活化"既体现在科学教育内容的选择上，又体现在科学教育活动的组织上。体现在科学教育内容的选择上，"生活化"更多是指科学教育内容要贴近幼儿的生活经验和生活实际，加强教育与生活的联系，使幼儿园的科学教育生活化；体现在科学教育活动的组织上，则更多是指"寓教育于一日生活之中"，使幼儿园的生活"教育化"。因此，"生活化"可以理解为两个方面的含义，一是教育的生活化，一是生活的教育化。

2. 选择体现对动植物关爱的内容，不选择有可能对动植物产生伤害的内容

动植物是人类的好朋友，在活动内容的选择上尽可能不对动植物产生伤害，特别是对小动物。比如，为了验证被污染的水给人类带来的危害，曾有报道有小朋友拿小金鱼来做实验，养在被污染的水里的鱼死了，养在没有被污染的水里的小金鱼没有死。作为教师，在这方面要有所注意。在让幼儿掌握科学知识、培养探究能力的同时，要培养幼儿的人文素养，包括对动植物的关怀和爱护。

3. 以存在或存活时间长、当地常见、与人类关系密切的动植物作为重点内容

有些动植物季节性太强，或者与当地人的生活联系不大，那么，这样的内容就少选为宜，而尽量选择那些宜观赏、时令性适中、当地人生活中经常能接触到的动植物作为动植物与环境保护活动的重点内容。

三、动植物与环境保护教育活动的设计与指导

本章虽然阐述的是动植物与环境保护教育活动，从类型来看，大部分属于观察类、实验类、制作类或交流讨论类科学活动，因此在具体活动的设计上请参考中篇第六章相应的内容。这里重点讨论的是适用于开展动植物与环境保护教育活动的技巧与策略。

动植物与环境保护教育活动是幼儿非常喜爱的活动，教师应用生态观的思想来设计和指导活动，强调动植物之间、动植物与人类之间、动植物与环境之间的关系，活动要突出生活化、日常化，体现幼儿与活动的"亲密接触"，使其在亲自参与、体验中获得科学经验和知识，培养其良好的情感态度。

（一）体现生态观

生态学是研究生物、环境之间相互关系的一门科学，它阐明了人、生物、空气、阳光、水、沙石、土等构成环境不可缺少的因素。因此，它们之间是互相联系、互相制约、相互依存的。任何因素的缺乏，环境都将会失去生态平衡，给人类、动植物带来伤害。因此，在当前幼儿园科学教育中，渗透生态观点，进行动植物与环境保护教育，显得尤为迫切。当前的幼儿园科学教育呈现了以人为中心、以"生态"和"科技"为载体的内容体系特征。具体地说，它强调人与动植物、人与环境以及科学技术与人类生活的相互关系。

以生态观为指导思想，强调生态环境教育（动植物与环境保护教育）是幼儿科学教育的重要方面。无论在目标、内容、方法、活动设计方面，还是在环境的创设、材料的提供方面都需要进行渗透。例如，为幼儿展示他们能理解的生物，了解人和各种环境因素间的相互联系、相互依存的关系；介绍当地可能存在的环境污染、维护生态平衡的具体形象的事实和资料；介绍具有主动关心、爱护环境的态度和行为的幼儿园小朋友，以及同污染作斗争的"幼儿环保小卫士"……为保持人和自然持续协调发展、培养幼儿的爱心，善待生命，善待生灵，激发幼儿关心、保护环境的情感，为幼儿长大后能与自然和睦相处，形成关爱生命、热爱生命、热爱环境、保护环境的意识奠定基础。

活动的设计和指导要渗透生态的观点，在活动过程中突出体现幼儿与动植物、环境的相互作用，体现人类与动物、植物、环境之间的关系。如"美丽的水菊花"（植物）活动总目标的其中一条可以这样制定："运用比较的方法种植菊花，探究其生长过程，感受植物生长与环境条件的关系。"

（二）体现与活动对象的亲密接触，注重随机教育

除了幼儿园的课堂教学要注意与幼儿的生活亲密接触外，教师还可以让幼儿置身于广阔的自然环境和社会生活环境中去学习，与大自然、社会亲密接触，使幼儿的眼界更加开阔。如大班科学活动"有趣的叶子"，教师就可以把幼儿带到附近的小树林、公园里，让幼儿观察、采集自己喜欢的叶子，然后相互交流这些叶子的特征，并对它们分类。这种身临其境的学习比在教室里教师干巴巴地讲要有价值得多。又如"蜗牛"这个活动，教师可以带幼儿到草地上、围墙边及种植园地去找一找，看看能否找到蜗牛。幼儿不仅对找蜗牛活动感兴趣，而且在找的过程中能发现蜗牛喜欢待在潮湿的地方，蜗牛要吃树叶、菜叶等秘密。找到蜗牛后，教师可以把蜗牛放在自然角饲养，幼儿每天去观察它，喂蜗牛食物，他们会发现蜗牛更多的秘密：蜗牛睡觉时会缩在壳里，蜗牛头上有两个触角，蜗牛会吐出一种白色的东西，等等。幼儿回家后，教师还可以让他们到自己家的小区或周围寻找蜗牛，同时也可以让家长一起参与。

生活中蕴藏着丰富的、幼儿感兴趣的科学知识，教师要抓住各种机会向幼儿进行随机教育，将科学启蒙渗透进日常生活和活动中。比如，利用吃午饭和吃点心的时机让幼儿认识蔬菜和水果。在吃桃子之前，让幼儿摸一摸，问幼儿："感觉和别的水果一样吗？""还有什么东西和桃子的形状是相同的？""你喜欢桃子的味道吗？""你最喜欢哪种味道？"这些问题的讨论和解决会加深幼儿的认识和理解。在散步时，让幼儿注意花草树木的变化、动物的出没规律等。

教师还可以利用日常生活中可能出现的偶发性的科学活动，让幼儿进行探索。如天气现象的变化、小动物的出没、植物的开花结果等，都会引起幼儿的探索兴趣。教师应及时加以引导，以保持幼儿的科学兴趣。上面所提出的活动只是进行列举，不是活动设计，教师应根据实际发生的情况开展随机教育活动。

经典案例

偶发性的科学教育活动：蜜蜂

喝牛奶时，一只蜜蜂飞进了教室，教室里顿时一片混乱。"快跑哇，蜜蜂会蜇人的！""不会的，它是来采蜜的！"我正准备打开窗户让蜜蜂飞出去，结果保育员林阿姨用苍蝇拍将蜜蜂打死了。女孩子们伤心地叫了起来："蜜蜂是我们人类的好朋友，为什么要打死它呀？"我顺着幼儿的兴趣点随机生成有关蜜蜂的谈话活动。我问："蜜蜂为什么会飞到我们的教室里来呢？"有的说："走廊上的花开了，它看见花就飞进来了。"有的说："它肯定是找不到回家的路了！"有的说："它肯定是肚子饿了，看见我们在喝牛奶就飞了进来。"我又故作不解地问："那为什么有花和牛奶，蜜蜂就会飞来呢？难道它喜欢吃这些东西吗？""它们都有香味，蜜蜂就是闻到香味才飞进来的。"苏源抢着回答。"哦，原来如此。"我说道，然后又问："蜜蜂把采来的花蜜给我们人类喝，那它自己喝什么、吃什么呢？""蜜蜂真的有好多种吗？"小朋友们七嘴八舌地说着："我也不太清楚，今天回家我们一起找找有关蜜蜂的资料吧！"……我又接着问："刚才林阿姨打死蜜蜂，有的小朋友说不应该打死，有的小朋友说一定要打死它，到底应该怎么办呢？"明辉说："阿姨是为了不让我们被蜜蜂蜇到才打死它的，我觉得林阿姨做得对。""那也不应该打死它呀！要是它的爸爸妈妈知道它死了，那该多伤心哪！我们把窗户打开，让它飞出去，不就行了吗？"欣彦说。"我们用橡皮泥给它做个家吧！""我们帮它画好多同伴贴在墙上，那它就不会到处乱窜，也不会寂寞了。"……孩子们对于打死蜜蜂所表现出来的态度和情感是我没有预料到的，当我组织孩子们讨论后，又自然地生成了一系列有关蜜蜂的探究活动（画蜜蜂、制作蜜蜂的家、探究蜜蜂的家族……）。

（案例来源：福州市晋安区机关幼儿园林静）

（三）发挥自然角的作用，注重观察等方法的学习

各班自然角的设置是为幼儿学科学创设的最基本的区角环境，教师可在幼儿园或班级开辟一块可供观察、种植、饲养的自然角，上面放置一些动植物及与活动有关的非动植物材料，使幼儿在日常生活中随时可进行观察活动。如一些适合在室内生长的盆花、易于照顾的小鸟、乌龟、小金鱼等，还有孩子们外出旅游时带回来的各种贝壳、标本、小制品等。这些东西要根据各班幼儿的年龄特点和他们的认知水平设置，符合科学教育的要求，并能根据季节和教学需要随时进行更换。

如，秋天到了，小班的自然角会出现各种秋天的水果；中班的自然角会出现各种秋天的花草；大班的自然角会出现各种农作物和蔬菜。春天到了，让大班幼儿去自然角观察记录春蚕的生长情况，观察记录种子发芽；中班幼儿则可以观察小蝌蚪的生长变化；等等。在各种动植物专题活动时，随着主题的深化和发展，教师和幼儿为自然角提供各种相应的物品，如家乡的土特产、竹制品、各式干果等，不仅满足了幼儿的好奇心，同时培养了幼儿的观察能力和科学的学习态度。在自

然角里，幼儿可以给植物浇水，用各种食物去喂养小鸟、乌龟、蜗牛，还可在教师的带领下开展无土栽培，做种子发芽、植物移植的实验。通过这些劳动，幼儿不仅了解了常见动植物的生活习性和特征，同时也体会到了劳动的愉快，陶冶了他们热爱大自然的情操，丰富了幼儿的生活。

自然角所处之地最好向阳。要注意充分调动幼儿参与设计规划、布置和更换，并进行观察及实践。

一个理想的自然角应是一个丰富而鲜活的微缩自然界，教师应根据本地、本园实际条件，有选择地提供如下几类内容：

1. 小动物饲养

如鱼类（泥鳅、小鲫鱼、金鱼、热带鱼等）、小乌龟、蝌蚪、蚕、菜青虫、蜗牛、田螺等。

2. 小植物种植

如文竹、水仙花等小花卉，蒜苗、萝卜、白菜花、豆芽等小蔬菜或幼苗培育，然后再移植到园地里。

3. 自然物品陈列（包括实物和标本）

植物的种子、果实、根、茎、叶等标本；各种动物标本，如蝌蚪、昆虫标本（最好由幼儿自制）、海洋生物标本等；各种非生物标本，如各种石头标本——鹅卵石、雨花石、大理石、石灰石等，汽油、柴油等，红土、黄土、黑土等。

4. 自然材料小制作

如用植物枝条插编的小动物及作品，用细沙黏的图画，用植物根茎、蔬菜如萝卜、土豆、地瓜等雕刻的作品。

"美丽的树叶"是小班科学领域的一个单元主题，亲子活动《树叶图书》就是利用自然材料开展的小制作活动。这个活动还可以在幼儿园的科学区角活动来开展。

> **经典案例**
>
> ## 树叶图书（亲子活动）
>
> ● **活动目标**
>
> 1. 能说出几种树叶的名称、外形。
> 2. 体验亲子活动的乐趣。
>
> ● **活动准备**
>
> 塑料袋，用于清洗树叶的毛笔、卫生纸、水等，书、胶水、卡纸等。

● **指导要点**

1. 请家长带幼儿到大自然中去收集各种不同形状、颜色的树叶。

2. 指导幼儿将收集来的树叶用毛笔、卫生纸、水等清理干净，和孩子一起把树叶夹在书中数日，待树叶压平后，贴在卡纸上做成卡片，标上它的名称，并指导幼儿用收集到的不同的树叶制作一本"树叶图书"。

3. 将制作好的"树叶图书"带到幼儿园，放到图书角与同伴一起分享。

（四）开展丰富多样的区角活动

动植物与环境保护类教育活动也很适合在区域活动进行，除了自然角活动以外，还可以在区角中开展科学游戏、科学制作、亲子活动等。

动植物类的科学游戏较多，通过科学游戏，使幼儿加深对动植物的认识和情感，体会到人与动植物之间、人与环境之间的关系，在游戏中进一步巩固科学知识和经验，掌握科学方法。

科学游戏一般在区域活动、日常活动中进行，也可在集体教育活动中穿插进行。

经典案例

树叶游戏

● **科学区**

1. 树叶哪儿去了？

（1）教师带幼儿收集一些落叶。

（2）在教师的帮助下在树下挖一个小土坑，让幼儿将落叶和几个塑料袋倒进小土坑中，再填上土。

（3）一段时间后，让幼儿挖开小土坑，看看发现了什么。

2. 树叶要呼吸吗？

找一盆盆栽树木，选择一些树叶，在树叶的正面和背面均匀地抹上胶水。几天以后，引导幼儿观察被抹上胶水的树叶发生了哪些变化。

3. 叶子的花纹。

提供放大镜，让幼儿观察叶子的叶脉，对部分美术能力较好的幼儿，教师可鼓励他们用线条表现叶子的叶脉。

在科学区角、科学活动室或科学桌，幼儿园可以因地制宜地有选择性地提供如下一些内容：

（1）张贴宣传类。适宜的科学环境除了供幼儿操作以外，对幼儿的精神熏陶也非常重要。可以在墙壁或其他适当的地方张贴或悬挂一些动植物学家、环境保护使者的照片、画像以及他们的科学研究和发明成果，其他的如环境保护方面的科学宣传画。

（2）阅读学习类。主要是动植物和环境保护的书籍、画册、图片册、声像资料等，即布置一个有关科学的阅览区。幼儿在这里可以自由翻阅，甚至观看电视、电脑等，尽情徜徉于科学知识的海洋里。

（3）陈列观察类。指各种标本、模型、样品及科技小制作材料或作品，包括动物、植物、非生物标本、化石，这一类内容主要用于开阔幼儿的眼界，拓展其知识面。

（五）以点带面，促进环境保护

前面对环境保护教育活动的目标专门作了论述，这里再探究环境保护教育活动的过程设计及组织与指导。

1. 从感知入手，丰富幼儿的知识经验，进一步激发幼儿对生态与环境的好奇心与兴趣

这一点主要是针对学前儿童以具体形象思维为主的年龄发展特点而设。儿童学习的基础是首先要能够理解，理解的重要条件则是靠幼儿的实际感受与自身探索。为此，教师应尽可能地通过多种形式引导幼儿积极利用各种感官，获得各种直观经验，如让幼儿置身于自然和社会的客观世界中，引导幼儿在身临其境的过程中获取知识、产生情感共鸣。

（1）利用直观形象的实物、图片，来丰富幼儿的知识。幼儿吃了零食后的包装袋随处可见，垃圾塑料袋随处飘扬，废旧电池幼儿往往爱不释手……针对这种情况，教师可通过谈话、讲故事、放录像、自编顺口溜等手段，向幼儿介绍废物产生的途径、废物的种类，了解废物的功用和危害，从而丰富幼儿的知识，拓宽幼儿的视野，进一步调动幼儿探索废物再利用的积极性，使幼儿乐谈、乐学、乐做，为幼儿园的废物回收站的开设做铺垫。

（2）身临其境，引发幼儿喜爱洁净环境的共鸣，培养幼儿保护环境的积极态度。由于幼儿正处于情绪化阶段，他们的行为在很大程度上受到情感的支配，而他们的情感又十分外露、鲜明，抓住这一点，教师可以带领幼儿观察、感受幼儿园附近的环境污染情况，如被污染的小河，周围垃圾胡乱堆放、蚊虫很多的区角（对幼儿身体有害或危险性强的场所不能组织幼儿参观），激发幼儿的环境保护意识；再带领幼儿参观环境优美、空气清新的小区，感受家园的洁净，鼓励幼儿想办法来改变环境污染的现状。

（3）开展丰富多彩的环境适应训练，激发幼儿保护环境的欲望。教师可以以幼儿的生活为主，结合当地实际，创编多种活动方案，组织开展如"废物商店""花儿好看我不摘""地球——我们共同的家园"等类似的活动，融儿歌、音乐、美术、游戏、表演为一体，在幼儿的一日活动中加以渗透。还可以利用废旧材料自制玩具、教具，从而培养幼儿的环保意识。

2. 以情促行，让幼儿的环保意识、态度转化为行为，把幼儿园的环保教育落到实处

随着教育理念的持续更新，幼儿园科学教育活动的价值取向，已由注重知识的传递转变为更多地关注幼儿的情感态度、价值观和发现、解决问题能力的培养上。为此，幼儿园开展环保教育活动时，应以幼儿的兴趣和生活经验为出发点，在强调幼儿主动建构个体有关环境保护知识的基础上，强化幼儿学习过程中的情感联系，注重幼儿环境保护情感的升华，并注重在知识获得的过程中提升解决问题的能力，从而引导幼儿养成良好的环保行为。

（1）在讨论中达成共识。教师在开展前面各种活动的基础上，让幼儿一起来讨论：怎样才能更

189

好地保护我们的环境。通过热烈的谈话、讨论后，幼儿会把他们心中各种各样的认识、建议、方法说出来，教师可以让他们在生活中把这些建议、方法用起来。如幼儿可以讨论小区的垃圾、废旧物品怎样合理利用，然后看看他们所提出的方法、建议是否可行。

（2）从自己做起，人人参与。环境保护教育不是空洞的说教，必须让幼儿有亲身体验、亲身参与的机会。现在全国各地很多幼儿园和小区都开展了相应的垃圾分类宣传，教师和幼儿可以制作"垃圾分类废物回收"站，放在小区或幼儿园门口，提示教师、幼儿、家长等所有人，要自觉地从我做起，把各种废物积极主动地分类投放到"废物回收站"里，养成良好的卫生习惯和环保行为。教师还应与家长配合，让幼儿在家里、社区里也能这样做。

（3）监督他人，让全社会的人自觉执行。幼儿在自觉保护生态环境的同时，还可以督促他人。在幼儿园，可以督促同伴；在家里，可以督促父母、长辈；在公共场所，可以督促不文明的人做文明的事。例如，在春游时，能主动捡起路上的垃圾，放进方便袋里，扔到相应的分类垃圾箱里；到敬老院去慰问时，能把多余的塑料袋带回幼儿园。

3. 以点带面，让幼儿的环保行为变成大家的榜样，把幼儿园的环保教育推向全社会

环境保护教育的内容很多，范围也很广，教师可以通过废物回收活动、垃圾分类活动这样的一个小点（小活动），以点带面，渗透到其他方面，使环境保护教育真正浸入幼儿的心灵中，对孩子自己，对孩子的家、社区乃至对全社会，都如同一股清泉，"润物细无声"，使我们的家园更美丽、更洁净。

以上介绍了活动设计要注意的几个方面，对具体的活动过程设计没有展开分析。其实，活动过程设计、各领域的教育活动设计从要素来说都差不多。下面选取两个具体活动设计案例，一个是单次活动，一个是单元系列活动，在阅读时注意结合上文提到的几个方面来分析，案例仅供参考。

经典案例

种子宝宝

● 活动目标

1. 初步感知不同种子的异同，了解蔬菜种子的基本特点。
2. 对探索种子的活动感兴趣。
3. 能细致观察种子，用种子摆造型，并能用完整的语言表达出来。

● 活动准备

1. 物质准备：新鲜蔬菜，每人一把放大镜、一个能拍照的手机，投影仪、纸张、彩色笔，每位幼儿带两种蔬菜种子。
2. 知识准备：家长事先教会幼儿使用能拍照的手机；幼儿已熟悉蔬菜的名称。
3. 环境创设：教室周围布置"蔬菜种子"的情景（在每种蔬菜的下面贴上相应的种子）。

● 活动过程

1. 出示各种蔬菜，引出种子。教师："快看，今天老师到菜场买了什么蔬菜呢？你们想不想知道，这么多可爱的蔬菜，它们小时候是什么样子的？是不是长得都一样呢？现在，请小朋友们用放大镜去找找看吧。"

2. 借助投影仪，请幼儿上台介绍所观察到的种子宝宝的外形特征，教师着重引导幼儿从种子的颜色、形状、大小等方面进行比较，感知种子宝宝的不同之处。

3. 为种子宝宝画像。幼儿利用手机为种子宝宝拍照，仔细观察后画下来，要求幼儿选择相近的颜色为种子宝宝涂色。

4. 以小组为单位，帮种子宝宝分类。指导幼儿将自己带来的种子依据不同的特征进行分类，进一步感知种子的异同。

5. 布置任务：每组让两位幼儿带小盆子，以备栽种种子时使用。

（案例来源：晋江市安海幼儿园杨夏萍）

中班科学教育活动设计：蕨

● 设计意图

蕨是一种野生的草本植物，它的叶可以吃，根茎可做淀粉、药，还具有易造型、易弯曲的特点。一到春天，漫山遍野随处可见。本系列活动希望通过利用蕨这种丰富的乡土资源来激发幼儿探索事物特征的兴趣，在充分利用人体自身器官的基础上学习使用不同的工具进行探索，并学会利用蕨的外形特征进行创造性拼摆、造型活动。

● 活动目标

1. 引导幼儿充分利用多种感官来感知蕨菜的外形特征，激发幼儿观察事物的兴趣。

2. 通过看一看、摸一摸、闻一闻和采摘等方式，让幼儿初步了解蕨菜的用途及使用方法。

3. 培养幼儿学习运用多种方式来表现、分享、交流探索过程和结果的能力。

活动一：认识蕨菜

● 活动准备

1. 提供蕨菜。
2. 提前让幼儿收集有关蕨菜生长的图片、照片、文字资料等。

Note

191

● 活动过程

1. 出示"蕨菜"，提问：这是什么？你在什么地方看见过？

2. 引导幼儿回忆并讲述有关蕨菜的知识与经验。

3. 请幼儿看一看、摸一摸、闻一闻，再与旁边的小朋友交流一下自己的发现。

4. 请个别幼儿来介绍自己的发现：如蕨菜是细细长长的，它的顶上长着像花蕾一样的东西，它的上面有一层白白的毛，摸上去会有些刺人等。教师及时给予肯定。

5. 了解蕨菜的用途：它的嫩叶可以吃，根茎可做成淀粉，也可以做药。

6. 讨论蕨菜的食用方法。

活动二：摘蕨菜

● 活动准备

1. 新鲜的蕨菜每桌一盘。

2. 提供小刀、剪刀、垫板等工具。

● 活动过程

1. 激发幼儿产生运用工具的愿望。

(1) 现在我们要把这些蕨菜拿去煮，应该先做些什么？

(2) 请小朋友们想一想：可以用什么方法来把蕨菜变成一段一段的？

(3) 根据幼儿提出的方法（如用手摘、用牙咬等），请幼儿尝试操作，然后结合自己的感觉说一说这些方法好不好，为什么？（如有的方法速度太慢，有的方法不卫生，有的方法很费力，等等）

(4) 针对上述回答，引导幼儿想一想省时、省力又卫生的方法，激发幼儿产生运用工具的愿望。

2. 提供操作工具让幼儿进行尝试。

(1) 请幼儿想一想可以使用哪些工具。

(2) 出示小刀、剪刀等工具，提醒幼儿在使用工具时应该注意安全。

(3) 幼儿操作工具，教师观察指导。在操作过程中，让个别幼儿说一说自己用的是什么工具，是怎么用的？有什么感觉？

3. 引导幼儿交流使用工具的情况以及新发现。

(1) 提问：刚才你们发现了什么？是怎么发现的？是用什么工具帮忙的？

(2) 请幼儿介绍自己的操作情况及发现。

(3) 引导幼儿再次操作，尝试使用未用过的工具，并与同伴共同讨论、交流各自的发现。延伸活动：幼儿洗蕨菜、煮蕨菜、尝蕨菜。

活动三：百变蕨

● **活动准备**

1. 蕨菜若干。
2. 辅助材料：胶带、牙签、细铁丝、各种纸、橡皮泥、剪刀、面包刀、抹布等。
3. 用蕨塑造的人物头像、蜗牛、桌子、轮船等。

● **活动过程**

1. 出示蕨做的项链，引导幼儿观察并说说：这条项链是用什么变成的？老师是怎么把蕨变成项链的？并依次出示桌子、蜗牛等，让幼儿观察并说出蕨是如何变成这些东西的，用什么来帮助可以让蕨变化。
2. 请小朋友也来动脑筋：你想用蕨来变什么东西？同伴间可以相互交流。
3. 教师提醒幼儿可以使用辅助材料帮忙。
4. 幼儿自主选择材料进行塑造和拼摆。
5. 组织幼儿参观作品，让幼儿互相分享成果，体验成功的喜悦。

（案例来源：福建省建瓯市实验幼儿园张兰秀、黄小平）

实训操练

秋天到了，树上的叶子纷纷变黄掉落，请以"秋叶"为活动内容，设计一次中班科学教育活动，并尝试在幼儿园开展实践活动。

课外拓展

阅读知网文献《探究性教学在幼儿园科学教育中的应用——以"蚂蚁王国"活动设计为例》和《探究式教学：幼儿园科学教育活动的有效途径 ——以"蚯蚓的故事"活动设计为例》，分析采用探究性教学开展幼儿园科学教育活动的注意事项。

《探究性教学在幼儿园
科学教育中的应用——
以"蚂蚁王国"活动设计为例》

《探究式教学：幼儿园科学
教育活动的有效途径 ——
以"蚯蚓的故事"活动设计为例》

过关练习

1. 为提高幼儿尊重生命、爱护生命的良好意识，教师选择了一本幼儿悉心照顾动物、帮助动物获得健康的绘本故事来开展活动，这体现了幼儿园在选择动植物与环境保护教育活动的内容时遵循的要求是（　　）。

    A. 内容选择突出"生活化""日常化"

    B. 选择体现对动植物关爱的内容，不选择有可能对动植物产生伤害的内容

    C. 以存在或存活时间长的动植物作为重点内容

    D. 以与人类关系密切的动植物作为重点内容

2. 以下哪个活动不属于幼儿园开展动植物与环境保护教育活动的内容范畴？（　　）

    A. 为什么有些动物一定要生活在水里？   B. 可爱的动物宝宝

    C. 垃圾分类我能行   D. 马路上的汽车

3. 简述动植物与环境保护教育活动的内容选择要求。

真题再现

1. 小班幼儿观察植物时，下列哪条目标最符合他们的发展水平？（　　）

    A. 能感知到周围植物的多种多样

    B. 会观察记录植物生长变化过程

    C. 能察觉到植物外形特征与生存环境的对应关系

    D. 能发现不同种类植物之间差异

2. 幼儿观察西红柿的生长过程属于（　　）。

    A. 一般性观察   B. 个别物体观察

    C. 比较性观察   D. 长期系统性观察

本节参考
答案与解释

第三节　自然科学现象科学活动的设计与指导

在幼儿园科学教育中，自然科学现象的主要内容有天文现象、地质现象、气候和季节现象、物理现象、化学现象等。

自然科学现象包含了比较深奥的科学概念和原理，如果不做处理，直接给幼儿讲解或介绍，幼儿则难以理解。经过教师设计的自然科学现象科学活动，将深奥的科学概念和原理以具体形象的形式呈现在幼儿面前，符合幼儿的认知特点。这些自然现象就发生在幼儿的身边，激发幼儿去探索和了解。幼儿可以探索的有关自然科学现象内容包括幼儿常见的自然现象（天文现象、地质现象、气候和季节现象、物理现象、化学现象等）及其与人类、动植物的关系。

一、自然科学现象教育活动的目标

自然科学现象教育活动目标是教师对幼儿自然科学现象教育活动结果的预期，在一切教育活动开展中，只有把握好目标定位，才能真正地促进幼儿适宜性发展。若能明确自然科学现象教育活动目标与定位，也就能把握幼儿学习自然科学现象的最终落脚点和归宿。

（一）科学情感和态度

自然科学现象教育活动在科学情感和态度方面的目标，主要是激发幼儿对自然科学现象的好奇心和探究欲望，培养幼儿对自然科学现象的兴趣和情感，培养幼儿积极主动探索自然科学现象的情感和态度，在幼儿探索自然科学现象的过程中，对其进行科学素质的早期培养。

（二）科学方法

自然科学现象教育活动在科学方法方面的目标主要涉及观察、比较、分类、测量、操作等方法。设法去探寻自然科学现象存在的基本条件和原因，去发现未知或者验证已知的自然科学现象，学会观察探索、实验测量、操作验证、记录解释、推理预测等方法，懂得一些简单的小实验基本操作方法和规范程序，培养幼儿的动手操作能力。

（三）科学知识

自然科学现象教育活动在认知目标方面主要表现为科学知识，如：帮助幼儿获取有关自然科学现象的具体经验或知识；帮助幼儿获取有关自然科学现象及其产生或存在的基本条件或要素的具体经验或知识；科学小实验的安全知识。

以上是关于自然科学现象教育活动的目标设计总体思路，教师在具体活动设计时，可以根据活动内容及幼儿的知识经验和发展水平可以有所变化和调整。

二、自然科学现象教育活动的内容与要求

自然科学现象是幼儿园比较常见的科学内容之一，但是自然科学现象本身包括很多深奥的科学概念和原理，如何能基于幼儿的生活经验选择内容，并用幼儿能够理解和感知的方式将深奥的概念与原理用直观的方式呈现出来，这需要幼儿园教师进行多方面的思考和探索。抽象的自然科学现象只有以具体形象的形式呈现在幼儿面前，符合幼儿的认知特点，才能为幼儿接受和理解。自然科学现象无处不在，它们就发生在幼儿的身边。激发幼儿对自然科学现象的好奇心和探究欲，教师就要在自己对自然科学现象理解的基础上进行消化，然后设计成寓教于乐的自然现象科学活动。只有这样，才能让幼儿对自然科学现象感兴趣并了解其中的初步原理。幼儿可以探索的有关自然科学现象

内容包括幼儿常见的自然现象（天文现象、地质现象、气候与季节现象、物理现象、化学现象等）及其与人类、动植物的关系。

（一）自然科学现象教育活动的内容范围与要求

教育内容是实现幼儿园科学教育的载体，直接影响着科学教育的质量。然而，有关自然科学现象的内容涉及面之广，难度之深，究竟哪些才能作为幼儿自然科学现象教育的内容，这就需要幼儿教师了解幼儿的特点，贴近幼儿的经验，了解自然科学现象教育内容范围与要求。

1. 天文、地质现象

太阳、月亮、星星离我们较远，对于这些天体，不要求幼儿掌握高深、抽象的天文知识，只要幼儿知道一些简单的生活常识以及它们与人类的关系即可。

如太阳是一个发光、发热，燃烧着的巨大火球，离地球很远，了解到没有它，世界上所有的生命都无法生存，太阳是人、动物、植物等生长不可或缺的。

月球是地球的卫星，它不会发光，只有太阳光照射到月球上，我们才能看到月球（月亮）。月亮在不同时间看上去形状不同，月亮的圆缺变化是有规律的。月球上没有空气和水，至今没有发现有生命的物质存在。人类已经登上了月球。

夜空中有无数星星，其实星星很大，因为离我们太远，所以看起来就像一个闪烁的光点。星星有的发光，有的不发光。

幼儿还应该知晓一些地质现象，如地壳运动、地质现象（泥石流、地震、火山爆发等）。

2. 气候和季节现象

气候和季节现象的内容范围包括风、云、雨、雪、雷、霜、雾等天气现象，以及四季名称、变化顺序和典型特征，它们与人类、动植物的关系等。如观察晴、多云、阴、雷雨等天气，并学会做记录，用温度计观察并记录气温。观察各种天气现象，如雨、雪、闪电、霜、雾、雹等。知道四季的变化及其规律，了解不同季节的特征。了解季节与气候变化对人类和动植物的生活、生长的影响，培养幼儿主动适应外界环境变化的能力，并保护自己的身体。气候和季节现象与人类生产生活及动植物的生长有着密切的关系，因此，气候和季节现象的教育活动往往穿插动植物等内容。此外，教师还可以因地制宜，从幼儿的实际生活出发，根据幼儿所在生活地区的季节性特点入手，丰富幼儿对家乡季节特征的了解和探究兴趣。

经典案例

大班科学活动：调皮的风

园所：厦门市海沧区海沧幼儿园佳鑫分园

执教教师：江凤玲

幼儿园指导教师：杨帆

福建幼儿师范高等专科学校指导教师：王先达

● 设计意图

　　风在自然界无处不在，是常见的自然现象。但幼儿园阶段的孩子们平常对风的了解仅限于有风、没风等一般常识上。今年由于受到"莫兰蒂""鲶鱼"等台风的影响，孩子们对风的兴趣变得非常浓，不仅想去了解风是怎么形成的，而且希望知道台风为什么会这么可怕，等等。根据孩子们的兴趣，我设计了"调皮的风"这一科学探究活动，希望孩子们能通过身边随处可见的材料去探索、发现、制造风，同时以游戏的方式感知风速的不同，感受风力大小与物体的关系，借此了解自然现象，探究科学的奥秘。

● 活动目标

　　1. 能自主选用各种材料制造风，感知风的形成。
　　2. 了解风速的不同，感受风力大小与物体的关系，并进行记录。
　　3. 乐于探索风及风的形成，了解与体验风与人们的关系。

● 活动准备

　　1. 环境准备：设置"造风馆"情景。
　　2. 物质准备："调皮的风"课件、硬化板、布、纱、塑料袋、小盆、纸、报纸、小旗、风车等材料，气球若干。
　　3. 知识经验准备：知道空气的存在，体验过各种风，并能表达出自己的感受；会用自己喜欢的标记、符号来做记录。

● 活动过程

　　1. 情景导入。
　　教师播放风声，引起幼儿思考：风来了，风是怎么形成的？
　　2. 造风游戏——感知空气流动形成风。
　　(1) 用身体造风。
　　请幼儿想出用身体各部位造风的方法，并让小旗、风车飘起来。
　　小结：身体的任何部位动起来，都会带动空气流动形成风。
　　(2) 请幼儿用各种材料造风。
　　出示硬纸板、布、报纸、塑料袋、小盆等材料，请幼儿任意选择材料，尝试造出风来（鼓励幼儿尝试运用各种材料）。
　　小结：任何东西动起来，都会带动空气流动形成风。
　　3. 造风游戏——感知风力大小对物体的影响。
　　教师介绍新的游戏玩法，让幼儿感知风力大小对物体的影响，巩固幼儿对风的认识。
　　请幼儿们自主分组，每组3人，任意挑选一种工具尝试造风让物体移动，并记录。
　　小结：风吹不同的物体，重的物体需要很大的风力才能被吹动，轻的物体只要较小的风力就能被风吹动。
　　4. 观看PPT，了解风与人们的关系。
　　(1) 请幼儿说说风的好处与不利之处。

（2）结合 PPT，教师进行风与人们关系的小结。

● **延伸活动**

1. 继续在幼儿园开展造风游戏。
2. 让幼儿回家与爸爸妈妈玩亲子造风游戏。
（此活动在福建省幼儿园教育活动观摩研讨会上公开展示）

3. 物理现象

如力和运动（重力、摩擦力、沉浮现象，以及各种机械及其作用）、光和颜色、热和温度、声音、电、磁等内容。

力和运动：知道力和运动是生活中最常见的现象，初步了解力的大小、方向、作用；力和物体运动之间的关系；知道力有很多种，如地球的吸引力、推力、拉力、压力、浮力、摩擦力，以及风力、水力、电力等，感受各种力的作用；探索力的平衡；探索省力的方法，如使用轮子、滑轮、杠杆、斜面、机械等。

光：了解光和人类生活的密切关系，光和动植物的生长关系，使幼儿发现、探索光从哪里来的，太阳、个别生物、燃烧的物体、电灯、闪电等都会发光，月亮、镜子会反光；探索光和影子的关系；探索光学仪器（如三棱镜、各种透镜等），了解简单的光学现象；了解颜色是光的反射造成的，探索物体的颜色现象。

声音：知道我们生活在一个充满各种声音的世界里，注意倾听和感受各种各样的声音；探索声音的产生，知道不同的物体发出不同的声音；知道声音的分类（音乐和噪声），感受音乐的美，知道噪声会给人、动物带来危害。如"有趣的声音"这个主题可以设计系列活动，如"各种各样的声音"（集中教育活动）、"乐音与噪声"（集中教育活动）、"好玩的响罐"（区域活动）以及亲子手册里的亲子活动。单元活动总目标可以这样设计：对声音感兴趣，能关注周围环境中的声音；感受和体验各种声音的不同，学习倾听和区分有显著差异的声音，提高听觉的灵敏性；了解噪声对人体的危害，养成轻声说话的习惯。

扫码阅读小班科学活动"会唱歌的瓶宝宝"微设计，并扫码观看小班科学活动"会唱歌的瓶宝宝"微视频，分析活动能让孩子了解有关声音的哪些知识。

微设计
"会唱歌的瓶宝宝"

微视频
"会唱歌的瓶宝宝"

电：了解摩擦产生的静电、电线输送的电和电池里的电都是电；理解电的用途和优越性，感受电给我们生活带来的便利；懂得安全用电的常识，避免事故。

磁：观察各种形状、大小的磁铁，探索磁铁的性质；了解磁的用途。例如《好玩的磁铁》单元，可以设计系列活动，如"磁铁娃娃找朋友"（集中教育活动）、"有魔力的磁铁"（区域活动）、"动物回家"（游戏活动）。通过这样的活动，使幼儿感知探究磁铁吸铁的现象，喜欢玩磁铁，对身边的磁现象感兴趣，并能运用多种方式观察探究磁铁的特性，尝试运用磁铁的特性解决生活和游戏中的问题。

温度：知道任何物体都有温度，有的温度高，有的温度低；不同的物体之间会发生传热现象，有的传热快，有的传热慢；感受生活中的冷与热，讨论生活中的有关冷热问题，如夏天怎样散热，冬天怎样生热和保暖；了解温度与人类及动植物的关系。

活动实录

大班科学活动：光和影子

园所：福州市长乐区潭头中心幼儿园

执教教师：高婷婷

幼儿园指导教师：林峰

● 活动目标

1. 初步感知物体与影子的联系，发现有光的地方才有影子。
2. 尝试探索从不同方向照射物体，体验影子带来的乐趣。
3. 能大胆和同伴表达自己的探究与发现，并记录发现的结果。

● 活动准备

1. 物质准备：手电筒、小象、摄像机、三角积木、小熊积塑、小猫、长方形积木、圆形积塑、小马、记录卡、笔。

2. 经验准备：幼儿已获取有关光源、物体和影子之间关系的经验。

● 活动过程

1. 导入，激发学习兴趣。

师：小朋友，今天老师给你们一只可爱的小象，你们看，这只小象发生了什么变化？

小结：原来有光的地方才有影子，光被物体挡住了才可能有影子。没有了光，影子就不见了。

2. 幼儿初次探究，发现不同物体的影子是各不相同的。

（1）教师提出问题，引发幼儿探究。

师：小朋友发现有光的地方就有影子，到底影子是什么样的？他们的影子是一样吗？

（2）教师介绍材料，提出探究要求。

师：老师准备了许多玩具，有三角积木、小熊积塑、小猫、长方形积木、圆形积塑、小马。请你们动手试一试让它们变成影子，并认真看一看，比一比他们的影子是不是一样的。将你们的发现记录在这张记录卡上。

Note

3. 幼儿再次探究，感知光的方向与物体和影子之间的关系。

（1）教师演示大象影子的变化，提出问题，引发猜想。

引导语：我们一起来看看大象的影子都发生了什么变化。

提问：为什么大象的影子一会儿在前，一会儿在后，一会儿又在旁边呢？

（2）教师介绍记录表，提出记录要求。

（3）幼儿探索并记录影子的变化，感知光的方向与物体和影子之间的关系。

教师和幼儿共同梳理经验：光的位置改变，影子也会发生改变。

活动结束：小朋友们，我们一起到操场上玩踩影子的游戏吧，并把自己的发现告诉大家。

● 活动延伸

1. 在科学活动区内继续投放手电筒、记录卡、三角形积木等，引导幼儿继续观察光和影子的关系。

2. 户外活动时带领幼儿观察自己的影子，玩踩影子、找影子的游戏。

附 活动记录卡

请扫码观看大班科学活动"光和影子"微视频，看看幼儿园教师是如何设计和执教的，让幼儿能比较快地了解光和影子的关系，记录表见表 7-3-1 和表 7-3-2。

高婷婷，林峰
微视频
"光和影子"

表 7-3-1　记录表（1）

光和影子记录表 座号：_____					
△					

表 7-3-2　记录表（2）

光和影子记录表 座号：_____			

4. 化学现象

对于化学现象，可以让幼儿知道生活中存在的简单化学现象，如米经过烧煮变成饭、面粉发酵做成馒头等。知道食物的霉变现象，初步了解食物为什么会霉变，懂得霉变的食物不能吃。

由于安全原因以及现象所反映出的规律大多比较隐蔽和复杂，化学现象活动在幼儿园一般开展得比较少，《福建省幼儿园教师教育用书 领域活动指导》科学领域部分，不管是小班，还是中班、大班，科学领域都没有安排专门的化学现象集中教育活动，最多就是在其中穿插或结合属于化学现象的小活动。如小班下册的"肥皂"单元活动内容类型归为材料、工具和科技产品类，其中"有趣的泡泡水"中的配置泡泡水就是化学小实验；小班下册的"好吃的糖果"（材料、工具和科技产品）单元活动也渗透了化学现象，如"不能多吃糖，吃糖后要及时漱口"，以及亲子活动"糖和盐水不见了"（溶解现象）。尽管化学现象教育活动不多，但生活中常见的化学现象还是可以让幼儿尝试一下，如蛋壳遇醋会变软、碘酒和淀粉混合产生变色反应。本章节特别选取两个化学小实验的设计活动，供大家参考。

活动实录

大班科学活动：好玩的溶解

园所：福州市长乐区潭头中心幼儿园

执教教师：林峰

● 活动背景

《指南》中指出，"幼儿科学学习的核心是激发探究兴趣，体验探究过程，发展初步的探究能力"，幼儿的思维特点是以具体形象思维为主，应注重引导幼儿通过直接感知、亲身体验和实际操作进行科学学习。大班幼儿对生活中溶解的现象感兴趣，根据幼儿对溶解的现象和生活中可溶解物体的感知经验，通过本微课学习活动，运用生活中常见的物体，让幼儿在探索中发现溶解的现象。

● 活动目标

1. 了解溶解的现象，知道有的物质在水中可以溶解，有的物质在水中不可溶解。
2. 认真观察，探索物质的溶解秘密。
3. 对溶解现象感兴趣，有科学探究的欲望。

● 活动准备

1. 物质准备：量杯、水、搅拌棒、糖、食盐、味精、黄豆、大米。
2. 经验准备：幼儿在生活中有初步接触或体验过溶解的经历。

● 活动方法

语言描述、图片展示、示范讲解、实验法。

活动过程

（一）"变魔术"导入

师：小朋友们，你们好。今天我要为小朋友们变个魔术。我们准备了一杯水，还有糖。今天老师要把糖变不见，我现在把糖放进水里，然后充分地搅拌。

师：你们认真看，糖有什么变化？

师：对了，糖不见了，你们知道糖去哪儿了吗？（孩子喝糖水）水是甜甜的。是的，水变甜了。

小结：原来糖已经融到水里去了，水变得甜甜的，我们称这种现象为"溶解"。

（二）示范操作，展示溶解和不溶解现象

1. 介绍材料，引导幼儿猜想，哪些物质在水中可以溶解，哪些物质在水中不可以溶解。

师：你们看，这些宝宝要和水一起做游戏，你们都认识它们吗？我是黄豆宝宝、我是大米宝宝、我是食盐宝宝、我是味精宝宝。

师：如果我把他们分别放进装有水的杯子里面，充分地搅拌，你们猜一猜哪个宝宝会不见了呢？

2. 教师实验操作、幼儿观察。

师：是黄豆宝宝吗？是大米宝宝吗？是食盐宝宝吗？还是味精宝宝呢？

3. 教师小结。

"大班科学活动：好玩的溶解"微视频

师：对了，是食盐宝宝和方糖宝宝变不见了。你们真棒，原来不是什么东西放进水里都会溶解的，有的会，有的不会。（溶解和不溶解）

（三）实践验证

师：今天我们还准备了奶粉、冰糖、沙子、石头、肥皂、扣子，这些东西放进水里会溶解吗？我们一起来试一试，把他们记录在纸上（见表 7-3-3），会溶解的我们打个"√"，不会溶解的我们打个"×"。

幼儿操作练习，教师进行观察指导。最后呈现记录卡，请幼儿进行互评。活动结束后在活动区投放材料，鼓励幼儿继续探索。

表 7-3-3　好玩的溶解

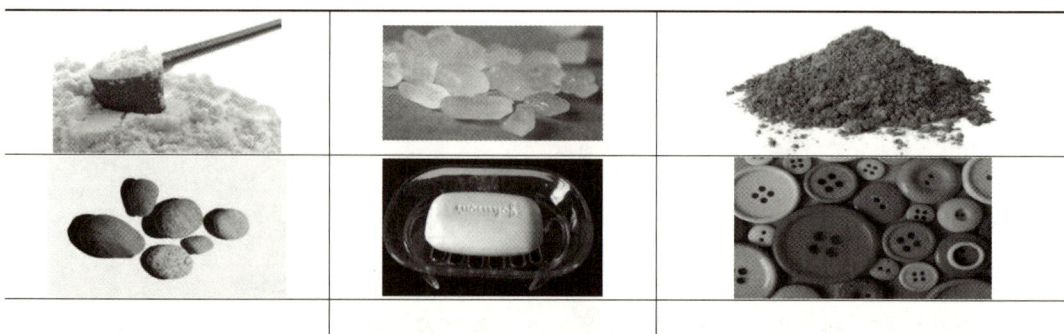

请扫码观看大班科学活动"好玩的溶解"微视频，了解教师是如何设计及执教的。

中班科学活动：隐形墨水

● **设计意图**

幼儿都喜欢新奇刺激的东西，与生俱来的好奇心和探索欲望，促使他们对周围的许多事情及现象感兴趣。在一次语言活动"鸡毛信"中，幼儿对"鸡毛信"由信纸变成信件这一现象表现出极大的热情。《纲要》明确指出：科学教育应密切联系幼儿的实际生活进行，利用身边的事物与现象作为科学探索的对象。幼儿这一发现触发了教师的灵感，于是教师利用幼儿感兴趣的事和想要探索的问题，借助幼儿身边的事物和日常用品，生成了科学活动"隐形墨水"。旨在通过这一活动，让幼儿探索怎样使隐形的墨水显形，并获得相关的经验，体验活动的乐趣，从而满足幼儿的好奇心。

● **活动目标**

1. 大胆探索使隐形的墨水显形的方法。
2. 初步学习翔实地记录实验结果。
3. 对隐形墨水的探究过程感兴趣。

● **活动准备**

蜡烛、柠檬汁、米汤、纸、笔、棉签、酒精、水、碘酒；记录表每人一份。

● **活动过程**

1. 创设情景，激起幼儿的兴趣和思考。

教师以《地道战》的音乐引入活动主题。

"小朋友，你们刚刚听到了什么声音？你们知道这是在干什么吗？敌人来了。红军队长用蜡烛、柠檬汁、米汤，各制作了一份看不见内容的'鸡毛信'。可是不知道要用什么方法才能看见信件的内容，他想请我们小朋友帮他想办法，小朋友愿意帮忙吗？"

2. 幼儿分组实验，并记录实验的结果。

（1）介绍实验的材料。

"今天，老师也给小朋友准备了红军队长制作鸡毛信用的蜡烛、柠檬汁、米汤，小朋友可以用这三种材料，在纸上画出信的内容。老师还听说有三种东西可以帮助红军看见信件的内容，一种是碘酒，一种是水，一种是火，请小朋友大胆地用这三种办法试一试。"

（2）提出实验要求。

A. 制作"鸡毛信"时，每种材料一次要画三张。

B. 拿着三张"鸡毛信"，每种方法都去试一试。

（3）讲解记录的方法。

教师给幼儿准备了一张记录表，上面画有三种材料及三种方法，让幼儿每种方法都去试一试。哪种方法可以看见信件的内容，就在格子里打"√"，不行就打"×"。

（4）引导幼儿讲述自己的经验，教师与幼儿一起总结。

"请小朋友说说，你用什么方法帮助红军看见信件的内容？"

A. 碘酒和米汤里的淀粉发生化学反应，就会变成蓝色。

B. 蜡烛里面有油，放到水里，就会产生油水分离，所以蜡烛画到的地方就很容易显现出来。

C. 柠檬汁里的酸遇到火容易烤焦，使图像显现出来。

3. 启发幼儿迁移知识，并在实际生活中加以应用。

"今天，小朋友都非常聪明，帮助红军想了很多好办法。在我们的日常生活中，还有很多物质会发生化学反应，小朋友可以在下课后再去试一试吗？"

（案例来源：晋江市实验幼儿园科学课题组尤斐尔）

上面介绍了自然科学现象涉及的相关内容，虽然介绍的内容比较多，但不是让教师把这些内容全部都要给幼儿安排，而是这些内容都可以适当开展，教师可以根据自己班级情况和幼儿已有经验，选择合适的内容进行设计并组织实施。

（二）自然科学现象教育活动的内容选择要求

自然科学现象教育活动的内容选择除了要遵循幼儿园科学教育内容选择的一般要求外，还要根据自然科学现象教育活动的特点，注意以下三点：

1. 选择的内容不宜太复杂

科学现象包罗万象，教师在选择时应注意与幼儿的生活、幼儿的生活环境相联系，选择一些生活中常见的科学现象，其内容本身或者现象所涉及的原理不宜太复杂，即便一些科学现象或现象所反映出的原理很复杂、深奥，但教师在设计、组织和指导过程中要把握一个度，不要太复杂，更不要把简单的问题复杂化。

2. 选择的内容要注意安全

安全性在内容选择时也要纳入教师的考量范围，在选择自然科学现象内容时，要注意选择安全系数高的教育内容，避免幼儿在科学教育活动中进行自主探究时出现安全隐患，特别是自然科学现象中涉及到的化学现象，一般会通过化学小实验来呈现，这点教师应注意内容选择的安全性。

3. 选择的内容要注意科学

围绕幼儿的生活经验，要选择在生活中出现的机会较多且容易被验证、重复的科学现象。所选择的科学现象要明显，在生活中出现的机会较多或容易被验证、重复，使幼儿感觉到科学现象就在自己身边。就自然科学现象而言要遵循客观现实，不要选择出现违背科学事实的内容，例如："雷公公和雨婆婆，天上有雷公才会有闪电，有雨婆才会下雨"，这一说法显然不科学，教师应选择那些幼儿能感知的、已经证实的、可靠的自然科学现象作为科学教育的内容。

三、自然科学现象教育活动的设计与指导

本章虽然阐述的是自然科学现象教育活动，从类型来看，大部分属于观察类与实验类科学活动，因此在具体活动的设计上请参考中篇第六章相应的内容。这里重点讨论的是自然科学现象类活动设计与指导的技巧策略。

自然科学现象从其内容来看，选择的范围很大，教师在活动设计和组织指导方面要结合以下几点进行考虑。

（一）注重兴趣的激发

幼儿对自然界和生活中各种各样的科学现象表现出一种自然的兴趣，如天空为什么会打雷，冬天衣服刚脱下来时为什么会看到小火花，为什么磁铁能吸铁，塑料却不能，等等。在开展自然现象科学活动时，要注重激发幼儿对科学现象的兴趣，可以通过多种方式与手段，如设置问题情境，营造探究的氛围，开展竞赛游戏，等等。比如，在上课时遇到下雨，可以趁机引导幼儿观察蚂蚁搬家的现象，观察打雷、闪电，观察雨后的彩虹。幼儿的注意力很容易被吸引过来，这就可以引导他们从各种渠道寻求问题的答案，从而树立初步的科学观念，激发幼儿观察的兴趣，逐步培养幼儿热爱科学的思想感情。

下面的"大班科学活动：淀粉遇碘变蓝"案例，是一个十分典型的化学现象，教师在活动过程中注重激发幼儿兴趣，选择采用捉迷藏的游戏方式导入，让幼儿在游戏过程中发现了黄色液体能够找出图中隐藏的小精灵，唤起了幼儿对这一自然科学现象的兴趣和好奇心，活动效果十分良好。

经典案例

大班科学活动：淀粉遇碘变蓝

- **活动目标**

1. 了解淀粉遇碘变色这一化学现象。
2. 能够主动观察和操作，发现并描述看到的变化。
3. 体验探索化学现象的乐趣。

- **活动准备**

1. 森林背景图六张（图中藏有用米汤作画的精灵形象）；装有不同液体的水枪每人两把。

2. 幼儿人手一份实验材料，如米汤、碘、滴管、勺子等；每人一小杯作画用的米汤、棉签、图画纸。

3. 教师演示的教具：装有不同液体的水枪两把、透明玻璃杯两个、课件一份。

● **活动过程**

1. 以"捉迷藏"的游戏形式，让幼儿初步了解淀粉遇碘发生反应的现象。

（1）引导幼儿观察背景图，引出主题。

（2）介绍水枪等游戏材料，提出游戏要求：边喷边看图上发生什么变化？

（3）幼儿游戏，教师观察指导，重点指导幼儿观察图片是否发生变化。

（4）集中提问：你使用什么颜色的水枪？发现什么了吗？教师结合幼儿的回答进行小结，让幼儿明确只有黄色液体的水枪才能找出隐藏的精灵。

2. 通过实验，让幼儿进一步明确淀粉遇碘发生反应变蓝的现象。

（1）教师向幼儿介绍实验操作材料，并提出操作要求。

① 用滴管取碘滴入米汤中，观察其变化。

② 启发幼儿探索不同浓度的碘水滴入不同浓度的米汤，观察发生的变化有何不同。

③ 要求轻拿轻放实验材料。

（2）幼儿分组实验，教师重点引导幼儿观察并描述实验中出现的化学现象。

（3）集中提问：你在实验中是怎么做的？发现了什么？结合幻灯片演示各种实验现象。

3. 以"画一画，喷一喷"的形式，让幼儿进一步验证化学现象。

（1）介绍操作材料、方法，提出要求：先用米汤在纸上画自己喜欢的图案，待干后，将碘水喷在图案上，观察发生的变化。

（2）幼儿作画，教师观察指导。

（3）幼儿作画后，引导幼儿用装有碘水的水枪喷图案验证化学现象。

4. 在喷喷、玩玩中自由结束活动。

想一想

阅读幼儿园科学活动"淀粉遇碘变蓝"案例，分析在该科学活动中，教师是如何做到注重幼儿兴趣的激发。结合案例分析，与同学们交流讨论。

（二）体现生活化

人类的生活离不开科学，科学离我们并不遥远、陌生。幼儿学习的科学知识要本着从幼儿身边发生的科学现象出发的原则，教师单方面灌输知识给幼儿，是难于达到科学教学的目标的。自然科学现象为我们提供了丰富的教育内容。气候和季节现象幼儿在生活中就可以感知到，常见的物理和化学现象在生活中也随处可见，并且幼儿已经具备一些相应的生活体验，所以，教师在自然科学现象教育活动内容的选择和组织上要结合幼儿的生活经验和认知发展水平，让幼儿在大自然中探索和实验，而不是用复杂的装置做实验，以避免与现实生活相脱节。

因此，幼儿园的科学活动应还原于生活本色，创设出既富有生活元素的、又蕴含科学道理的探索环境，让幼儿在与环境的互动中感受科学，发现科学问题。如：一位教师发动幼儿共同创设环境，把生活中的科学现象"请进来"，让幼儿把各自喜欢的玩具带到教室里。这些玩具各种各样、五花八门，但都蕴含着科学道理。教师引导幼儿分类，把这些玩具按各自性质归类为滚动玩具、平衡玩具、漏沙玩具、弹性玩具、单摆玩具、磁性玩具，等等，并投放到区域中。这些玩具在给幼儿带来欢乐的同时，也激发了幼儿的科学探索兴趣，一个个科学问题在孩子的交谈间蹦出来，如："为什么沙漏玩具里同样是沙，有的流动快，有的流动慢？""是什么原因让跳跳球跳得这么高？""为什么不倒翁怎么推也推不倒？""为什么同颜色的磁棍不能吸到一起？"等等。借着这些问题，教师开展了科学观察活动"沙漏玩具"、科学探索活动"弹性""不倒翁"等。由于幼儿们的问题得到了重视，因此，他们探索的兴趣就更高了。

下面的"大班科学活动：有趣的影子"属于非常生活化的科学内容，幼儿非常喜欢。教师在活动过程中，采用多种活动形式，用游戏的方式将活动串起来，活动效果显著。

活动实录

大班科学活动：有趣的影子

园所：厦门市海沧区海沧幼儿园佳鑫分园

执教教师：施锦达

幼儿园指导教师：杨帆

福建幼儿师范高等专科学校指导教师：王先达

● 活动目标

1. 感知光与物体的远近和影子之间的关系，感受影子有趣的变化。
2. 能发现物体挡住光线会产生影子，能玩多种影子游戏。
3. 愿意参与科学活动，体验影子带来的乐趣。

● 活动准备

经验准备：在户外活动中已初步感知阳光下会有物体的影子，玩过"踩影子"的游戏。

物质准备：剪纸动物的透视、手电筒、黑板，剪刀若干，纸张若干，记号笔若干，超轻黏土若干，透明胶、双面胶、图片。

● 活动过程

1. 皮影戏导入，激发幼儿对影子的兴趣。
2. 寻找影子——好玩的影子。
（1）找一找、玩一玩，感知物体挡住光线产生影子的现象。
① 教师提供不同的材料，包括动物、水果、交通工具等造型半成品，幼儿使用手电筒，寻找不同造型的影子。

Note

教师注意个别观察，提示或引导可以在墙壁、地板、桌子上形成的影子。

② 教师与幼儿分享交流。

③ 小结：物体挡住光线才会产生影子。

（2）探究光与物体的远近和影子之间的关系，感受影子有趣的变化。

① 教师指导：教师用游戏的口吻，引出影子变大变小的话题。如何让影子从小变大？再从大变小？注意观察幼儿使用手电筒的角度与物体的距离。

② 猜想与验证，幼儿可以自由探索和验证结果。

③ 分享、交流探索过程与结果。

④ 小结：我们已经知道，当手电筒的光源离物体近时，影子就会变大；手电筒光源离物体比较远时，影子就会变小。

3. 动脑动手——好看的影子

幼儿探索在物体的影子上看到更完整、逼真、形象的各种影子，如动物长眼睛、贴耳朵、汽车加窗户等，进一步发现物体挡住光线会产生影子，形成更形象、逼真的影子。就第一次探索的影子进行"美化"，变成好看的影子。

① 幼儿猜测"长眼睛""贴耳朵""开窗户"等的制作方法。

师：你们想一想，这些小动物应该怎么样才能拥有眼睛，长出耳朵呢？没窗户的汽车好闷，我们怎么给汽车开窗户呢？还有这些水果能有叶子做伴，投出来的影子是不是好看？谁来说说怎么做（剪、贴、画、打孔等）？

"大班科学活动：
有趣的影子"
公开观摩
活动视频

② 幼儿自由探索操作，验证自己的猜测，教师注意个别观察。

③ 教师与幼儿共同验证结果，分享交流。

④ 教师与幼儿共同梳理获得的经验：我们通过剪、贴、画、打孔等，让可爱的小动物有了眼睛、耳朵，汽车有了窗户，这样影子就更好看、更完整了。

4. 联系生活，出示图片，拓展经验。

● **活动延伸**

1. 户外活动时，可以进行踩影子游戏。

2. 在家与爸爸妈妈可以玩多种多样的影子游戏。

（此活动在福建省"彰显游戏精神的幼儿园教育活动观摩研讨会"上展示）

（三）注重活动的探究性

相比较其他领域而言，科学教育活动的探究性更强。而在科学活动中，自然科学现象活动的探究性特点尤为突出。幼儿对自然现象有着很强的好奇心，他们总想弄清其中的奥秘。如：为什么乒乓球能浮在水上，而鸡蛋却不能？为什么下雨天洗的衣服好久都不干？为什么球在平的水泥地上滚得快，在草地上却滚得慢？……

自然科学现象对于幼儿探索科学、探索大自然的规律有着特别重要的意义。因为幼儿限于认知发展水平和经验，还很难理解抽象的科学概念，而自然科学现象教育活动则将深奥的科学概念和原理以具体形象的形式呈现在幼儿面前，符合幼儿的认知特点。可以说，幼儿对自然科学现象的探索，是迈向科学殿堂的第一步[①]。"可爱的不倒翁"科学活动从其目标的表述来看，目标非常鲜明，突出活动的探究性：① 探索、发现不倒翁不倒的秘密；② 愿意尝试制作不倒翁；③ 体验在科学探究活动中成功的快乐。

为了达到自然科学现象教育的探究性，教师应选择探究性强的内容，创设探索性的环境，提出富有探究性的问题。如选择的科学内容要对幼儿具有吸引力，能引起幼儿的好奇心和探索兴趣，教师指导幼儿尝试运用观察、分类、计量、推理等方法去进行简单的科学探索，从而既在探索中总结一些有用的科学知识，又可以满足幼儿的求知欲和培养他们的探索精神。让幼儿在探索活动中发现科学知识，获得科学经验。

经典案例

水的三种形态（科学小实验）

科学小实验"水的三种形态"让幼儿观察水在不同温度下的三种不同形态，可让幼儿把一杯水放到温度为零度的冰柜中，在水结成冰后，让幼儿把冰块放在手上，感受它的温度：冰冷的，查看其外形：形状是一块块的；冰块逐渐变小，又融化成水，水是可以流动的，会从手指间流走，滴到地上。当把水放到壶里烧，让幼儿观察水渐渐被烧开后有气体从壶里出来，水变成了水蒸气从壶口出来，消失在空气中。这一有趣的小实验，每位幼儿都能积极参与，在活动中一直保持较高的兴趣。在探索水的变化过程中，幼儿成为真正的学习主体，从而获得深刻的实践经验。

教师一方面可以提供探究性强的内容，由于材料本身或内容的探究性强，幼儿可以通过自己的探究发现科学规律，懂得其中的一些科学原理。例如，在认识"奇妙的镜子"时，教师可以提供凹凸透镜、三棱镜、反光镜、玻璃等。幼儿通过动手摸一摸、看一看、照一照物体，发现了透过各种镜子、玻璃看到的物体有的不变、有的变大、有的变小。有的幼儿会尝试把几个放大镜重叠放在眼前和放在较远的位置，看物体不同的效果。还有的幼儿还会发现在阳光下放大镜所照的物体会有一个亮点，时间长了，亮点会把纸张烤焦、点燃。在科学探究活动中的每一次发现，都会使幼儿获得成功的喜悦，并逐渐对科学活动产生积极的情感体验，培养其思维能力和探索科学的兴趣。

另一方面，对一些科学活动，如果教师不加以引导，幼儿可能很难去探究，变成了一般性的活动，其探究的程度很低。对于这样的活动，教师应有意识地将活动内容往探究方面去引导，激发幼儿的探究兴趣。如"顶纸板"科学活动，如果教师只是简单地提供各种各样的纸板，让幼儿自由玩耍，幼儿就很难往"寻找物体的重心"这方面去探究，教师要发挥指导的作用，给幼儿提出明确的要求，"看谁能够用笔把纸板顶起来"。幼儿可以从顶纸板的游戏中得到启发，扩大范围，把其他物体顶起来，积累更多的平衡经验。中班科学活动"会变的颜色"在设计目标上进行了调整，以往探究颜色变化的活动很多老师也开展过，多以认识颜色混合后的变化为主。然而探究颜色的深浅变化却是幼儿较少接触的科学活动，为此，教师设计了有关的探究活动，通过让幼儿自主操作、记录发

---

① 王志明，张俊. 学前儿童科学教育［M］. 南京：南京师范大学出版社，2001.

现颜色的深浅变化的秘密，并运用到调色涂色的美工活动中。小班科学活动《颜色变变变》，考虑小班幼儿的年龄特点，教师设计通过摇晃瓶子，水与瓶子盖上的颜料产生变化，激发幼儿的探究兴趣。这比中班通过两种颜料混合产生变化更直观、更有趣。

经典案例

中班科学活动：会变的颜色

● 设计意图

以往探究颜色变化的活动开展过许多，多以认识颜色混合后的变化为主。然而，探究颜色的深浅变化却是幼儿较少接触的科学活动，为此，教师设计了有关的探究活动，通过让幼儿自主操作与记录发现颜色的深浅变化的秘密，并运用到调色涂色的美工活动中。

● 活动目标

1. 探究蓝、黄两种颜色混合后的变化，发现颜色的深浅变化。
2. 初步尝试记录，并能从记录中发现科学现象。
3. 体验颜色变化带来的乐趣。

● 活动准备

颜料（蓝、黄）、杯子、勺子、筷子、棉签、记录表（1）（2）、调色盘、填色图案纸若干。

● 活动过程

1. 导入：介绍颜色宝宝。

教师："小朋友，你们看，老师给小朋友们带来了什么颜色的宝宝？"（蓝宝宝和黄宝宝）"这两个宝宝可神奇了，他们在一起会自己变魔术。你们猜，蓝宝宝和黄宝宝在一起会变成什么颜色？"

2. 通过颜色探索，发现两种颜色混合后的变化，知道蓝色和黄色混合后会变成绿色。

（1）介绍"变魔术"的工具和玩法。

（2）请幼儿各舀一勺蓝、黄颜料，用筷子搅拌后观察颜色的变化。

3. 探究颜色的深浅变化。

（1）出示记录表，让幼儿尝试变"两个魔术"（第一个魔术是请很多的蓝宝宝和很少的黄宝宝混合在一起，将变出来的颜色宝宝记录在相应号数的格子里。第二个魔术是请很多的黄宝宝和很少的蓝宝宝混合在一起，并引导幼儿用棉签记录结果。）

（2）展示记录结果，引导幼儿发现不一样多的蓝宝宝和黄宝宝在一起，能变出各种深浅不同的绿色。

4.引导幼儿用蓝、黄颜料调出深浅不同的绿色，给各种图案上色。

教师："老师这儿有许多的图片宝宝想请小朋友帮忙给它们涂上美丽的颜色，小朋友可以请黄宝宝和蓝宝宝在一起变出各种深浅不同的绿色，帮助图片宝宝上色。"

（案例来源：福州市直机关幼儿园郑凌云，指导教师：黄凡）

活动实录

小班科学活动：颜色变变变

园所：永泰县城南小学附属幼儿园

执教教师：林书琼

幼儿园指导教师：鄢美琴

福建幼儿师范高等专科学校指导教师：王先达、陈凤玉

● 活动目标

1.感知与探索颜色及其变化，发现两种颜色混合会变成新颜色的现象，体验探究活动的乐趣。

2.尝试学习用黏贴的方式记录自己的发现并乐于表达。

● 活动准备

1.经验准备：

（1）幼儿已认识红、黄、蓝三色。

（2）初步掌握拧瓶盖的技能。

2.物质准备：课件，幼儿每人1个装满清水的矿泉水瓶子，瓶盖若干（瓶盖上放有红、黄、蓝颜料），盘子、抹布若干等。

● 活动过程

1.以魔术表演引入，激发幼儿的兴趣。

2.第一次探索：观察清水颜色的变化，感知颜料溶于水的现象。

（1）教师出示水，提出问题，引发幼儿猜想：如果我们用力摇这瓶水，你们猜会有什么变化？

（2）幼儿自由猜想。

（3）提出操作要求：用力摇晃矿泉水瓶后观察清水颜色的变化，并在瓶身贴上相应的标记。

（4）分享交流：你刚才是怎么玩的？用力摇晃后瓶中的水发生了什么变化？

（5）梳理小结：瓶盖上的颜料碰到水，就溶解在水里，使水的颜色发生了变化。

3. 第二次探索：感知两种颜色混合会变成新颜色的现象，初步尝试用黏贴的方式学习记录自己的发现。

（1）出示材料，引发幼儿猜想。

"如果换一个不同颜料的瓶盖，让两种颜色混在一起，你们猜又会有什么变化？"

（2）提出操作要求：① 将瓶盖拧下来放在空篮子里；② 选一个和原先不一样颜色的瓶盖，盖上并拧紧；③ 把瓶盖上的颜色标记撕下来，贴在刚才的标记下面。

（3）幼儿分组操作后分享交流：你发现了什么？

（4）教师用课件帮助幼儿梳理总结。

● **活动延伸**

区域活动：在科学区中投放有关材料，让幼儿继续探索两种颜色混在一起会变成新颜色的现象。

（此活动在福建省幼儿园教育活动观摩研讨会上公开展示）

小班科学活动：
颜色变变变

想一想

请扫码观看小班科学活动"颜色变变变"观摩示范课，与同学们讨论交流是如何体现活动的探究性？

对于幼儿的探究，教师只有引导幼儿主动探究，才能实现真正的探究。无论何种科学活动，都要注意这点，科学现象类活动尤其要注意。

国内研究幼儿科学教育的权威专家刘占兰[①]指出，幼儿园现行的科学教育在很大程度上解放了孩子的手脚，孩子运用感官进行操作的机会增多了，但头脑还没有得到真正的解放。幼儿的头脑总是在教师的指挥下运转，听教师的解释，看教师让看的东西，回答教师认为幼儿应该知道的问题。这是一种"只见教师主导教，不见幼儿主动学"的状况，需要彻底改变。

真正的主动探究和学习，应是幼儿积极主动地与客观事物相互作用，作用的结果不断强化或调整幼儿对客观事物原有的认识过程。在幼儿教育过程中，应该包括以下必要环节和要素：

一是使幼儿产生疑问或疑惑。幼儿真正地主动探究和学习是从意识到有问题开始的。幼儿有了疑问和问题，并产生想寻求答案的愿望，主动探究才能进入真正的准备状况。教师预想的问题如果不成为幼儿自己的问题，接下来的操作就不是幼儿的主动探究。

二是鼓励幼儿用已有的经验猜想和解释。幼儿运用已有的知识经验，对所遇到的问题和产生的疑问进行解释、猜想和判断，这是幼儿调动原有的经验和认识的过程，它为幼儿认识的主动构建，即原有主观认识与客观物体、事实相互作用，提供了可能。

三是让幼儿按自己的想法作用于物体，作用的结果、事实会改变幼儿的认识，验证幼儿的解释

———————————————

① 中国学前教育研究会. 迈向 21 世纪的中国学前教育研究优秀论文集［C］. 南京师范大学出版社，1999.

是否适宜。这是客观现实与幼儿的主观认识相互作用的过程。客观现实或实验的结果如果与幼儿预先的猜想和解释一致，就会强化幼儿原有的认识，提高幼儿原有经验的概括能力。如果客观现实或实验的结果与幼儿预先的解释相矛盾，将促使幼儿调整原来的认知，由此构成一个不断深入、主动构建的新认知结构。

在探究活动内容的编排上，教师应根据每周科学教育活动制定的目标，按幼儿的年龄特点，遵循多样性、可操作性、系统性、渐进性原则，并考虑到班上大多数幼儿学科学的能力水平，进行及时的更换和增加，使幼儿始终对探究活动充满参与的兴趣和探究的积极性。

经典案例

中班探索区活动每月内容安排

9月：观察影子——我忠实的朋友；早晚的太阳；奇妙的三棱镜。

10月：水的形状；水会流动；水往哪里流；睡莲开花；水的沉浮。

11月：磁铁；蹦蹦跳跳的胶囊；米里找针；跳舞的娃娃；指南针。

12月：有趣的镜子；镜子的反光；哈哈镜；放大镜和望远镜。

1月：调皮的海绵屑；魔尺；流动的沙；沙漏。

（案例来源：宁波市第三幼儿园庄旭东）

（四）从感知出发，突出过程的体验性、操作性

现今的科学教育活动，人们越来越重视"做中学"，中小学如此，幼儿园更应如此。科学教育活动要"做中学"，是由幼儿学科学的认知特点决定的。教师在设计、组织科学活动时，要注重从幼儿的感知出发，突出活动的体验性和操作性，使幼儿在做中了解科学、掌握科学、应用科学。

如大班科学活动"力"突出了过程的体验性、操作性。力是看不见摸不着的，要让幼儿体验感知到力，如果单凭教师的说教和演示，或者是空洞的说理，是很难达成教育目标的。所以教师应该为幼儿准备生活中常见的、幼儿熟悉的丰富的物质材料，可准备童车、动物摇椅、拉力器、皮球、高跷、小推车、小汽车、小篮子、玩具枪等。

在活动的设计时要突出幼儿的体验与操作，教师可以设计如下几个环节：

（1）活动前观看汽车比赛（如条件允许观看大人赛车比赛录像，也可现场让幼儿各拿一辆小电动玩具车比比谁的跑得快），引出"力"的概念，问"谁胜了，为什么"，在观察中设疑激发兴趣。

（2）小组活动，提供各种材料，让幼儿找"力在哪里"，在探索中解疑，让幼儿根据已有经验探索操作，使幼儿在玩中体验、感受力的存在；在反复使用各种不同的材料中，初步感受不同的力及其作用。

（3）通过游戏形式认识各种力（压力、拉力、弹力），在教师与幼儿共同探索中，引发幼儿的积极思考、讨论，达到归纳整理的目的。

（4）反复使用材料验证操作结果，进一步理解力。教师要为幼儿的探究活动提供充分的时间，提供重复操作的机会，加深拓展幼儿的相关经验，达成教学目标。

Note

活动实录

大班科学活动：旋转的小花

园所：福州淑佩小金星幼儿园

执教教师：蔡莹

幼儿园指导教师：福州小金星幼儿园教育管理中心

福建幼儿师范高等专科学校指导教师：王先达、陈凤玉

● 设计意图

《纲要》指出，"科学教育应密切联系幼儿的实际生活进行，利用身边的事物和现象作为科学探索的对象"。现实生活中旋转的现象随处可见，如陀螺的旋转、旋转木马等现象在成人看来是再正常不过了，然而却深深吸引着我们的孩子，旋转的奥秘让孩子产生了浓厚的兴趣和探索欲望。"旋转的小花"这一科学探索活动，能够让幼儿通过操作、感知去发现探索旋转，体验旋转的乐趣，学习掌握观察、操作、记录等科学方法，并获取有关旋转的科学经验，激发幼儿探索科学现象的兴趣。

● 活动目标

1. 探索不同材料对小花旋转的影响，激发探索欲望。

2. 乐于与同伴交流，大胆地表达自己的想法与发现，体验成功的快乐。

● 活动准备

1. 乒乓球做成的黄、白花若干个，红色和蓝色的泥工板若干个，操作盘、盐、油、水、浆糊、抹布、勺子等每组一份。

2. 人手一张记录表供幼儿使用，一大张记录表供教师使用。

● 活动过程

一、以谈话引入，激发幼儿探索怎样让小花旋转起来的兴趣。

师：今天我们玩个游戏，在玩游戏之前，我要先问你们一个问题，平时你们都见过什么样的小花呢？小花是怎样旋转起来的呢？谁来试试？

二、提供材料，引导幼儿探索哪些材料能让小花转起来。

1. 出示材料，猜想哪种材料能帮助小花旋转起来，并做猜想记录（见表7-3-4）。

表7-3-4　"旋转的小花"记录表

材料名称	1（图片）盐	2（图片）浆糊	3（图片）水	4（图片）油
猜想？				
谁更容易转起来				

2. 幼儿探索操作，验证猜想。

师：老师为你们每人准备了一份材料，每份材料都有一个小勺，每个小朋友取一种材料两勺放到泥工板上，然后把小花放上面，用小手动一动、摇一摇，看看小花会转起来吗？用完一种材料后，要用毛巾把小花的底部和泥工板擦干净。再做另一种材料的实验。这还有一张记录表，请你们按照记录表上材料的顺序来操作。谁能帮助小花转起来，就在它的下面打√，不行就打×。现在请你们去试试吧。

3. 记录发现，分享交流，纠正猜想记录。

师：这四种材料谁可以让小花旋转起来呢？你是怎样让小花转起来的？

小结：水和油都能让小花转起来。

三、比较观察，引导幼儿探索油和水谁更容易让小花转起来。

1. 提出疑问，大胆猜想。

师：刚才我们发现了水和油都能让小花旋转起来，那谁更容易让小花转起来呢？

2. 幼儿探索操作，找出答案，并在大记录表上用磁扣记录。

3. 分享交流。

师：水和油谁更容易让小花转起来呢？

小结：水更容易让小花转起来。

四、游戏"会跳舞的小人"，让幼儿体验成功的快乐。

师：老师这儿还有一个宝贝，我们来看看是什么呀？这是一个会跳舞的小人，等会儿你们把她固定在小花里面，让她转起舞来。你们去试一试吧！

（案例在福建省幼儿园环境创设与领域教育观摩研讨会上展示）

"大班科学活动：旋转的小花"
公开观摩活动视频

想一想

请扫码观看活动观摩课大班科学活动"旋转的小花"，分析该活动是如何体现操作性的。

（五）理化活动还要特别注意操作的程序性

任何科学活动都有方法和技能上的培养目标，自然科学现象活动也不例外。这里的方法和技能包括一般意义上的观察、比较、分类、测量、操作、推理等方法与技能，还包括科学现象活动的程序性方法与技能。与其他科学现象活动相比，科学现象活动的程序性更强，也就是说，要遵循一定的程序，注意某些方法与技能的使用。如果不这样做，就看不到相应的科学现象，得不出某些科学结论或者得出的是错误的结论，特别是在一些物理和化学实验活动中。这就需要教师在设计和指导科学现象类活动时要特别注意。当然，为了加深幼儿的理解，教师也可以让幼儿事先有意或无意去尝试错误的程序与方法，然后再遵循正确的程序，使用正确的方法，从前后对比中，进一步理解科学现象的原理。

Note

科学小实验：神奇的粉笔

● 实验用品

白色粉笔若干支、蓝墨水、红墨水、酒精、鲜嫩的树叶若干片、石臼、器皿。

● 实验步骤

1. 取一支白色粉笔，在距离粗的一端 1 厘米的地方，用细玻璃棒点上一圈高约为 1 毫米的蓝墨水。把粉笔的粗端朝下，竖在盛有 0.5 厘米深酒精的容器中（注意：酒精的液面不可与蓝墨水点接触）。不久就可以看到酒精在粉笔表面慢慢上升，随着酒精的上升，蓝墨水痕迹也在粉笔表面上下移动。接着可以看到，粉笔上半部呈蓝色，下半部呈紫色。

2. 另取一支粉笔，在粗的一端点上红墨水（操作方法与蓝墨水相同）。把它竖在盛有酒精的容器中，红墨水也会随着酒精慢慢上下扩散，最后可以看到，粉笔上半部呈橙色，下半部呈红色。

取适量鲜嫩的树叶，将树叶用石臼捣烂成汁。以树叶汁代替墨水重复以上操作方法，就可看到粉笔的上半部呈淡黄色，下半部呈浅绿色。这说明绿叶中含有淡黄和浅绿两种染料。

● 实验原理

酒精容易挥发稀释染料，墨水随酒精上升而不断上升。

蓝墨水、红墨水和绿叶中各有两种染料，在酒精的稀释下呈现出两种颜色。

● 活动建议

本活动操作性较强，且需耐心和细心，可培养幼儿动手能力和观察能力，建议在大班开展。

（案例来源：许丽萍、鞠远方、欧阳星，指导教师：林晋）

想一想

请扫码观看大班科学活动"有趣的虹吸"微视频，了解在这个活动中要完成虹吸实验，需要遵循什么样的活动程序。

微视频
"大班科学活动：
有趣的虹吸"

（六）发挥科学区角的作用以及日常生活活动的随机教育

科学区角为幼儿营造自由宽松的学习氛围，给幼儿提供多种资源与方式让幼儿进行探索学习，能够支持幼儿进行亲身体验科学探究的过程，既能够激发幼儿主动探究、感知事物的兴趣，又能提升幼儿科学探究精神、发现和解决问题等方面的能力。

而日常生活活动的随机教育对幼儿科学探究精神的培养也是意义非凡，能够让幼儿在生活中善于发现、思考、探究，对周围的事物现象感兴趣，激发好奇心和探究欲望。

1. 科学区角的设置及材料投放

以下的自然现象科学区角活动主要以幼儿自选、自发的活动，基本教育活动的延伸活动为主。在区角活动中，科学发现室（区）是一个重要的区域。科学活动室的布置要注意科学规划、合理布局。最好是按照内容类别从上至下（自墙壁至地面）依次安排本内容领域的张贴宣传图片、陈列观察物品和操作台。阅读学习类则不必划分，专辟一个阅览区即可。物品架（柜）连同幼儿的操作台应设计得科学一些，其高度以适合幼儿身高为宜。总之，幼儿科学活动环境的创设应充分利用室内以及窗台、阳台、走廊、墙壁、室外园地甚至楼顶平台，为孩子提供一个实实在在的科学活动场所，切忌搞些操作性差的摆设。

区角位置划定后，还要进行适当布置和美化，并投放相应的材料。在创设科学发现室时，可以提供如下的内容：陈列观察类（有关天文、地理等方面的模型），科学阅读类（百科全书类、科普画册等），操作探索类（各类探索活动相关的材料）。

操作探索类是科学活动室的实质部分，主要是让孩子亲手操作制作、实验探索。此部分的材料可以从三个方面来提供：① 器材类。天平、量杯、显微镜、温度计、放大镜、地球仪、万花筒、滑轮装置、小电动机、烧杯、三棱镜、榨汁机，以及一些废旧小机械（如旧钟表）。② 工具类。如刀、剪、锤、镊、钳、锥、尺、匙、胶皮管、夹子、各种容器等。③ 材料类。各种零散的、不成型的材料，如肥皂片、小棒、土块、石子、金属线、玻璃片、棉花团、颜料、木屑、电池、胶水、乳胶、磁铁、松香、水、油、盐等。在提供大量的物质材料的同时，还应该设置几个集物箱，分类收集各种材料，以随时供幼儿自己挑选使用。

以上是按材料类别划分的。若按其内容则涉及自然科学的各个领域。包括天文（天体及其运行等）、气象（风、雨、雷电、气温等）、地质（地形、地壳运动、不同的土质等）、物理（声、光、电、磁、力等）、化学（溶解、混合、分解、析出等）、生物（生命存在形式、生长、消亡）、物质形态（气态、液态、固态）与转化等。

自然现象区角科学活动还可以和自然角（种植和饲养）的活动联系起来，进行一些科学小实验。例如"种子发芽"实验中，在科学发现室（区）可将种子分成几组开展小实验，让幼儿观察环境条件对种子发芽的影响。幼儿在探索过程中，发现问题后，随时可在科学发现室（区）自己进行小实验，寻找答案，解决问题。科学发现室（区）的活动以幼儿为主体，并对幼儿创造性思维的培养有着重要的作用。

科学区角中可以开展各种各样的区域活动，形式可以多样，如科学游戏、科学制作、科学小实验等。

很多科学现象活动可以通过游戏的方式来进行，在游戏中发现问题、解决问题，在游戏中获得知识、积累经验。如《我和影子做游戏》就是幼儿很爱玩的游戏。当然，在游戏时教师要引导幼儿去发现其中的秘密（问题），注重游戏的科学探究性，不能只是简单的玩，流于一般形式的玩，否则，其科学价值就会大大降低。

Note

我和影子做游戏（科学游戏活动）

● 活动玩法

1. 踩影子

教师在幼儿园或大人在小区里面选择一个合适的场地，参与幼儿可以控制在 5～7 人，如果幼儿太多，可以进行分组。成人或幼儿自己也可发出指令"影子影子，我来踩"。幼儿听到这个信号四散追逐跑去踩同伴的影子，自己影子被踩到的小朋友就算被捉到，应站到指定的位置，停止游戏一次。

在追逐过程中，幼儿要注意自己及同伴影子的位置与变化，注意不要相互碰撞，避免受伤。

2. 变影子

提出问题，请幼儿讨论：如何能变出 3 个以上自己不同的影子朋友？

幼儿分组尝试各种方法，使自己的影子朋友产生变化。

开展比赛，以变出的影子朋友多的一组为胜。

3. 藏影子

教师可以大胆设疑"你能把影子藏起来吗？"，请幼儿猜测、讨论能把影子藏起来吗？幼儿尝试探索：幼儿尝试用各种物品盖影子，想办法让自己的影子藏起来。

交流分享：每组至少派一名幼儿说说自己藏影子的办法。

● 活动规则

注意追逐中灵活躲闪，避免对向跑，容易碰撞。

被捉到的小朋友应站到指定的位置，停止游戏一次。

听到影子朋友来报到，小朋友停止游戏，集中到教师身旁。

2. 随机教育活动

生活中处处蕴含着科学现象，让幼儿有一双会观察的眼睛，并有机会表达自己的发现，引发幼儿探究科学奥妙的好奇心，点燃幼儿热爱科学的心灵之火，是每一位教师的责任。因此，教师在幼儿园的教育活动或日常生活活动中要善于发现和挖掘孩子的兴趣点，从幼儿关注的事物或现象出发，挖掘其教育功能，做到随机教育。

幼儿对周围世界的好奇和疑问无时无刻不在发生，因此幼儿科学教育更多的应是随机教育，应在幼儿的一日生活中随时随地进行。在日常生活中，我们难免会遇到这样那样的问题，如要喝水盖子怎么也拧不开；鱼缸里的小螃蟹怎么会在水里死掉了；马路上的红绿灯总是会自动变化；等等。我们应抓住这些幼儿碰到的实际问题，引导他们运用已有的知识经验去尝试解决。

Note

随机生成的科学活动：影子

在一次音乐活动中，林丽韵突然说的一句话，引起了孩子们对影子和影像的探讨。丽韵："咦，钢琴上怎么有我们的影子啊？"大家的目光全被这句话吸引到钢琴板上。丽韵又继续说："为什么钢琴上的影子有鼻子有眼睛，而阳光下的、月光下的影子没有眼睛嘴巴呢？"多好的问题啊，于是我当机立断停下了当前的音乐游戏，和孩子们谈起了有关影子和影像的事情。我说："对呀，谁知道这是为什么呢？"董一言说："影子是东西挡住了太阳光而形成的，钢琴上的影子是照出来的，钢琴板很亮就像镜子一样，照出来的是我们的样子。"若析说："影子是黑色的，而钢琴里的影子不是黑色的，所以钢琴上的不是我们的影子。"说得多好啊，尽管音乐游戏是做不成了，可是关于影子和影像的问题在孩子们热切的谈话中有了初步的区别。它引发了孩子们对影子的关注，于是，找影子、画影子、谈影子等一系列的活动交互进行着，对于影子是哪里来的，影子有什么特点等孩子们说得头头是道，一张张小嘴真像百灵鸟一样。

● 活动反思

1. 多找找身边的科学。

《纲要》强调："科学教育应密切联系幼儿的实际生活进行，利用身边的事物与现象作为科学探索的对象。"在我们周围，在幼儿的日常生活中，类似"透明胶"这样的科学知识无处不在，问题在于教师怎样引导幼儿去发现，去求解。幼儿教育阶段，对幼儿的科技教育应该注重启蒙二字，而身边的科学往往最能达到"启蒙"效果，能引起幼儿兴趣的要经常"借题发挥"，引导幼儿找一找生活中的知识，让他们兴致勃勃地看一看、想一想、说一说、做一做，而教师及时、恰当的引导也能促进幼儿的发展。在这个过程中，充满了自然与和谐，充满了探索与快乐，教师只是一个引导者、支持者，启发幼儿进行有意义的探索活动。兴趣是最好的老师，幼儿的知识往往就是在玩中获得的，正所谓寓教于生活之中、游戏之中、玩乐之中。它体现了在我们的日常生活中，只要教师做个有心人，细心观察、耐心教育指导，处处都有教育的契机。

2. 在一日生活中渗透科学教育。

幼儿天生就是科学家，他们对世界万物都充满好奇，对周围世界的疑问无时无刻不在发生。因此，幼儿园科学教育应更多地在一日生活中随机生成。作为孩子人生的启蒙者——教师，要敏锐地觉察到幼儿随时出现的探究兴趣和关注的事物，生成系列的不断深入的探究活动。如：为什么钢琴上有影子，影子是哪里来的，在哪些地方会找到影子？在现实生活中，有很多意想不到的事情发生，它考验教师如何去面对，如何去重视问题、去解决问题。所以教师要善于观察，善于捕捉幼儿感兴趣的事物，善于引发幼儿主动探索的欲望，把最平常、最普通的突发事件顺水推舟转化为教育资源，抓住各种时机，鼓励和引导幼儿运用多种方法，在主动探索中寻找解决生活中实际问题的能力。

（案例来源：福州市晋安区机关幼儿园林静）

Note

　　总之，自然科学现象教育活动在实施中必须注意以下几点：① 内容应强调浅、近、具体、形象，过于复杂和深奥的科学现象活动不宜开展。② 方法上首先要突出"实践性"，强调幼儿的参与，强调幼儿的动手操作；其次要突出"多样性"，通过多种途径开展丰富多彩的活动，保证幼儿多角度、多侧面地认识自然科学现象。③ 要坚持专门主题教育活动与一日活动相结合的原则，同时要坚持幼儿园与家庭、社会相结合的原则。自然科学现象教育活动要超越幼儿园的范围，充分利用家庭和社区教育资源。

　　为了让大家对自然科学现象活动的设计及实施过程有更进一步的了解，先选取几个案例，一个是系列活动中的单次活动"气象观测"，一个是微设计"物体的沉浮"，结合微视频分析教师是如何设计的。

经典案例

气象观测：系列活动"学做小小气象员"的助教活动

● **活动目标**

　　1. 让幼儿对气象的观测产生兴趣，激发幼儿探索的欲望。

　　2. 通过园内设置的气象观测场，让幼儿动手操作，测出风向、风速、雨量、温度等，让幼儿了解如何取得气象资料，丰富幼儿有关气象的知识。

　　3. 培养幼儿的任务意识和责任感。

● **活动准备**

　　1. 带领幼儿参观气象观测场，让幼儿了解气象观测场中仪器的名称、分布及如何利用这些仪器取得地面气象资料。

　　2. 与在气象台工作的家长联系，商讨助教内容。

　　3. 准备记录本、笔、气象符号等。

● **活动过程**

　　1. 幼儿互相交流家庭气象记录，请气象台的家长评选谁记得最确切、认真。

　　2. 通过观看资料片，向幼儿介绍气象台的工作人员进行气象观测记录、分析、预报的过程。

　　3. 带领幼儿来到园内的气象观测场，把幼儿分成若干组，由气象台的家长指导幼儿进行气象观测，把观察到的结果用符号和数字记录下来。

　　4. 回班后，交流各自观测到的气象信息。

　　5. 向幼儿介绍一些动物"预报"气象的趣事。

活动延伸

制作设计气象图表：让幼儿将每天气象情况统计记录，制作出气象情况统计表，组织全体幼儿分析讨论本月的气象情况。

（案例来源：福州市直机关幼儿园李斌）

活动实录

中班科学活动：物体的沉浮

园所：福州市长乐区潭头中心幼儿园

执教教师：林峰

活动目标

1. 感知物体在水中的沉浮现象，发现有些物体容易浮、有些物体容易沉。
2. 喜欢探究沉浮现象，能与同伴合作交流中分享自己的发现。
3. 学会用简单的图标来表示物体的沉浮。

活动准备

1. 物质准备：积木和石头各一个，沉浮标记图各一张，物体沉浮视频一段；记录表、笔每人一份；透明水槽一个，剪刀、塑料积木、螺丝、玻璃珠、雪花片、凤尾夹等。
2. 经验准备：幼儿有体验过沉浮的经历。

活动过程

一、猜想积木与石头的沉浮

教师：今天我带来了两样东，我们一起来看看是什么（积木宝宝和石头宝宝），请你们猜一猜，如果这两件物体放入水中，它们会怎么样呢？我们来试试看。

小结：像积木宝宝这样漂在水面上的现象叫作浮，像石头这样沉在水底的现象叫作沉。

二、出示沉浮标记图

教师：我这里有两个标记，看看它们是什么样的。

幼儿：一个是向上的箭头，一个是向下的箭头。

教师：它们可以分别表示浮和沉，你们觉得哪个箭头表示"浮"比较合适？向上的箭头。那么向下的箭头就表示"沉"。一会儿我们用这两个标记来玩猜一猜的游戏。

221

三、幼儿操作，观察记录物体的沉浮现象

1. 介绍实验材料和记录表。

教师：在这个筐子里有许多材料，我们一起来看一看它们是什么。

教师：这些材料如果放到水里，它们是沉还是浮呢？这有一张记录表，我们一起来猜一猜，把猜想的结果记录在这个带问题的猜想栏里。

2. 幼儿猜想，集体交流并记录。

3. 幼儿实验，教师巡回指导。

教师：这是你们猜想的结果，想不想动手实验得出正确的结果呢？每一组的桌子上都有一个透明的大水槽，每个人都有一筐材料，请你们把它们轻轻地放到水里，仔细观察哪些物体会浮在水面，哪些物体会沉入水里。在做实验的时候，请卷起袖子，不要把水洒在桌面上。开始吧！

四、分享交流实验结果

讨论：你们都做完实验了，谁来说一说你们的观察结果呢？

幼儿1：有的东西是漂浮在水面上的。

幼儿2：有的东西是沉到水里的。

教师：你们同意吗？和猜想的结果是一样的吗？

小结：对了，通过实验我们发现，不同的物体在水里的沉浮情况是不一样的，能漂在水面上的现象叫作"浮"，而沉在水底的现象叫作"沉"。

微视频
"中班科学活动：
物体的沉浮"

● 活动延伸

幼儿继续在科学区探索生活中其他沉浮的东西。

想一想

请扫码观看中班科学活动"物体的沉浮"微视频，了解教师是如何设计的。

实训操练

"发现奥秘"科学小实验：请根据生活中常见的自然科学现象，选择日常生活中随处可见的物品和材料，以班上幼儿为对象进行科学小实验的操作展示与说明，帮助幼儿发现科学的奥秘和有趣，激发幼儿的探究欲与求知欲。

课外拓展

1. 通过网上搜索阅读关于自然科学现象的幼儿绘本，例如："轰隆隆打雷啦""为什么树叶会变色""小水滴旅行记"等，分析这些绘本的内容和适宜性，思考这对你设计与组织自然科学现象教育活动有哪些启发。

2. 阅读中班科学活动"不倒翁的秘密"微设计及微视频，分析幼儿园老师是如何进行设计及实施的。对你有哪些启发？

微设计
"中班科学活动：
不倒翁的秘密"

微视频
"中班科学活动：
不倒翁的秘密"

真题再现

1. 为了保证幼儿安全，提供的珠子活动等材料必须（　　）。

A. 颜色鲜艳　　　　　　　　　　　B. 足够大

C. 会发光发亮　　　　　　　　　　D. 做工精细

过关练习

1. 以下内容适合作为幼儿自然科学现象的是（　　）。

A. 美丽的极光　　　　　　　　　　B. 氧气的复燃现象

C. 糖不见了　　　　　　　　　　　D. 雷公公雨婆婆

本节参考
答案与解释

2. 教师为了让幼儿能探索沉浮的科学现象，准备了不同材质、大小、重量的材料，让幼儿进行验证。这体现了教师在设计和指导自然科学现象教育活动时，（　　）。

A. 注重兴趣的激发　　　　　　　　B. 注重活动的探索性

C. 注重活动的探究性　　　　　　　D. 注重发挥日常生活的随机教育

第四节　材料工具和科技产品教育活动的设计与指导

 案例导入

　　朱老师班上的小朋友在制作"盒子小琴"后，感受到橡皮筋拨动后能发出好听的声音，体会到声音来自于空气的振动的道理。朱老师发现，活动结束后，孩子们仍然在科学区中继续探索尝试，还发现了橡皮筋套在不同大小的盒子上，发出的声音不一样；不同规格橡皮筋在同一个盒子上，发出声音也不同；细心的孩子甚至发现：同样的橡皮筋套在同

Note

一盒子上，由于松紧不一，发音也不同……看似简单的科技小制作，孩子们玩得兴致盎然，感受到材料和工具的奥秘，也习得了科学知识，提升了幼儿的探究技能。如何设计和指导材料工具和科技产品教育活动呢？欢迎进行本节的学习。

在幼儿园科学教育中，科学技术教育的内容重点是材料、工具和科技产品。

幼儿的科学技术教育是初步的，其内容是粗浅的，培养兴趣是重点，以生活中的应用为重要特点。其具体内容包括：幼儿生活中常见的科技产品及其对人类的影响、科技产品的发展、使用简单的工具、简单的科技小制作、著名的科学家的故事等。

一、材料工具和科技产品教育活动的目标

材料工具和科技产品教育活动中涉及到的主要教学目标包括以下几点：

（一）科学情感和态度

材料工具和科技产品教育活动在科学情感和态度目标方面，主要是激发幼儿对材料工具和科技产品的好奇心，培养幼儿对科技产品的兴趣，让幼儿感受科学技术给人类生活带来的便利，知道科学技术使用不当也会给人类带来灾难，培养幼儿积极主动探索材料工具和科技产品的情感和态度。

（二）科学方法

材料工具和科技产品教育活动在科学方法的目标方面，主要涉及观察、比较、分类、测量、操作等。如学习有顺序观察、比较观察、典型特征观察等观察方法，要让幼儿在观察的基础上能按一定标准对材料工具和科技产品进行比较、分类，探究材料工具和科技产品的使用方法，学会使用一些简单常见工具和科技产品，懂得一些常见科技产品的使用方法和程序；培养幼儿收集整理、记录保存、展示分享信息的能力。

（三）科学知识

材料工具和科技产品教育活动在认知目标方面，主要是介绍幼儿能理解的或常见的现代社会生活中的科学技术产品及其对人类的影响；有关材料工具和科技产品的具体经验或知识；材料工具和科技产品的使用及安全常识。

以上是关于材料工具和科技产品教育活动的目标设计总体思路，教师在具体活动设计时应根据活动内容及幼儿的知识经验、发展水平有所侧重。

二、材料工具和科技产品教育活动的内容与要求

材料工具和科技产品教育活动的内容的选择应贴近幼儿的实际生活，可以从以下几个方面考虑：

（一）材料工具和科技产品教育活动的内容范围

在当代，科学技术的快速发展及科学、技术向社会的全面渗透，使人类的生活发生了深刻的变化，在这样的背景下，STS 教育的出现使得人们不得不考量科学技术教育在科学教育中的重要性。STS 即科学（science）、技术（technology）、社会（society）英文的缩写，以新的科技观为指导的科学技术和社会教育，即 STS 教育。

最近在幼儿园兴起的、比较火热的是 STEM 和 STEAM 教育。STEM 是科学（science）、技术（technology）、工程（engineering）、数学（mathematics）四门学科英文首字母的缩写，其中科学重在认识世界、解释自然界的客观规律；技术和工程重在尊重自然规律的基础上改造世界、实现对自然界的控制和利用、解决社会发展过程中遇到的难题；数学则作为技术与工程学科的基础工具。由此可见，生活中发生的大多数问题需要综合应用多种学科的知识来共同解决。

STEAM 教育比 STEM 多了字母"A"，是将五大学科——科学（science）、技术（technology）、工程（engineering）、艺术（art）、数学（maths）融合起来的教学。我们用几个关键词来概括一下 STEAM 教育：跨学科、项目式学习、动手能力、创新、创造。STEAM 教育重点是加强对幼儿或中小学生五个方面的教育：一是科学素养，即运用科学知识（如物理、化学、生物科学和地球空间科学）理解自然界并参与影响自然界的过程；二是技术素养，也就是使用、管理、理解和评价技术的能力；三是工程素养，即对技术工程设计与开发过程的理解；四是数学素养，也就是发现、表达、解释和解决多种情境下的数学问题的能力；五是艺术素养，即培养审美观念、鉴赏能力和创作能力。

幼儿的科学技术教育是初步的，其内容是粗浅的，培养兴趣是重点，以生活中的应用为重要特点。其具体内容主要包括以下几点：

1. 现代科技在家庭生活中的运用

了解幼儿生活中常见的工业、农业、林业、畜牧业等各行业的科技产品及其对人类的影响，如家用电器、厨房用具、科技玩具、高科技农业产品、科技食品等。

（1）认识并探索现代家用电器、现代浴具、厨房用具等，了解它们的用途及安全使用的方法。

（2）认识并探索家庭中的其他现代科技产品。

（3）了解以上科技产品与人们生活的关系。

2. 现代科技在社会生活中的运用

主要有工业和农业机械、交通工具、通信工具、武器等。

（1）认识一些农业和工业机械，使幼儿理解它们在工农业生产中的应用。

（2）认识常见的交通工具，如自行车、摩托车、三轮车、汽车、火车（含地铁）、飞机、轮船、冲锋艇等。认识各种现代道路，如高架桥（高架路）、立交桥、高速公路、隧道等。

（3）认识常见的通信工具，如固定电话、移动电话（手机）、对讲机、传真机、可视电话等。

3. 科学技术的发展

了解科学技术是不断发展的，一方面，引导幼儿了解今天的一些科技产品的发展史（含科学技术的发展史），如灯、车的发展史；另一方面，引导幼儿了解科技最新进展，如我国探索太空的重大进展："天问"登火、"羲和"探月、"银河"巡天等。

大班科学活动：
太空与飞船生活

2022 年 11 月 29 日搭载神舟十五号载人飞船的长征二号 F 遥十五运载火箭在我国酒泉卫星成功发射，神舟十五号载人飞船乘组在太空与神舟十四号乘组进行在轨轮换，中国航天航空技术再上新台阶。请扫码观看学生的课堂模拟教学大班科学活动"太空与飞船生活"是怎样向小朋友介绍这方面科学技术的。

4. 简单工具的使用

动手操作是幼儿学习的特点，幼儿学习使用简单的工具，包括幼儿经常使用的工具，如收纳玩具的工具、剪刀等美术工具，扫把、抹布等卫生工具；幼儿生活中接触到但使用机会较少的工具，如装订工具（订书机、打孔机、剪刀等），木工工具（锤子、老虎钳等），厨房工具（刀、削皮器等），生产劳动工具（镰刀、铲子、锄头等），等等。

5. 简单的科技小制作

科技小制作能让幼儿感受制作的快乐，习得科学知识和动手操作的技能。科技小制作选择有趣、结构简单、材料生活化、加工程序简单的内容。如不倒翁、风车、风筝、陀螺等的制作。

经典案例

> 幼儿园大班的李老师发现，小朋友们对活动区的不倒翁很感兴趣，边玩边讨论：为什么这个小小不倒翁倒下去，还会自己站起来呢？不倒翁肚子里到底有什么秘密呢？
>
> 于是她开展了科技制作活动：小小不倒翁。她为孩子们提供了套蛋、海洋球、小胶粒、玻璃珠、小纸团、小石头、螺母、海绵、胶带、橡皮泥等材料。引导幼儿循序渐进地探索：怎样让套蛋娃娃站立不倒？怎样制作一个推也推不倒的套蛋娃娃？什么材料可以用来制作不倒玩具？怎样让不倒玩具更美丽？
>
> 不倒翁是小朋友们喜爱的简易玩具。通过制作不倒翁，教师引导幼儿探索不倒玩具的秘密，学习自制不倒玩具，发展动手操作和比较探究能力。

6. 科学家的故事

讲述著名的科学家的故事，激发幼儿对科学家的崇敬之情，以及科学创造的欲望，树立用科技为人类造福的美好愿望。

经典案例

2022年6月17日上午9时22分27秒，我国神舟十二号载人飞船在酒泉卫星发射中心正式点火发射。为了让孩子们了解祖国的辉煌时刻，剑河县城东幼儿园的小朋友们在老师的组织下通过央视新闻的现场直播观看了这一历史时刻，一起见证了又一个中国"太空梦"的实现。观看结束后，各班的小朋友们亲手画上自己心中敬畏的航天员及太空、飞船等，他们用手中的画笔记录下这激动人心的时刻，也为神舟十二号载人飞船的成功发射送上衷心的祝福。

（案例来源：https：//baijiahao. baidu. com/s？id＝17029937310662210073&.wfr＝spider&.for＝pc.）

上面的例子展示了火箭、太空、飞船、中国航空成就等作为科学教育的内容能激发幼儿对科学知识学习的好奇和热情，感受科学精神。

（二）材料工具和科技产品教育活动的内容选择要求

幼儿园开展的材料工具和科技产品教育活动的内容很广，选择时除了要遵循幼儿园科学教育内容选择的一般要求外，还要根据材料工具和科技产品教育活动的特点，尽量选择符合以下要求的内容：

1. 密切联系幼儿现实生活经验

以幼儿能接触到或者体验过的工具和科技产品为佳。如空调、冰箱、榨汁机、搅拌器等家用电器，让幼儿能够在操作中了解它们的用途、与人们生活的关系，锻炼解决问题的能力。当然离幼儿生活较远、尖端科技产品（如隐形飞机、火箭、核潜艇等）也可以作为活动内容，以便激发幼儿对科学的向往和追求。

2. 与幼儿的认知水平相适应

选择科学家的故事，最好能使幼儿切实感受到故事中的这些科学家的发明创造或者其研究成果，在现实生活中给人带来的便利，这样的科学活动效果就会更显著。小、中、大班幼儿的认知水平不同，对内容的选择要体现层次性。例如声音主题的活动，小班幼儿可以制作"会唱歌的罐子"，在罐子中装不同的物体，如沙子、米粒、蚕豆等，让幼儿感受材料不同，发出的声音也不同。大班的幼儿则可以制作"音乐瓶"，在同样大小的玻璃瓶中装上不同量的水，感受不同音高的声音并尝试演奏。

Note

3. 能够使幼儿感到有趣

活动内容的选择要注意趣味性，能够引起幼儿探索、把玩的兴趣，而不是为了认识工具和科技产品而教育。通过创设游戏情境，使幼儿能在游戏中探索材料工具。例如科学制作活动"神奇的弹簧"，幼儿先从操作弹簧玩具中体验弹簧玩具操作的乐趣，激发探究兴趣；然后，了解弹簧在生活中的运用，整理生活经验；进而选择材料自制一些弹簧用品、玩具等，体验动手制作的乐趣。各环节的设计均使幼儿体会到乐趣，支持幼儿进行持续的探究。

三、材料工具和科技产品教育活动的设计与指导

材料工具和科技产品教育活动作为科学活动内容之一，在幼儿园能经常见到此类活动。同前文所述一样，材料工具和科技产品教育活动大多是实验类和制作类科学活动，因此具体的活动设计包括活动目标、活动准备、过程设计等请参看中篇第六章的内容，此处重点讨论的是材料工具和科技产品教育活动活动设计与指导的技巧策略。

材料工具和科技产品教育活动的设计与指导技巧策略要点主要有以下几点：

（一）从引导幼儿梳理已有的生活经验出发

幼儿在日常生活中已经有丰富的关于材料工具和科技产品的生活经验，这是教师进行活动设计与指导的重要基础。现代科技产品的知识是早期科学启蒙教育的重要内容，通过这方面教育活动的开展及幼儿在生活中的实践，帮助幼儿形成和时代相适应的科学素质。随着现代科技产品源源不断地进入幼儿家庭，高科技产品已离幼儿的生活很近了。但是在家庭中幼儿接受的信息是较零散的，因此，教师要引导幼儿整理这些生活经验，理解并掌握这些领域初步的科学知识，认识和学会使用常见的科技产品。

幼儿基本都有观察别人使用手机和自己玩手机的经验。大班科学活动"有事怎样通知他？"正是基于幼儿的生活经验进行活动设计。从幼儿的生活需要入手引出问题：该班的夏扬帆小朋友想把幼儿园的情况告诉远在广州工作的爸爸，该怎么办呢？引导幼儿带着问题收集分享资料，培养幼儿收集信息、探究和解决问题的能力；联系实际经验运用通信工具与爸爸妈妈取得联系，体验通信工具的用途；通过比较过去和现代的通信工具，从科技史的角度，感受通信科技发展给人们带来的便利；通过设计、制作活动"未来通信工具"，发挥幼儿的想象力，培养幼儿的观察、创造和动手能力。

大班科学活动：有事怎样通知他?

● 设计意图

　　幼儿园科学教育是科学启蒙教育，重在激发幼儿的认知兴趣和探究欲望，引导幼儿感受科学探究的过程和方法，体会发现的乐趣。"有事怎样通知他?"这一科学活动是选自大班科学领域的内容，符合大班幼儿年龄特点，而且是大班幼儿感兴趣的内容。在当今信息时代，人与人的通信交往处于相当重要的地位，随着现代通信手段的发展，新的通信技术给人们带来极大的方便，人与人的通信手段和方式方法不断更新，幼儿对通信工具不再陌生，玩具手机成为幼儿游戏的玩具。为了激发幼儿探索通信技术的兴趣，培养幼儿探索问题、解决问题的能力，设计了本活动。

● 活动目标

　　1. 了解人与人之间通信的重要性和方式方法，以及现代通信手段的发展情况，感受新技术的发展给人们带来的方便。

　　2. 学习搜索信息的方法，提高探索问题、解决问题的能力。

　　3. 能充分调动各种感官，感知通信工具的多样性，用完整、流畅的语言讲述自己的发现。

　　4. 尝试用自己喜欢的方式（绘画、泥工、折纸、制作等）合作建构"未来通信工具"。

● 活动准备

　　1. 知识经验准备。

　　(1) 准备阶段：幼儿和家长一起收集、记录自己所了解的通信工具以及通信方式的发展历史。

　　(2) 参观活动：电信、邮电部门。

　　2. 物质准备。

　　(1) 创设信息发布宣传栏。（展板一：便捷的通信工具，让幼儿将收集的通信工具进行分类展示。展板二：古老的通信工具与现代的通信工具。）

　　(2) 展示通信工具与人们活动的场面的录像。

　　(3) 信件发送的流程图。

　　(4) 师生共同准备固定电话、移动电话、电脑等。

　　(5) 各种材料（如橡皮泥、纸、画笔、纸盒、牙膏盒、建构玩具等）

● 活动过程

　　1. 创设情境，设置疑问，引发兴趣。

　　师："我班的夏扬帆小朋友想把幼儿园的情况告诉远在广州工作的爸爸，该怎么办?"

Note

让幼儿想出办法帮助夏扬帆小朋友。(幼儿根据已有的经验回答,很快就想到:"可以打电话……")

教学设想:在这里,创设情境——"有事怎样通知他",将问题抛给幼儿,让幼儿带着问题进行探究,从中找出解决问题的方法。

2. 教师结合信息宣传栏的展板,让幼儿观察、比较自己收集的资料(可以自由结合边看边与同伴交流),自由探索,互相交流。

师:"前几天,小朋友和爸爸、妈妈收集了许多通信工具的资料。你收集到哪些资料?"

(1)幼儿自由观察、比较自己收集的资料。

(2)交流:"你看到的通信工具有什么不一样?有什么相同的地方?请你把自己的发现告诉好朋友。"

教学设想:鼓励幼儿将自己收集的各种资料与老师和同伴交流,了解古人传递信息的方法,幼儿通过观察比较,找出古代和现代通信工具的不同,这样能引发他们跃跃欲试、争先恐后地用语言来表达"自己的发现",并将自己搜集到的信息与同伴共享,让幼儿体验成功的喜悦。

3. 组织幼儿讨论:信的旅行。

师:"你知道怎样才能把信寄出去?"(让幼儿结合自己以及参观的知识经验,讨论怎么寄信)

师:"信是怎么送达收信人的手中的?"(结合图片引导幼儿了解邮递员的工作情况)

教学设想:在这里,教师以幼儿为主体,尊重幼儿的想法,创造一个宽松、自由的语言交往环境,支持、鼓励幼儿与同伴、老师交流,并结合自己的已有知识经验,进一步丰富自己对信件发送的理解,并体验语言交流的兴趣。

教师小结:这是以前的通信工具。

4. 结合观看录像了解通信工具在人们生活中的重要性以及通信的方式方法。

(1)引导幼儿观看录像。

师:"请你们看看人们是怎么使用通信工具的?你认识哪些通信工具?"

(2)小结通信工具在人们生活中的作用。

师:"你最喜欢哪些通信工具?它们有什么本领?"

教学设想:这里,一方面充分调动幼儿原有的知识经验,师生互动,生生互动;另一方面借助现代教育媒体,以真实的、生动形象的画面展示通信工具与人们的活动场面,从而让幼儿感受通信工具的重要。

师:"你还知道哪些传递信息的方法?"(引导幼儿发散思维)

5. 提供通信工具,让幼儿与夏扬帆小朋友的爸爸联系,并让幼儿用自己喜欢的通信方法与自己的爸爸妈妈联系。

(1)师:"我们知道这么多的通信工具,我们来与夏扬帆的爸爸联系好吗?"

(2)师:"你知道自己爸爸妈妈的电话号码吗?我们和爸爸妈妈联系好吗?"

教学设想:幼儿在了解了通信工具的重要性和使用方法后,解决了"有事怎样通知他"的这个问题,并联系实际经验运用通信工具与爸爸妈妈取得联系,在轻松的气氛中体验到快乐。

6. 游戏体验（拍电报）。

将幼儿分成报机组和发报机组，教师分别在每组第一位幼儿的手掌上有节奏地拍打若干下，让小朋友依次后传，比比哪一组的小朋友传得又快又准。

教学设想：游戏是孩子喜欢的活动，以游戏巩固对通信工具的认识，这一环节使幼儿的兴奋点上升，在玩中学，游戏与科学融为一体。

7. 设计、制作活动"未来通信工具"。

师："我们知道这么多的通信工具，现在请小朋友当一名小小的设计师，用自己喜欢的方式设计'未来通信工具'，好吗？"

教师提供纸盒、牙膏盒、橡皮泥、画纸、插塑等多种材料，鼓励幼儿大胆设计、制作、画画、建构"未来通信工具"。

教学设想：为了让孩子对通信工具保持探究的兴趣，体验在创造活动中获得的成功与喜悦，我们让孩子按自己喜欢的方式（泥工、折纸、画画、小制作、拼搭……）来表达自己对通信工具的认识，孩子在玩中学，做中学，交流、协商、创造性、动手能力得到提高。

● **活动延伸**

1. 亲子活动：通信工具知识大比拼。
2. 建构"未来通信王国"。

（案例来源：福鼎市实验幼儿园缪菽丰）

（二）以材料工具和科技产品的了解和使用（操作）为主

材料工具和科技产品类活动在内容上有其特点，教师在设计和组织这类活动时要注意活动的操作性，从其内容的范围来看，这些材料、工具、科技产品（包括游戏中使用的模拟产品、玩具产品）操作性特点明显。此类活动最基本的活动目标是了解和使用常见的各类材料、工具和科技产品，在了解和使用中获得其特性、功能等方面的知识，并利用材料、工具和科技产品开展探究活动。例如，大班科学活动"自己来装订"的主要目标是引导幼儿尝试使用日常生活学习中常见的用于装订的工具、材料；小班科学活动"收拾积木好帮手（物体物质）"的目的在于观察发现各种篮子、塑料袋（垃圾袋）、纸袋、纸箱和托盘等工具、材料的特征，尝试使用工具来收拾积木。

想一想

扫码观看学生的课堂模拟教学视频，小班科学活动"不一样的声音"中提供了哪些操作材料？这些操作材料方便幼儿操作练习吗？

小班科学活动：不一样的声音

经典案例

小班科学活动：收拾积木好帮手（物体物质）

园所：福建幼儿师范高等专科学校附属第二幼儿园

设计与执教：吴梅芳

● 设计意图

积木区游戏结束后，幼儿在收拾积木时出现了以下几种状况：积木区只有 5 个用来装积木的篮筐，取放积木时幼儿容易出现争抢现象；有的幼儿把积木随意的放进篮筐里，推到柜子旁再全部倒出来一个个找对应标志摆放好；有的幼儿将同样的积木装进篮筐里，但因为太重装好后再几个几个拿出来送回柜子。以上方法收拾效率低、耗时长。怎样才能又好又快地将积木送回柜子呢？通过谈话，幼儿达成共识，首先要把积木分类放好，接着可以投放更多的工具用来收拾整理积木，收拾积木的工具及提出人数见表 7-4-1。

表 7-4-1　积木整理的有关信息

材料	各种篮子	塑料袋（垃圾袋）	纸箱	纸袋	托盘	徒手
人数	14 人	8 人	4 人	4 人	2 人	1 人

通过家长的支持与配合，我们收集到了相关材料。本次活动的开展就是为了让幼儿在猜测、实践中，验证哪些工具可以很好地帮助我们又好又快地收放积木，进一步丰富积木区的游戏材料。

● 活动目标

1. 知道用适合的工具收拾积木好处多。
2. 观察发现工具、材料的特征，尝试使用工具来收拾。
3. 愿意尝试解决问题，乐于收拾积木。

● 活动重难点

重点：知道用适合的工具收拾积木好处多。

难点：观察发现工具、材料的特征，尝试使用工具来收拾。

● 活动准备

1. 经验准备：知道并能把积木对应柜子中的标志送回相应的柜子。
2. 物质准备：大小不一的篮子、纸箱、塑料袋、纸袋、托盘若干、黑板、思维导图（工具图片、笑脸哭脸）、音乐、音响。

● 活动过程

一、引导幼儿观察思维导图中"收拾积木的工具"，鼓励幼儿表达。

师："积木区只有5个用来装积木的篮筐是不够的，所以我们一起收集了很多工具用来收拾整理积木，一起来看看都有什么吧。"

师："你觉得哪一种工具可以很好地帮助我们收拾积木呢，为什么？"

二、鼓励幼儿选择工具第一次尝试收拾积木，总结梳理好用的工具。

（一）鼓励幼儿自主选择工具，尝试收拾积木。

师："现在宝宝们可以选择工具去装一装、试一试，看看这个工具适不适合用来收拾积木。"

（二）幼儿第一次使用工具进行收拾，教师巡回观察。

1. 提醒幼儿要轻拿轻放积木。

2. 认真观察不同幼儿使用相同类型工具时的不同表现，并鼓励幼儿在集中环节进行分享。

3. 鼓励幼儿大胆表达，利用思维导图帮助幼儿明确收拾积木的好工具。

师："现在要请宝宝们来说一说，你刚才用了什么工具，它能帮助你收拾积木吗？"

师生互动小结：原来纸箱、篮子、托盘、塑料袋、纸袋都能用来收放积木，但是垃圾袋比较薄，装上比较重的积木，就容易破裂，所以垃圾袋不适合用来收放积木。

三、找出又好又快收拾积木的工具及方法，再次尝试收拾积木。

（一）思考：不同的工具可以装不同的积木，

师："为什么有的纸箱可以装好多块骨头积木，有的纸箱只能装2块空心积木呢？"

师："那你觉得纸箱适合装什么积木？"

师生互动小结：原来不同的积木可以选择不同的工具，体积小的工具就装小一点儿的积木，大的工具不仅可以装小的积木也可以装大一点儿的积木，长一点的积木可以用大篮筐……

（二）讨论：怎样才能又快又好的收拾积木。

师："这两个篮子都是装骨头积木，哪一个装得更多呢？"

师生互动小结：乱糟糟摆放可能放得少，整整齐齐放可以放更多；所以我们把积木放到工具里时要尽量摆整齐。

师："那怎样才能又快又好地收拾积木呢？"

师生互动小结：每一次运送回柜子的积木数量越多，那收拾的速度就越快；所以我们要选择适合的工具，还要选择适合的摆放方法，争取每一次都能送回更多的积木。

四、运用"又好又快"收拾积木的工具及方法收拾积木。

师："现在请大家再去装一装，试一试，看看谁能收得又快又好。"

师："装太多了扛不动该怎么办呢？"（推着走、抬着走）

● 活动延伸

1. 丰富积木区材料，投放能又好又快收拾积木的工具。

2. 将收拾的好方法通过口述、绘画的方式传递给平行班。

（三）突出材料工具和科技产品与人类的关系

现代家用电器、厨房用具、通信工具、交通工具、科技玩具等在生活中随处可见，人们的生活离不开它们，与它们紧密相关。因此，材料工具和科技产品类教育活动要体现它们在生活中的应用性。在活动中，或通过模拟操作、应用与体验，使幼儿切实感受到科学技术给人类带来的生活便利，以此激发幼儿对科学技术的兴趣。如大班科学活动"有事怎样通知他？"就属于这样的活动。活动围绕现代人离不开的通信工具来设计和组织，不是空洞的说教和简单的玩电话游戏，而是通过"有事怎样通知他"为活动内容的主线，让幼儿在活动中体会到通信工具在生活中的应用。这样的活动，有利于激发幼儿探索通信技术的兴趣，培养幼儿探索问题、解决问题的能力。

想一想

请扫码观看学生的课堂模拟教学大班科学活动"灯"，分析这位学生在"突出材料工具与和科技产品与人类的关系"，是否很好地进行了阐述？如果你来模拟教学，你打算如何进行？

大班科学活动：
灯

（四）发挥区角的教育功能

区角科学活动往往需要较多的材料、工具和科技产品。因此，材料、工具和科技产品类教育活动应结合其他类活动内容来开展，如自然科学现象类活动、动植物与环境保护类教育活动等。区角科学活动需要的材料、工具、科技产品，大多放在班级的区角中。投放适宜的、丰富多样的材料、工具、科技产品，有利于幼儿开展自选、自发的活动。区角要投放哪些材料、工具和科技产品，可以参考上一节自然科学现象教育活动关于区角材料的投放，另外可以再增加常见的科技产品。

利用区角的材料工具和科技产品，幼儿可以开展一些科学游戏、科学制作、科学小实验等活动。

经典案例

区角活动：三棱镜映出七彩世界

● **设计意图**

一堂语言活动"七彩世界"结束后，"太阳光是七彩的"这一说法遭到孩子们的质疑。我们都知道，用肉眼观察，是不能分辨太阳有几种颜色的。于是我想利用三棱镜的特殊功能（能看到阳光的七种颜色），来帮助幼儿解开心中的疑惑，发现七彩的世界。同时，也试图通过这个活动让幼儿尝试利用工具进行科学探索活动。

● 活动目标

1. 了解三棱镜的构造，通过使用三棱镜认识阳光的颜色。

2. 能够认真观察实验的结果，学会用简单的图形记号进行记录。具备初步探究问题的能力。

3. 在操作过程中体验科学活动成功的喜悦。

● 活动准备

三棱镜每人一个，镜子每人一个，望远镜、放大镜、记录表、彩笔、白纸等。

● 活动过程

1. 教师请幼儿根据生活经验讲述镜子的用途。

2. 引导幼儿尝试利用镜子将太阳光"反射"到屋里。

（1）教师："镜子除了可以让我们看到自己外，还有一个本领，那就是能让屋外的阳光照射到屋内，谁想来试试？"

（2）引导幼儿交流利用什么方法把太阳光反射到屋里，并尝试利用镜子做反光实验，观察移动镜子与反光的变化。

3. 启发幼儿思考怎样才能看到太阳光的七种颜色。

（1）让幼儿先利用手中的镜子试试能否观察到。

（2）幼儿思考讨论，利用什么才能看到七彩光线。

（3）教师出示三棱镜，为幼儿讲解它的结构以及它的独特作用，那就是能看到太阳光的七种颜色。

4. 幼儿进行实验，教师全面观察，及时给予支持与帮助。重点指导幼儿记录实验结果。

（1）幼儿观察三棱镜的构造。

（2）尝试使用三棱镜，并数一数看到的是哪几种颜色。

（3）让幼儿尝试把三棱镜放在屋里没有阳光的地方，看看能否观察到阳光的七种颜色，并观察这几种颜色的排列顺序，在记录表上记录实验结果。

5. 交流、小结。

（1）自由交流：同伴间相互交流自己的实验发现。

（2）集中交流：① 请个别幼儿对照记录讲述试验发现；② 引导幼儿发现与质疑。

（3）教师小结：每一种工具都有它的奥妙，都有它们独特的本领。我们利用三棱镜可以看到平时用肉眼不能分辨的七彩阳光。

6. 鼓励幼儿将看到的七彩阳光画下来，比一比谁画得最美。

7. 延伸活动：利用区角，在自由活动时间继续探索"镜子家族"成员——放大镜、望远镜的不同用处。

8. 活动建议：本活动适宜于大班幼儿，在有阳光的天气进行。

（案例来源：光泽县实验幼儿园何臻）

科学活动在实施过程中教师还要对活动进行反思，针对前一阶段科学教育活动开展情况和存在的问题，对后面的活动计划进行调整，下面列举两个教学案例，大家在分析该案例的基础上能够领会幼儿园教育活动设计与指导的动态性特点。

经典案例

大班科学活动：自己来装订

园所：原福州幼儿师范学校附属幼儿园

执教教师：徐秀美

指导教师：李惠玲、陈凤玉

● 活动由来

在日常活动中，我们发现班级几个幼儿在自己家中装订的简易小"册子"上，互相记录着各自的电话号码，态度积极而认真。此事引发了很多幼儿的兴趣，他们纷纷效仿，请教师帮助制作"册子"的需求也有增无减。为满足幼儿的愿望，我们提供了订书机，幼儿踊跃使用，对工具表现出浓厚的操作兴趣。但在操作中因使用不当，出现了许多问题。我们意识到有必要对工具的使用做进一步的尝试与探究。而尝试使用工具也是《幼儿园教育指导纲要（试行）》中科学领域的内容之一。《纲要》明确指出：尝试使用工具的经验将对幼儿终身的生活和工作有益；应为幼儿提供一些与科学探究相关的工具，在幼儿使用这些材料进行探究和游戏的过程中，让幼儿体验工具的作用和价值。开展此项活动对幼儿的发展是有利的。同时大班幼儿即将跨入小学，将接触书籍、作业纸、试卷等材料，装订、整理也是他们必须学习、掌握的一种技能。因此，我们进行了有关使用工具进行装订的系列活动。

● 活动目标

1. 了解日常生活学习中常见的用于装订的工具、材料。

2. 利用工具解决生活中有关纸张装订的实际问题，探究学习装订工具的使用技能及适宜性。

3. 喜欢探究，在探究过程中体验成功的快乐。

● 活动准备

1. 材料准备。

（1）教师与幼儿共同收集订书机、打孔机、固定条、回形针、大头针、铁夹、书夹、报夹等可用于固定纸张的工具。

（2）提供大小、质地不同的废旧纸张（宣传单、报纸、图片、文件纸等）。

2. 环境创设。

创设活动区"娃娃工作间"。工作间中设有工具展示台（每样工具用文字标明名称）、作品展示区、问题墙及图片展示角，便于取放工具、材料的工作柜及工作桌。

● **活动过程**

活动一：小小装订工

1. 创设问题情境，引发讨论：如何将散乱的纸张有序地整理清楚？可以用什么方法将其固定？

2. 分组操作：幼儿自由选择装订工具，并尝试使用工具将散乱的纸张装订成册。要求幼儿装订的册子牢固、整齐又便于翻看。

3. 比一比：幼儿分别展示自己的作品，介绍所使用的工具及装订的方法。教师引导幼儿围绕是否牢固、整齐，便于翻看对作品进行检验，评选出优胜作品。

4. 改一改：引导幼儿就不成功的作品如何进行改进提出自己的看法，以文字或绘画的形式体现自己的设计方案并展示在问题墙面上，引发幼儿在活动区中进一步探究装订的最佳方法，促进幼儿间的相互学习。

● **活动反思**

1. 第一次接触种类繁多的工具，幼儿对此表现出浓厚的兴趣，对工具不断地观察、尝试使用，探究产生现象的原因，因此，活动充分满足了幼儿的好奇心及操作的愿望。而对装订的册子如何做到牢固、美观，便于翻看等问题，多数幼儿没能顾及到，因此，需做进一步的探究。

2. 幼儿选择了一种工具后，在操作时会用较长的时间去反复使用和研究。因此，活动结束后，多数幼儿只使用了一两种工具，对其他工具缺乏充分的体验，没能满足幼儿对各种工具的使用愿望。因此，应将工具继续提供在活动区中，让幼儿大胆使用。

3. 操作中，幼儿还不能依据材料的质地、厚薄等特性选择适宜的工具，使装订工作遇到困难，个别幼儿产生了挫败感，影响了探究的积极性。同时，对工具也造成了一定损害。

4. 在操作时对工具的安全性、规范性认识不足，爱护工具的意识也不强，应在以后的活动中进一步加强。

活动二：活动区探索

幼儿可在区域活动、自由活动、游戏的时间，进入"娃娃工作间"，继续探究与学习装订工具的使用方法及适宜性。

● **指导要点**

1. 幼儿尝试使用多种工具，满足幼儿对工具的使用欲望。引导幼儿通过观察比较，发现问题、提出问题并以图文并茂的形式表述。

2. 提供大小、质地相同的纸张，引导幼儿就钉子应装订在什么位置才牢固、整齐又便于翻看做进一步的探究。

3. 通过问题引发幼儿的讨论和实验探究："装订厚薄不相同的册子，应分别使用哪种工具？""怎样做才不会损坏工具？"

Note

4. 对家中的报纸、父母写的稿件、自己绘制的图画、完成的作业等材料，就暂时性还是永久性装订，引发幼儿讨论和探索。两种装订需求应采用哪种工具、怎样装订更合适。

5. 探究以活页形式装订的日历、相册、文件包、文件夹等物品装订所需的工具，探究相应装订方法的意义。可引导幼儿将其拆装后，自己动手试一试。

● 活动反思

1. 活动区的开放从时间、工具、材料等方面都给幼儿以充分保证，满足了幼儿的好奇心，使他们能不受时空、材料等的限制，进行自由探索。

2. 从问题入手，引发幼儿思考、探究，使探究活动更具目的性、操作性，有利于培养幼儿探究兴趣和掌握科学的探究方法。

3. 通过活动区的继续探索，使幼儿较熟练地掌握了各种工具的使用方法。装订时能达到牢固、整齐、美观、方便的标准。对工具的适宜性也有了进一步的认识并能运用到生活之中，活动取得了良好的效果。

4. 在认识了常用工具的基础上，幼儿对活页式、穿线式、平装、精装等其他装订方法产生了浓厚的兴趣，因此，可引导幼儿与家长共同查阅资料，获取相关的知识与经验。

活动三：小小作家

1. 发动幼儿、家长共同收集不同包装类型的书籍及相关的背景资料，让幼儿在欣赏书籍的同时了解书籍装订方法的发展过程，对中国传统书籍装订史形成初步的认识。同时，引发幼儿积极参与到"小作家"活动中，制作图书并装订展示自己的书。

2. 提出活动任务，引导幼儿自主规划活动。

如：你想编辑什么内容的书？应准备哪些工具材料？你将如何装订？

要求幼儿独自或与同伴合作计划、准备材料，并在规定时间内完成。

3. 自制装订图书。

（1）幼儿展示自己准备的材料，互相交流各自的想法。

（2）引导幼儿就制作图书的步骤（如绘制图书内容、装订纸张、封面设计、页面页底装订、编写页码的先后顺序等）展开进一步的讨论。

教师不做统一规定，但要求幼儿应有计划、有步骤地完成。

（3）幼儿根据自己的计划自行装订图书。

活动中引导幼儿就封页如何装订得整齐美观做进一步的思考。

（4）开展图书"特卖会"游戏。

"参展者"向大家介绍、推荐自己的作品，幼儿可依据画面是否美观、内容是否有趣、装订是否合格等标准标出价格，让其他幼儿自由"购买"。

● 活动延伸

1. 提供针线，让幼儿选用、尝试学习用针线将方形布片缝制成册，缝制布袋，装饰衣服。

2. 提供各种粘胶，供幼儿修补破损的书籍、张贴图片及绘画作品。

3. 提供钉子、锤子、泡沫塑料、小木板等工具和材料，开展"学做小木工"的活动。

实训操练

大班集中活动设计"制作陀螺"。请完成一份活动设计，写明：活动目标、活动准备、活动过程的主要环节和活动延伸。在班级进行片段教学展示（时长 10 分钟）。

课外拓展

请扫码观看学生的课堂模拟教学大班科学活动"太空与飞船生活"，分析该活动是如何设计的？如果你来设计并开展模拟教学，你打算如何做？

大班科学活动：
太空与飞船生活

真题再现

最近，大三班许多小朋友用大大小小的纸盒制作小汽车等物品。马老师发现，制作的汽车装饰不太一样，但结构差不多，往往只有车厢、车轮、车灯等。马老师认为可以根据这种情况生成一个"汽车"主题活动，引发幼儿的深度学习。请帮助马老师设计"汽车"主题活动。

要求：

（1）写出主题活动的总目标。

（2）围绕主题设计三个子活动。写出其中一个子活动的具体活动方案，包括活动名称、目标、准备和主要环节。

（3）写出另外两个子活动的名称、目标。

过关练习

1. 以下不适合作为材料工具和科技产品教育活动目标的是（　　　）。

A. 激发幼儿对材料工具和科技产品的好奇心

B. 理解材料工具和科技产品的使用及安全常识

C. 培养收集、保存、展示信息的能力

D. 熟练掌握制作科技产品的专业技术

本节参考
答案与解释

2. 随着智能电子设备的不断普及，幼儿接触手机、平板电脑等电子设备的时间越来越长。小叶子幼儿园的老师们针对这一现象，开展了关于手机的系列主题活动。活动内容包括：① 亲子调查：手机可以用来做什么？② 谈话活动：长时间看手机对我们有什么影响？③ 认识眼睛。④ 亲子活动：放下手机，我们可以做什么？这一主题活动受到幼儿和家长的喜爱。请结合材料工具和科技产品教育活动内容选择原则，对案例进行分析。

Note

第八章　借助科学评价提升幼儿园科学教育的质量

▶ **学习目标**

1. 树立科学的科学教育评价观念。
2. 理解并掌握儿童科学教育的评价概念、内容与方法。
3. 学习对幼儿园科学教育活动进行科学、合理的评价。

核心知识

科学教育评价、幼儿园科学教育评价、幼儿园科学教育课程评价、幼儿科学领域的发展评价、幼儿园科学教育的评价观念、幼儿园科学教育活动评价。

本章导学

本章概要

本章作为下篇的一章，也是全书的最后一章，系统阐述了幼儿园科学教育评价的基本问题。从评价、教育评价、幼儿园科学教育评价的基本概念入手，展示了基于评价功能、评价参照标准、评价主体的多元分类方式，凸显了评价多方面的积极意义，如控制学前儿童科学教育质量的手段、积累学前儿童科学教育经验的重要途径、改进学前儿童科学教育的依据。幼儿园科学教育评价应从科学教育课程、幼儿科学领域的发展、幼儿园科学教育环境三个方面来展开，遵循幼儿园科学教育评价的一般步骤，根据具体情况采用观察分析法、问卷调查、作品分析等各类方法，逐步建立起关注幼儿的自我评价、关注教育的过程评价、关注幼儿差异性评价的科学评价观念，并从活动目标、活动内容、活动方法、活动过程四个方面对科学教育活动评价进行了深入的分析和探讨。

 案例导入

评价的重要性

福建一位高校教师在给某省的幼儿园骨干教师进行培训时，请现场的教师分析从教过程中影响自身专业发展的主要因素。出人意料的是，众多教师纷纷提到的关键词是"评价"。从这个案例中我们也能看出，评价在幼儿园教育中的作用。如何更好地开展科学教育，一方面要通过设计更适宜的科学活动并实施，另一方面要通过对科学活动开展的评价，来反思和提升科学活动的质量。

第一节　幼儿园科学教育评价的概述

什么是评价？具体评价什么？怎样进行评价？这些问题是教育行业中不少老师感受到的困惑！我们知道评价对于教育以及教师专业发展的重要性，但要知道应该怎样做就不那么容易了。为了更好地开展幼儿园科学教育，本章围绕上述关键问题进行了深入探讨，希望能帮助读者解答这些疑问，借助科学评价提升幼儿园科学教育的质量。

一、评价的相关概念

（一）评价

什么是评价？从字面上理解，评价应该包括两层含义：评判和价值。所谓评判，就是对评价对象作出判断。具体地说，在幼儿园科学教育中，就是对幼儿园科学教育的目标、内容、过程、环境以及教师、幼儿乃至整个科学教育课程等评价对象，作出一个判断；而价值则是作出评价的基础和标准，即评价者按照什么标准对以上的对象作出这样或那样的判断。

（二）教育评价

教育评价是根据一定的教育价值观，用科学的方法对教育活动中的有关要素进行价值判断的过程。它不同于一般的测查或测验。

我们可以从两个方面理解教育评价的概念：教育评价离不开科学的方法；教育评价离不开价值的判断。

（三）幼儿园科学教育评价

幼儿园科学教育评价是以幼儿园科学教育为对象，依据一定的教育价值观，采用科学的评价技术和方法，对幼儿园科学教育活动中的相关要素进行分析、评测，最终作出价值判断的过程。例如，评价教师对科学教育活动的设计是否符合幼儿的年龄特点，目标是否体现认知、情感态度、技能与能力几个方面的内容，评价教师教学方法的运用及幼儿在科学活动中的探索兴趣和探究欲望，评价教师与幼儿的互动情况及幼儿在活动中的表现等。

二、教育评价的类型

教育评价的种类因不同的分类标准而不同，目前尚未有统一的标准，下面介绍三种主要的分类方法。

（一）依据评价的功能

1. 诊断性评价

诊断性评价是在开展教育活动之前，对教育对象即幼儿进行的预测性评价。其目的在于充分发挥教育评价的诊断功能，了解幼儿在某领域方面的发展情况，发现存在的问题，以便制订教育计划和因材施教。例如在幼儿刚入园时，教师会对幼儿发展水平进行摸底测试，以便了解幼儿发展中的一些特点，这类就属于诊断性评价：王老师通过观察发现刚入园的幼儿小明（化名）不能独自进餐，生活自理能力需要进一步加强。

2. 形成性评价

形成性评价是在教育过程中持续进行的评价。其目的在于及时了解教育活动的反馈和成效，以便及时调整教育策略，以优化教育过程。形成性评价一般都是非正式的评价，例如教师在课堂上想要获得学生学习的反馈而进行的提问就属于形成性评价。

3. 终结性评价

终结性评价是在完成某个阶段的教育活动之后进行的评价。其目的在于了解这一阶段的教育效果，对达成教育目标的程度作出总结和鉴定。终结性评价一般都是正式的评价。如幼儿园进行某项科研后进行的成果验收、幼儿园办园等级评定以及中小学学生的期末考试等都属于终结性评价。

（二）依据评价的参照标准

1. 绝对评价

绝对评价是指以预先设定的、期待的教育目标为评价基准，来衡量评价对象到达完满程度的一种评价，有人也称它为标准参照评价。在学校以学生为教育对象的测定中，关心的是每一个学生的发展，因此也叫作到达度评价，学校中教学评价多属于此类，例如依据教学目标和教材编制试题来测量学生的学业成绩，判断学生是否达到了教学目标的要求，这种评价叫作绝对评价。

2. 相对评价

相对评价是指在某一个集团中（班级、学校、地区、国家），以这个集团的平均状况为基准，评价每个被评对象在这个集团中所处的相对位置的一种教育评价。它的客观性很强，并已经经过近百年的发展，有一套测量和统计方法，它适用于选拔性考试。它是以正态分布的理论为基础，所表示的是学生之间的比较，而与教育目标没有太大的关系。一般大型的标准化考试、升学考试、心理测试，以及各种竞赛性考试等属于此类评价。

（三）依据评价的主体

1. 自我评价

自我评价是由评价者对自己做出评价。自我评价包括自我观测、自我反思、自我改进三个过程，它是教师自我发展的重要手段，也是科学教育活动评价的重要组成部分，是实现评价促发展的评价目的的途径之一。对于教师来说，很多单位期末或年末要进行工作总结，往往就需要教师作自我评价。

2. 他人评价

他人评价是由被评价者以外的其他人员作为评价主体开展的评价。评价人员可以是主管部门的工作人员、参观者、幼儿园其他教师和幼儿家长等，评价结果是由评价者和评价对象共同商定的，能排除主观偏见，因而比自我评价更客观、更准确。比如期末的教师评价，有的幼儿园在教师自评的基础上，采用年段长对年段每位教师进行评价，因此年段长的评价对每个教师来说就是他人评价。

三、学前儿童科学教育评价的意义

科学教育是在一定的教育目标指导下实施的。教育活动是否已达到目标所提出的要求，需要通过评价来作出鉴定。

（一）评价是控制学前儿童科学教育质量的手段

学前儿童科学教育评价具有反馈功能，通过科学教育评价，可敏锐地发现问题与不足，并不断地加以修正，使科学教育的薄弱环节加强，从而改进科学教育工作。即幼儿园所制定的科学教育目标，选用的科学内容方法、原则以及教师自身的知识经验等，是否与幼儿的年龄特点、知识经验、现有认知水平相适应，幼儿园科学教育是否达到了预期的效果，要通过对科学教育整个过程全面的测评、估量，才能有科学的了解。通过这样的了解，可以知道科学教育取得的成绩，进一步提高工作与学习的积极性；同时，也可看到哪些方面不足，从而进行改进。因此，可以说学前儿童科学教育评价是一种反馈矫正系统，可用来判断科学教育过程中的每一个步骤是否有效，如无效则必须及时采取变革措施，以确保科学教育的质量。例如，通过了解幼儿园教师对幼儿进行科学教育的情况，发现该教师对科学教育目标的理解有偏差，这时立即给予反馈，就可使该教师及时进行修正，以确保科学教育的有效、高质。

（二）评价是积累学前儿童科学教育资源的重要途径

据前所述，评价可以发现科学教育中存在的问题，从而及时改进，以确保科学教育的有效、高质。与此同时，被验证是有效高质的各个具体的科学教育活动，又可作为日后科学教育的内容、方法、途径等选择的依据。例如，某幼儿园进行了"寻找影子"的科学探索活动，通过评价、修正，最后确保了该活动的有效性，这样的活动方案就可作为经验保留、积累，在今后的科学教育中作为经常选用的内容，同时也可作为经验向同行推广。对于教师本人来说，更是能保留经验，改进不足，使科学教育的质量不断提高，同时也促进了教师专业化发展，另外通过这样的评价过程，幼儿园及教师积累了一定的科学教育经验和资料，可作为今后开展教育科学研究的依据。

（三）评价是改进学前儿童科学教育的依据

众所周知，学校教育可以通过考核（测验、考试）来检查学生是否掌握了教师所授的知识，对考核不及格或成绩不够理想的学生，也可以此作为依据来对他们采取一些补救措施。教师还可以通过对考核结果的分析，找出自己教学的薄弱环节，并进行改进。学前儿童科学教育不可能通过正式的考核来获知幼儿学习科学的情况，以及教师自身科学教育的不当之处，但可通过评价，对以上情况进行了解，然后以此为依据，对全班幼儿进行补救教育和对个别幼儿进行个别教育。

著名的教育评价专家泰勒（Tyler）指出，目标、教育进程和评价三者之间形成了一个"闭环结构"，他认为预定的教育目标决定了教育活动，而评价就是根据教育目标，对照实际的教育结果，找出教育活动偏离目标的程度，以便通过改进措施更好地达成目标。目标是评价的依据，评价则是达到目标的一个重要手段。即教育评价不仅能够评价教育结果，更重要的是它能够为实施补救教育、个别教育，进一步调整科学教育活动提供依据。认识到评价的这种功能显得十分重要，也就是说评价的最终目的不是为了鉴定所谓的好与不好，而是提高教育质量，如果大家都能在这一点上达到共识，那么评价过程就成为一种评价者与被评价者互动的过程。

总之，科学教育评价是幼儿园科学教育中不可缺少的一个部分，它对于教师的教学和幼儿的学习两方面都是至关重要的。

四、幼儿园科学教育的评价内容

在对具体教育现象评价之前，我们要先明确幼儿园科学教育要评价什么，简单来说，幼儿园科学教育的评价包括三个方面：幼儿园科学教育课程评价；幼儿科学领域的发展评价；幼儿园科学教育环境的评价。

（一）幼儿园科学教育课程评价

课程评价就是从整个课程的角度，对幼儿园科学教育的实践进行整体性评价，以判断其价值和效益。它包括对幼儿园科学教育的目标评价、内容评价、方法评价以及实施评价。例如当下在幼儿园教育中一直存在着分科和综合两种不同的课程模式。在不同的课程模式中，科学教育作为课程内容的一部分，以不同的形式存在于课程中，或者是以单独的学科形式存在，或者融于整体课程之中。为了解不同模式下科学教育的实际效果，并使之更加完善，我们有必要对其从目标到内容、方法、手段以及实际效果进行全面的评价。由于第二节将围绕科学教育活动评价的核心要素系统展开，这里不做过多赘述。

（二）幼儿科学领域的发展评价

幼儿科学领域的发展评价是以幼儿为对象，评价幼儿在科学领域方面的发展情况。在教育评价中，经常要对幼儿的发展状况进行评价。有时我们为了获得一些间接的资料，以评价教育活动的效果；有时候是为了对幼儿科学领域方面的发展水平做某种鉴定，了解幼儿的发展状况，以便改进教学。对幼儿发展的评价也可参考幼儿园教育活动目标"知能情"，即"知识经验""技能与能力""情感与态度"的角度进行评价，具体主要包括以下三个方面：

1. 对幼儿科学经验和科学概念的评价

幼儿是否获取了周围物质世界的广泛的科学经验，是否在感知经验基础上形成了初级的科学概念，可以通过有计划的测量、家长问卷、观察、作品分析、谈话等方式来了解，然后再根据对资料的分析作出间接的评价。

2. 对幼儿科学方法和能力的评价

对幼儿科学方法和能力的评价主要是评价幼儿探索周围世界和学习科学的技能与方法的发展水平。在科学活动中，幼儿能够善于运用多种感官，掌握观察的方法，学会有顺序地观察；能够对一些物体进行比较、分析、抽象和概括；能够在一定时间内专注地观察、比较，有遇事思考的习惯；能用简单的方式方法记录探索和发展变化的过程，掌握简单的分类和测量方法；能够用语言、体态、绘画、泥塑等手段表达交流科学发现；思维活跃，能大胆创新。

3. 对幼儿科学情感和态度的评价

对幼儿科学情感和态度的评价主要是评价幼儿对周围世界的好奇心、探索周围世界和学习科学的兴趣、尊重客观事实的科学态度、乐于思考创新和合作交流的习惯以及关心、爱护自然和环境的积极情感。如在科学活动中，幼儿对周围环境中的新奇刺激产生好奇并做出积极反应：对自然界和科学活动感兴趣，喜欢观察、探索自然界，积极参与科学活动并在活动中表现出愉悦的情绪：关心自然界，爱护、保护动植物和周围环境。

（三）幼儿园科学教育环境的评价

皮亚杰认为，儿童是在与周围环境的交互作用中发展起来的，环境评价也是幼儿园科学教育评价的重要内容之一。环境评价既包括对科学教育物质环境的评价，也包括对科学教育心理环境的评价。在具体实施时，既可以对一个幼儿园的环境作整体的评价，也可以对教师在某一个活动中提供的物质材料和空间环境进行评价，或者就某一个活动中教师提供的心理环境进行评价。

例如，要了解某幼儿园在创设幼儿科学教育环境方面的成效，就要进行科学教育环境评价。我们可以根据幼儿科学教育环境创设的原则和要求，先拟定一些评价指标。比如：环境气氛、自然环境、设施设备、活动材料、活动空间等，并确定各个项目的具体评价标准。然后对照这些标准，对幼儿园的科学教育环境加以评价。

再如，要评价幼儿学科学的心理环境，则可以实地观察教师和幼儿的行为表现，以及他们之间的互动。通过分析这些行为的性质，我们可以了解教师的哪些行为具有心理影响的意义，对幼儿学科学具有哪些实质的影响，是积极的还是消极的，从中评价幼儿学科学的心理环境。

五、幼儿园科学教育评价的方法

在了解了幼儿园科学教育要评价什么后，我们还要明白怎么评价：既要遵循幼儿园科学教育评价的一般步骤，同时还要采用适宜的评价资料的收集方法。

（一）幼儿园科学教育评价的一般步骤

虽然评价的方法多种多样，但一般而言，总要按照一定的程序和步骤进行。只有这样，才能保证评价工作的科学性和有效性。幼儿科学教育评价一般包括以下几个步骤：确定评价目的、设计评价方案、实施评价方案、处理评价结果。在每一个步骤中，又有一系列具体的工作。

1. 确定评价目的

评价目的主要涉及三个具体问题：① 为什么评价？② 由谁评价？③ 评价什么？

例如李老师要对本班幼儿的科学素养进行评价，首先就要认同评价对于促进教育教学的积极作用，不能心生排斥，就如我们和他人打交道，相比陌生人而言肯定和熟人相处更加自在，而评价过程就是了解教育对象的过程。其次，要认识到评价过程不是教师一言堂，要鼓励幼儿的参与。最后，教师要明确对幼儿科学素养的评价包含科学认知、科学能力、科学态度三个维度，这样才能设计出科学合理的评价方案。

2. 设计评价方案

这一步骤包括四个方面的工作：① 明确评价所依据的目标；② 设计评价指标体系；③ 确定收集资料的方法和步骤；④ 准备评价记录表格和文件。

3. 实施评价方案

评价方案的实施，属于直接评价对象阶段。主要包括三个阶段的工作：① 收集评价资料之前的工作；② 收集评价资料的过程；③ 获得评价资料之后的工作。

4. 处理评价结果

教育评价的结果，要通过评价报告的形成提供给有关的对象，或者反馈给教师，供其改进教学，或者报告上级使其了解情况。总之，要使教育评价的结果发挥作用，真正成为改进工作或作出决策的依据。

（二）幼儿园科学教育评价资料的收集方法

教育评价的过程包括从确定评价目的、设计评价方案、实施评价方案到处理评价结果的若干步骤，其中均涉及方法的问题。而收集评价资料是幼儿园科学教育评价中工作量最大、技术性也最强的一个步骤，是评价获得成功的关键。下面所介绍的观察分析法、问卷调查法、访谈法等，它们各具特点，分别适合于收集不同类型的评价资料。

1. 观察分析法

观察分析法就是在自然状态或准自然状态下，对评价对象的行为进行现场观察，并根据观察结果进行分析、作出评定的一种资料收集方法。这种方法既可以用于对幼儿行为的观察，也可以用于对科学教育情境中的师生互动行为的观察。观察在评价中的应用非常广泛，具体的方法也比较多。常用的有自然观察、情境观察和行为检核等。

（1）自然观察评价是评价者对幼儿在日常生活中、自然状态下的行为进行观察及评价的方式。自然观察法在运用于幼儿园科学教育评价时，往往在观察前就明确了所需观察行为和事件的类型，观察时只需等候行为或事件的发生，并作详细的记录。例如下面一段记录展现了儿童对待小动物的科学态度。2022 年 5 月 31 日，小红（化名）早上一到园就跑到饲养角观察小乌龟，一边看一边说："小乌龟，你昨晚睡得好吗，我可想你啦！"这个自然观察片段体现了该幼儿亲近自然，喜欢探究的科学态度。

（2）情境观察是指事先创设一种情境，以此引发评价者想要观察到的幼儿的行为，从而来测试评价幼儿发展水平的一种方式。例如教师想了解中班幼儿的观察比较能力，就让幼儿同时观察白桃和猕猴桃，让幼儿归纳它们之间的相同和不同之处，以此来评价儿童的观察能力。

（3）行为检核是在观察前依据所需观察的目标，确定观察内容，并制定一个观察核对表。评价者根据观察到的事件或行为，对照观察核对表中的各个项目逐条检核，在符合的条目上做记号，并进行评定的一种方式。例如教师可制作幼儿观察白桃和猕猴桃的行为检核表（见表 8-1-1），根据不同的感觉器官列出若干项目，当幼儿说出其中一项时，就在上面作一个记号。通过这份检核资料，

Note

我们可以评价幼儿是否能够主动运用各种感官进行观察和比较。

表 8-1-1　幼儿对白桃、猕猴桃的感知比较检核表

	视觉		触觉				嗅觉	味觉
	大小	颜色	形状	软硬	轻重	光滑	气味	味道
甲								
乙								
丙								
丁								

2. 问卷调查法

问卷调查法是由调查对象通过书面形式提供给调查者有关评价对象情况的一种评价资料收集方法。问卷调查和其他的方法相比，其优点是简便易行，能在较短的时间内获得大量的反馈信息，而且便于进行量化的统计分析；但缺点是缺少面对面的沟通，研究者往往不在现场，真实性无法核对。另外，问题用文字或符号表达，对调查对象的要求较高，信息不够深入细致。

需要特别注意如果是对幼儿的书面调查，问卷的答案应避免文字，尽量采用图画的方式。在实施调查时，教师应先引导幼儿理解问题的含义，再让幼儿作答。比如，我们为幼儿设计了"我喜欢的动物"调查问卷，里面包含了动物习性、外形特征等科学经验，鼓励幼儿通过绘画的方式来进行表征（见图 8-1-1）。

图 8-1-1　小班幼儿"我喜欢的动物"调查问卷

3. 访谈法

访谈法又称为谈话法，是指评价者通过直接和访谈对象进行交谈来获取有关信息的一种收集评价资料的方法。访谈法的优点是过程灵活、深入；获得的资料直接、可靠；有利于谈话对象发挥主动性；简单易行，使用面广。访谈法的缺点是样本量较小，获得的资料比较难以标准化，对被调查者的心理状态不好控制，有一定的局限性，所以对访谈者素质要求很高，访谈者的价值观、态度、谈话水平、语气等，都会影响评价对象，容易导致偏差。

访谈的形式多种多样。可以进行小组访谈，即和几个访谈对象同时进行，也可以个别访谈。可以进行封闭式的访谈（即限定问题的访谈），也可以进行开放式的访谈。不管采用何种形式的访谈法，访谈者首先要做好准备工作，如选择适当的访谈形式，设计好访谈提纲，了解被访谈者的情况，选好访谈的时间、地点。访谈中要与被访谈者建立良好的关系，取得其信任。同时，要尊重访谈对象的年龄特征。

值得一提的是，对于幼儿来说，访谈是最让幼儿感到轻松的方法。因为是在一种平等的气氛中进行访谈，幼儿可以表露出他的真实想法。在幼儿科学教育的评价中，我们应该充分利用访谈的方法获取评价资料。例如一位教师在了解幼儿关于"蚯蚓"已有经验时，就运用了访谈的方法。她拟出了几个中心问题，和幼儿进行交谈：蚯蚓是什么样子的？蚯蚓住在哪里？蚯蚓怎么吃东西？随后围绕这些关键问题开展了一系列科学探究活动，丰富了幼儿的已有经验。

4. 作品分析法

作品分析法是指根据幼儿的各种作品（科技制作作品、图画、泥塑、所编故事、儿歌等）分析幼儿科学素养发展水平，或检测教育教学活动效果的的一种方法。

作品分析法的优点在于资料较易收集；其缺点也很明显，即往往不能系统、完整地了解幼儿的科学素养发展水平。

经典案例

植物长大了

在自然角中，教师让大班值日生每周定期观察植物的生长变化并作观察记录（见图 8-1-2）。教师收集这些观察记录表，通过作品分析法的方式，教师可据此了解幼儿对植物外形特征的把握、观察记录等过程性能力的发展程度以及幼儿坚持性与独立性等学习品质的发展，从中也渗透了儿童数学表征的多样性以及个体差异的客观存在。

图 8-1-2　大班幼儿对植物的观察记录

六、幼儿园科学教育的评价观念

教育评价是带有价值取向的，在明确了科学教育的评价内容和方法后，我们还要树立科学的评价观念，才能满足追求教育民主、尊重个人价值的时代精神，培养出德智体美劳全面发展的社会主义事业的建设者和接班人，具体来说要把握以下三个方面：

（一）关注幼儿的自我评价

在众多的评价主体之中，幼儿是弱势群体，但培养幼儿自主评价的能力却是关系到幼儿的一生、同时也应该贯穿于幼儿学习生涯的任务。通过幼儿对自己的评价，一方面可以培养其自我评价能力，认清自己学习的目的，养成反思的思维习惯，形成对自己的学习负责任的意识；另一方面通过幼儿的自我评价，可以评判自己的学习，从而更好地计划自己下一步该如何学习。

例如，我们可以通过讨论"最好作品"的方法来引导幼儿进行自我评价。讨论"最好作品"就是让幼儿选择他们认为是最好的且说明选择的理由。通过这种评价可以知道幼儿对已有概念的认识水平。幼儿的自我评价还可以通过选择一份自己的作业来证明对科学知识的理解或自己的科学探究能力；还可以通过对同伴的活动和作业提出建设性的批评意见等方式进行。总之，教师应该维护幼儿的自主性，和幼儿展开平等的对话。

（二）关注教育的过程评价

长期以来的教育评价实践存在着"重教育结果、轻教育过程""重鉴别功能、轻改进功能""重终结性评价、轻形成性评价"的问题。尤其是将教育评价看成是外在于教育过程的环节。这样的观念割裂了评价与教育过程的血脉联系，并在实践中产生了很多消极影响。对教师来说，如果没有意识到自己身兼教育者和评价者的双重角色，往往就不会有意识地在教学过程中收集评价资料、及时改进教学。而评价本身也就退化成教育过程之外的一种静态的评定工作，失去了它的生命力。教育部的《幼儿园保育教育质量评估指南》明确提出，要坚持科学评估，切实扭转"重结果轻过程、重硬件轻内涵、重他评轻自评"等倾向。在具体的《幼儿园保育教育质量评估指标》专门的重点内容就是"教育过程"，包括活动过程、师生互动、家园共育。详情请扫码阅读。

幼儿园保育
教育质量
评估指标

（三）关注幼儿的差异性评价

从评价的标准看，受目标教学模式的影响，过去的教育评价也常常是目标导向的，即按照设定的统一、具体的和固定不变的标准，来衡量评价对象。但是，用统一和标准化的方式来进行的评价过分强调了幼儿学习和思维方式的统一性，忽视了幼儿学习与发展的独特性。当然，差异性评价决不是取消评价的标准，从根本上说，它强调的是一种宽容理解和平等对话的精神。对教师来说，要"承认和关注幼儿的个体差异，避免用划一的标准评价不同的幼儿"，要"以发展的眼光看待幼儿"，为每个幼儿创造个性化的发展空间；对幼儿来说，也要理解和接受同伴之间的差异，在发展自主评价能力的同时，学会接纳不同的声音，从而营造一种合作学习、共同成长的氛围。

实训操练

利用下园或其他机会，采用作品分析法收集幼儿与科学教育有关的作品，结合《3～6岁儿童学习与发展指南》对幼儿科学领域的发展进行分析评价。

课外拓展

阅读教育部出台的《幼儿园保育教育质量评估指南》，了解文件的主要内容。（文件来源为教育部官方网站的链接，网址为：www. gov. cn/zhengce/zhengceku/2022-02/15/content _ 5673585. htm）。

真题再现

1. 林老师通过分析幼儿观察豆子生长变化的记录表，评价幼儿观察的细致性、系统性等发展情况。林老师使用的评价方法是（   ）

　　A. 问卷法　　　　　　　　　　　　　　B. 观察法

　　C. 调查法　　　　　　　　　　　　　　D. 作品分析法

2. 在教学过程中，王老师随时观察和评价幼儿的行为表现，并以此为依据调整指导策略，该老师采用的评价方式是（   ）。

　　A. 诊断性评价　　　　　　　　　　　　B. 标准化评价

　　C. 终结性评价　　　　　　　　　　　　D. 形成性评价

过关练习

一、单项选择题

1. 学前儿童科学教育评价的一般步骤为（   ）。

　　A. 设计评价方案→确定评价目的→实施评价方案→处理评价结果

　　B. 确定评价目的→设计评价方案→实施评价方案→处理评价结果

　　C. 设计评价方案→实施评价方案→处理评价结果

　　D. 确定评价目的→设计评价方案→实施评价方案

2. 学前儿童科学教育评价中，收集资料的方法类别主要有（   ）。

　　A. 观察分析法、事件详录法和访谈法　　B. 观察分析法、行为检核法和事件详录法

　　C. 观察分析法、问卷调查法和访谈法　　D. 情境观察法、事件详录法和访谈法

本节参考
答案与解释

二、简答题

3. 简述科学教育评价的意义。

第二节　幼儿园科学教育活动的具体评价

《幼儿园教育指导纲要（试行）》第四部分"教育活动评价"中指出，幼儿园的教育工作评价要重点考察以下方面：① 教育计划和教育活动的目标是否建立在了解本班幼儿现状的基础上。② 教育的内容、方式、策略、环境条件是否能调动幼儿学习的积极性。③ 教育过程是否能为幼儿提供有益的学习经验，并符合其发展需要。④ 教育内容、要求能否兼顾群体需要和个体差异，使每个幼儿都能得到发展，都有成功感。⑤ 教师的指导是否有利于幼儿主动、有效地学习。

微视频：
学前儿童科学
教育活动的评价

幼儿园科学教育活动作为实施科学教育的基础单元，也是评价的主要内容，幼儿园科学教育活动的评价是指对科学教育活动进行具体评价，包括对活动目标、活动内容、活动方法、活动过程等方面的综合评价。

一、对科学教育活动目标的评价

目标是教育活动的出发点，也是归宿；它决定了教育内容的选择、方法的运用、环境的创设，同时也是教育效果评价的依据。对幼儿园科学教育活动目标的评价，主要包括以下几个方面：

（一）活动目标是否与科学教育总目标、年龄阶段目标相一致

尽管某一个具体的科学教育活动的目标是详细的，但必须坚持其上层目标的指导，且每一项具体活动目标的实现，都是在为更高级别目标的实现打基础，并最终促进幼儿身心的健康全面发展。例如，有的教师在生活活动的环节，将吃饭的速度（看谁吃得快）作为目标，就不适宜。教师和家长不能一味地追求幼儿吃饭的快速度，而长期提供勺子作为餐具；为了促进幼儿小肌肉动作的发展，应及时提供筷子供幼儿练习进餐。

（二）活动目标是否与本班幼儿的实际发展情况相适应

尽管幼儿的身心发展具有普遍的规律和一般趋势，但因受各种内外因素的影响，存在较大的个体差异。例如，家庭教育观念不同，导致不同幼儿的生活自理能力存在较大差异；同一个年龄班幼儿存在月份上大小问题，也会影响幼儿各方面的发展水平。因此，教师在制订活动目标时，必须紧密结合本班幼儿实际情况，既要考虑到班上大部分幼儿的发展水平，还要兼顾少部分幼儿发展的个体差异，让每个幼儿在自身已有水平的基础上都能得到发展。

Note

（三）活动目标是否包含了"情感、能力、认知"三个维度

在对幼儿进行科学教育时，好奇心、对科学的探究兴趣等情感态度是幼儿科学精神的核心，能力方面也是非常重要的，认知目标即知识方面的目标居于最后。因此，在每个具体的科学教育活动目标中，都应包含完整的"知、情、能"三部分内容。例如，教师在注重培养幼儿正确洗手这一动作行为习惯的同时，也应在幼儿年龄发展水平能够接受的范围内，尽量丰富幼儿的科学知识，正确认识注重个人卫生的重要性。当然，在具体的活动设计与实施过程中，因活动内容本身的特性，有时会比较侧重某个维度的目标，但注意不能偏废。

（四）活动目标是否有效实现

活动目标是教育活动的归宿，在确保活动目标适宜性的基础上，评价幼儿园科学教育活动最终要看教师预设的活动目标是否能够有效达成。而评价目标的达成度，一般主要是根据幼儿通过活动中的学习所产生的发展变化来判断。如果大部分幼儿能完成目标，那么就说明达成目标。

二、对科学教育活动内容的评价

活动内容是实现活动目标的载体。对活动内容进行评价时，一要考虑内容本身选择的适宜性，二要考虑内容设计的合理性，具体可从以下方面进行评价。

（一）活动内容是否能支持活动目标的实现

活动目标制订得再科学合理，如果没有适宜的活动内容作支撑，那么就好比空中楼阁，依旧无法实现。幼儿园科学教育的内容十分丰富，但必须根据活动目标来选择内容，这是活动内容选择的首要依据。例如，教师要引导幼儿观察了解沉浮的现象，在选择活动材料的时候就要考虑哪些物品会沉下去，哪些物品会浮起来，才能更好地支持幼儿围绕沉浮现象进行探究。

（二）活动内容是否科学、正确

尽管幼儿园的教育内容具有启蒙性，但幼儿园科学教育是为了帮助幼儿形成正确的科学教育观念，培养和激发良好的科学探究兴趣，因此，科学教育的内容首先应确保是准确无误的，是科学的，不能有错。但在实际教学过程中，个别教师也存在着一些迷思概念，例如，教师在引导大班幼儿观察沉浮现象，就简单总结为重的沉下去，轻的浮起来，而忽视了物体的体积。为此，教师必须不断提高自身的科学教育素养，做好儿童科学启蒙之路的引路人。

（三）活动内容是否与时俱进

随着我国社会经济的不断发展与进步，科学教育的内容也应紧跟时代发展的步伐。例如，由于营养水平的不断提升，幼儿身体发育较之以往更快、更早，教师在选择科学教育活动内容时，必须

根据幼儿发展的实际情况，选择更加适宜的教育内容；又如，当前幼儿佩戴电话手表已经成为一种司空见惯的现象，在进行幼儿安全防护教育时，幼儿园教师要有意识地引导幼儿学会利用电话手表进行求救。

（四）活动内容是否能满足幼儿的需要和兴趣

幼儿是科学教育活动的主体，因此，评价科学教育活动的内容时，必须考虑内容的来源是否符合幼儿的实际生活经验，是否能关注幼儿的兴趣和需求，这是幼儿能否积极参与到活动中、发挥学习主动性的前提条件。应注意的是，在考虑群体需要和兴趣的同时，教师应尽可能兼顾个体差异，使每个幼儿都能找到自己感兴趣的内容，都能得到发展。

（五）活动内容的设计是否合理

幼儿园教师组织科学教育活动时，在保障内容选择的适宜性基础上，还应考虑活动的安排是否合理。一是幼儿在一次活动中注意力集中的时间有限，教师选择的内容分量不宜过多，也不宜过少；二是活动内容本身往往具有内在逻辑关系，教师在安排活动内容时，要遵循由易到难、由简单到复杂的教学顺序。

三、对科学教育活动方法的评价

不同的科学教育内容、不同的教育对象，其适合采用的教育方法有所差异，也会产生不同的活动效果。具体可从以下几个方面对活动方法进行评价。

（一）活动方法是否符合幼儿的年龄发展特点

不同年龄段的幼儿，其认知、动作等各方面的发展都处于不同阶段。年龄越小，教师越要注意选择直观、形象、生动的方法来组织教育活动。例如，采用演示法来介绍相关的食物时，因幼儿已有的知识经验较少，教师出示真实食物更能够调动幼儿多方面的感官来认知客观事物，比运用模型或图片的效果更佳。

（二）活动方法是否与活动目标和活动内容相适应

不同的活动目标和内容，都有相对比较适宜的教育方法。例如，组织幼儿学习制作陀螺时，教师应采用练习法，提供给幼儿更多实践练习的机会，同时通过变化练习的材料或条件，来保持幼儿参与活动的兴趣，使他们更好地掌握相应技能。

（三）活动方法是否能够吸引幼儿主动参与其中

幼儿作为幼儿园教育活动的主体，只有充分调动他们学习的主观能动性，才能达到好的教育效果。因此，评价教师采用的活动方法时，还要看其是否能够吸引幼儿参与活动的兴趣和注意力。例如，教师是否积极采用游戏这种幼儿喜闻乐见的活动方法，或组合采用多种活动方法来调动幼儿参与活动的积极性，这也会影响科学教育活动的效果。

四、对科学教育活动过程的评价

活动过程是教师实际采用各种方法来组织实施相关的科学活动内容，并最终期望达到一定活动目标的活动实施环节。对活动过程的评价可以集中从两个方面来进行，一是活动组织结构的科学性和合理性；二是活动实施过程中人与人的互动（包括师生互动和同伴互动）和人与物的互动（教师和幼儿在活动中如何操作活动材料）情况。具体可从以下方面进行评价。

（一）活动环节是否科学、合理、有效

要考虑活动环节之间是否前后逻辑通顺、程序严密、组织紧凑有序，前一个环节是否为后一个环节做了有效铺垫，是否有效解决重点、突破难点；活动环节是否根据幼儿身心发展特点和学习规律注重动静交替，注重时间安排的合理性。例如，在"有趣的弹弓"大班科学活动中，教师让幼儿在教室中先提出猜想："究竟是长的牛皮筋射得远还是短的牛皮筋射得远？"随后让幼儿在户外自主探究，验证猜想，最后在教室中交流讨论，共享经验。整个活动环节层层递进，遵循了动静交替的原则，也实现了预期的活动目标。

（二）师生互动和同伴互动是否自由、平等、有效

具体包括活动中，教师是否以平等、尊重、关怀的态度跟幼儿交流，创设宽松的活动环境，使幼儿积极主动参与到活动中；是否及时关注到幼儿在活动中的表现，把握幼儿个体差异，用恰当的方式予以指导与帮助；是否变换采用提问、讨论、游戏等多种教育方法，给予幼儿更多主动思考、自由讨论的时间和机会，使幼儿成为活动的主体；是否根据活动开展情况，及时调整活动目标、内容、方法和策略等。

（三）各种活动材料是否适宜、有效并得到充分利用

具体包括教师是否为活动的开展选择了适合活动内容和幼儿实际发展水平的辅助材料；这些材料是否被教师和幼儿充分、有效地利用；是否促进了活动的开展与目标的实现，等等。

（四）活动结束后是否进行深入、细致的反思

一般幼儿园教师在科学活动结束后，往往需要对活动进行反思。在反思中，就是对自己开展科学活动的评价。中班科学活动"我爱白开水"教学反思，是一位二年级学前教育专业学生在下园组织科学活动之后的自我评价。作为一名学前教育专业二年级学生，虽然涉及活动内容、活动过程及材料方面的评价，对科学活动的反思还是不够全面和具体。对这位学生反思的评价参见案例中的评价。

中班科学活动：我爱白开水

● 教学反思

1. 教育内容符合幼儿的兴趣和需要，具有趣味性。本次活动是幼儿日常生活中每天要接触的白开水以及饮料，幼儿具有丰富的经验准备，能积极地参与活动交流。但部分活动内容难度太高，且幼儿缺乏相关认知，直接导致少数幼儿注意力不集中。

2. 活动过程中，教师首先以播放视频以及出示图片的方式，吸引幼儿对活动的兴趣。其次多次采用提问的方式引发幼儿思考，积极引导幼儿与周围同伴讨论并大胆发言。但教学方式仍然太过单一，更多的是教师提问、幼儿回答的单项过程，没有很好地引导幼儿主动思考。且向幼儿提出的问题太过简单，不符合幼儿已有的发展水平，导致活动过程缺乏趣味性，部分幼儿注意力不集中。

3. 活动材料准备兼顾幼儿不同的发展水平，但选择的部分材料太难，幼儿难以理解和操作。

● 改进举措

1. 活动内容要多考虑幼儿的认知发展水平，选择幼儿有兴趣并且经常接触的材料和事物。

2. 采用丰富的教学方法，不单用提问的方式与幼儿互动，还可以通过情景教学、游戏等方式促进幼儿心情愉悦、积极主动地参与到活动中来。提问时，所提问题应符合幼儿的理解水平。活动过程中应以幼儿为主，教师的语言尽量简练，引导幼儿多积极发言或与同伴交流，大胆表达自己的观点。

3. 做到准备充分，根据幼儿的发展特点和认知经验来准备相应的活动材料；同时，尽量综合考虑幼儿的不同兴趣和个别发展差异。

上述内容为某学前教育专业大二学生在幼儿园开展中班科学教育活动"我爱白开水"后对活动进行的一次教育反思，实质上就是进行了一次教育评价。如果要你对这位实习生的教育反思进行点评，你怎么点评？

● 教师点评

首先值得肯定的是，实习生在活动结束后开展教育反思是一种事半功倍的学习方式，能够帮助实习生了解自己活动组织的优点和问题，从而在今后的教育教学工作中更好地发扬优点、解决问题，不断提升自己的保教水平。从反思的内容来看，该实习生能够关注到活动内容、活动材料、教学方法等方面的适宜性，并针对问题提出下一步改进的举措，具有一定的教育活动组织经验。但整体而言，该实习生的教育反思存在以下问题：

1. 反思总体较为浅显，针对性不是很强。虽然该实习生考虑到教育活动组织的一些基本要求，比如遵循幼儿的年龄发展规律、与幼儿的日常生活紧密结合等，但均泛泛而谈，没有充分结合本班幼儿的实际情况、本次活动组织的现实问题等来分析活动目标、活动内容、活动方法的适宜性、科学性等。为了使活动反思充分发挥促进教师保教水平提升的作用，教育活动反思应尽可能与本次活动的内容紧密结合，细致剖析本次活动组织过程中出现的问题，深究、细究问题背后的原因，以便教师后期在组织同类型的活动时能避免出现相同问题。

2. 反思不够全面、系统。评价某一教育活动的组织实施效果，应从活动目标制订的合理性出发，首先思考目标制订得是否准确；其次，思考是否依据活动目标选择合适的教育内容和活动材料，是否根据幼儿的发展水平和活动内容的特性，采用科学、有效的活动组织形式和教学方法，并最终落脚到是否有效实现预期的教育目标。总的来说，上述教育反思的内容较为零散，且没能关注到教育活动的出发点和落脚点——活动目标。值得注意的是，活动开展后的教育评价虽然需要综合考虑活动设计和实施的方方面面，但在日常教育反思和教研过程中，教师可以针对某一具体问题进行细致研讨，比如教师有效的提问策略、适宜的活动材料准备等，从而形成可推广的有关教育活动组织与实施的系列教研资料，整体提升教师的保教水平。

实训操练

请扫码观看本节教材中的微课视频"学前儿童科学教育活动的评价"（见本书第 252 页），围绕幼儿园科学教育活动案例或视频，结合《幼儿园教育指导纲要》（试行）、《3～6 岁儿童学习与发展指南》，从活动目标、活动内容、活动方法、活动过程四个方面分析其活动的优点与不足。

真题再现

一、单项选择题

1. 教师根据幼儿的图画来评价幼儿发展的方法（　　）。

A. 观察法

B. 作品分析法

C. 档案袋评价法

D. 实验法

2. 教育过程中，教师评价幼儿适宜做法（　　）。

A. 用统一的标准评价幼儿

B. 根据一次测评结果评价幼儿

C. 用标准化工具测评评价幼儿

D. 根据日常观察所获信息评价幼儿

Note

过关练习

一、判断对错

1. 在设计活动目标时，要兼顾"情感、能力、认知"三个维度，在具体的活动设计与实施过程中，因活动内容本身的特性，有时会比较侧重某个维度的目标，但注意不能偏废。（　　　）

2. 教育活动的过程设计是评价的核心和归宿，对整个评价过程起着导向作用。（　　　）

二、简答题

3. 简述科学教育活动过程的评价内容。

本节参考
答案与解释

参考文献
references

[1] 冯晓霞. 幼儿园课程 [M]. 北京：北京师范大学出版社，2000.

[2] 王志明. 学前儿童科学教育 [M]. 南京：南京师范大学出版社，2001.

[3] 施燕. 学前儿童科学教育 [M]. 上海：华东师范大学出版社，1999.

[4] 王志明，张慧和. 幼儿园课程指导丛书·科学（分小班、中班、大班上下册）[M]. 南京：南京师范大学出版社，2000.

[5] 刘占兰. 幼儿园科学教育 [M]. 北京：北京师范大学出版社，2000.

[6] 中华人民共和国教育部基教司.《幼儿园教育指导纲要（试行）》解读 [M]. 南京：江苏教育出版社，2002.

[7] 朱家雄. 福建省幼儿园教师教育用书·领域活动指导 [M]. 福州：福建人民出版社，2005.

[8] 高月梅，张泓. 幼儿心理学 [M]. 杭州：浙江教育出版社，1993.

[9] 张俊. 幼儿园科学教育 [M]. 北京：人民教育出版社，2004.

[10] 李季湄，冯晓霞.《3～6岁儿童学习与发展指南》解读 [M]. 北京：人民教育出版社，2013.

[11] 夏力. 学前儿童科学教育活动指导 [M]. 3版. 上海：复旦大学出版社，2019.

[12] 王先达. 幼儿园科学教育探究 [M]. 长春：吉林人民出版社，2021.

与本书配套的二维码资源使用说明

　　本书部分课程及与纸质教材配套数字资源以二维码链接的形式呈现。利用手机微信扫码成功后提示微信登录，授权后进入注册页面，填写注册信息。按照提示输入手机号码，点击获取手机验证码，稍等片刻就会收到 4 位数的验证码短信，在提示位置输入验证码成功，再设置密码，选择相应专业，点击"立即注册"，注册成功（若手机已经注册，则在"注册"页面底部选择"已有账号？立即登录"，进入"账号绑定"页面，直接输入手机号和密码登录）。接着提示输入学习码，须刮开教材封面防伪涂层，输入 13 位学习码（正版图书拥有的一次性使用学习码），输入正确后提示绑定成功，即可查看二维码数字资源。手机第一次登录查看资源成功以后，再次使用二维码资源时，在微信端扫码即可登录进入查看。